國家社會科學基金重大項目（21&ZD271）
全國高等院校古籍整理研究工作委員會科研項目
「十四五」國家重點圖書出版規劃項目
2021—2035 年國家古籍工作規劃重點出版項目
國家出版基金資助項目

本書獲
南開大學文科發展基金首批重點項目
內蒙古大學內蒙古元代文學與文化研究基地
資金支持

顧　問　安平秋　陳　洪　詹福瑞

編纂委員會（以姓氏筆畫爲序）

丁　放　左東嶺　汪林中　尚永亮　周絢隆　查洪德

黄仕忠　張　晶　張前進　朝戈金　廖可斌　魏永貴

主　編　查洪德

国家出版基金项目
NATIONAL PUBLICATION FOUNDATION

全遼金元筆記

查洪德　主編

孫　剛　編校

第一輯　八

中原出版傳媒集團
中原傳媒股份公司
大象出版社
·鄭州·

圖書在版編目(CIP)數據

全遼金元筆記. 第一輯. 八 / 查洪德主編; 孫剛編校.— 鄭州 : 大象出版社, 2022. 12

ISBN 978-7-5711-1663-7

Ⅰ. ①全… Ⅱ. ①查… ②孫… Ⅲ. ①筆記-中國-遼金時代②筆記-中國-元代 Ⅳ. ①K240. 66

中國版本圖書館 CIP 數據核字(2022)第235121號

全遼金元筆記 第一輯 八

出 版 人 汪林中
項目策劃 張前進
項目統籌 李光潔 吴韶明
責任編輯 成 艷
責任校對 牛志遠 任瑾璐 安德華
整體設計 王晶晶 杜曉燕
責任印製 郭 鋒
出版發行 大象出版社
鄭州市鄭東新區祥盛街27號 郵編450016
製 版 河南新華印刷集團有限公司
印 刷 北京匯林印務有限公司
版 次 2022年12月第1版 2022年12月第1次印刷
開 本 640 mm×960 mm 1/16 25.25印張
字 數 323千字
定 價 106.00元

目録

癸辛雜識

◎周　密撰

點校説明

《癸辛雜識》，前集一卷，後集一卷，續集二卷，别集二卷，周密撰。周密生平已見《齊東野語》點校説明。

是書爲周密晚年居住癸辛街時所撰，書即以此命名。該書内容廣博，遺聞逸事、社會風俗、典章制度、詩詞文評、都城勝迹、醫藥曆法、自然現象等，皆有所涉，四庫館臣云：「與所作《齊東野語》大致相近。然《野語》兼考證舊文，此則辨訂者無多，亦皆非要義。《野語》多記朝廷大政，此則瑣事雜言居十之九。」所録條目，出處大略有四：一爲親見親聞，二爲友朋所談，三爲鈔録他書，四爲對所讀之書之評論。雖多「瑣事雜言」，然稽考謹嚴，而非妄言。《序》云：「其見紿者固不少，然求一二於千百，當亦有之。……是非真誕之辨，豈惟是哉？信史以來，去取不謬，好惡不私者幾人？而舛僞欺世者總總也。雖然，一時之聞見，本於無心；千載之予奪，狃於私意。以是而言，豈不猶賢於彼哉？」清人周中孚云：「惟所載遺文、佚事，多有裨於考證，究非尋常小説之可比也。」如「吴興園圃」「孝宗行三年喪」「成均舊規」「正閏」「羅椅」「回回送終」「方回」「襄陽始末」諸條，多有實據，可補史之闕略，可資考據訂誤，亦可與他史互爲參證。要之，史料繁富，頗具文獻價值。然白璧微瑕，記人記事，偶有謬誤，是其缺點。

是書原僅有鈔本，《説郛》録爲一卷。明代商濬刻入《稗海》，殘缺不全，且有《齊東野語》文字混入。後烏程閔元衢購得完鈔本，毛晉據此刻入《津逮秘書》，至此始以全帙面世。清代有《四庫全書》本及張海鵬「照曠閣」所刻《學津討原》本流傳。此外，又存明鈔本兩種，一爲馮夢禎寫校本，一爲無名氏鈔本，皆僅有前、後兩集，而無續、别集。

本次整理以《津逮秘書》本爲底本，校以《稗海》本（簡稱稗海本）、《學津討原》本（簡稱學津本）以及文淵閣《四庫全書》本（簡稱四庫本），并參考明鈔本。今人整理本有中華書局吴企明點校本、上海古籍出版社王根林校點本、浙江古籍出版社楊瑞校點本，校點中也有參考。

目録

續集下

前集

胎息

東坡云：「養生之方，以胎息爲本。」此固不刊之語，更無可議。但以氣若不閉，任其出入，則渺綿滉漭，無卓然近效，待其兀然自住，恐終無此期。若閉而留之，不過三五十息，奔突而出，雖有微暖養下丹田，此一於迂，决非延世之術。近日沉思，似有所得，蓋因看孫真人養生門中《調氣》第五篇，反復尋究，恐是如此。其略曰：「和神之道，當得密室閉户，安床暖席，枕高二寸半，正身偃卧，瞑目閉氣於胸膈間，以鴻毛著鼻上而不動，經三百息，耳無所聞，目無所見，心無所思。則寒暑不能侵，蜂蠆不能毒，壽三百六十歲，此鄰於真人也。」此一段要訣，且静心細意，字字研究看。既云閉氣於胸膈中，令鼻端鴻毛不動，初學之人安能持三百息之久哉？恐是元不閉鼻中氣，只以意堅守此氣於胸膈中，令出入息似動不動，氤氲縹緲，如香爐蓋上烟，湯瓶觜上氣，自在出入，無呼吸之重煩，則鴻毛可以不動。若心不起念，雖過三百息可也。仍須一切依此本訣，卧而爲之。仍須真以鴻毛粘著鼻端，以意守氣於胸中，遇欲吸時，不免微吸，及其呼時，不免微呼。但任其氣氤氲，縹緲微微自出，出盡氣平【一】，則又吸入【二】。如此出入元不斷而鴻毛自不動，動亦極微。覺其極微動，則又加意，則勒之以不動爲度。雖云則勒，然終不閉，至數百息。出者多則内守充盛，血脉流通，上下相灌輸，而生理備矣。予悟此玄意，甚以爲奇。

又記張安道《養生訣》云：「此法比之服藥，其力百倍，非言語所能形容。」其訣大略具於左：

每日以子時後，三更三四點至五更以來。披衣坐，床上擁被坐亦可。面東或南，盤足坐，叩齒三十六通，握固，兩拇指掐第三指手文，或以四指都握拇指，兩手拄腰腹間可也。閉息。閉息最是道家要妙，先須閉目静慮，除滅妄想【三】，使心源湛然，諸念不起，自覺出入調匀細微，即閉口并鼻，不令出氣，方是工夫。内視五臟，肺白、肝青、脾黄、心赤、腎黑，當先求五臟圖，或烟蘿子之類，常掛於壁上，使日常熟識五臟六腑之形狀也【四】。次想心爲炎火，光明洞徹，入下丹田中，丹田在臍下三寸是。待腹滿氣極，則徐徐出氣。不得令耳聞聲。候出息匀調，即以舌攪唇齒内外，漱煉津液，若有鼻涕，亦須漱煉，不可嫌其鹹。漱煉良久，自然甘美，此即真氣也。未得嚥下，復前法閉息内觀，納心丹田，調息漱津，皆依前法。如此者三，津液滿口，即低頭嚥下，以氣送下丹田中。須用意精猛，令津與氣谷谷然有聲，徑入丹田中。又依前法爲之，凡九閉息、三嚥津而止。然後以左右手熱摩兩脚心，此涌泉穴，上徹頂門，氣訣之妙。及臍下腰脊間，皆令熱徹。徐徐摩之，微汗出不妨，不可喘。次以兩手摩熨眼、面、耳、項，皆令極熱，仍按捏鼻梁左

【一】出盡氣平　「出」字原缺，據稗海本補。

【二】則又吸入　「吸入」原作「呼吸」，據稗海本改。

【三】除滅妄想　「除」字上原衍「掃」字，據稗海本删。

【四】使日常熟識五臟六腑之形狀也　「五」原作「六」，「狀」原作「似」，據稗海本、學津本改。

右五七次，梳頭百餘梳，散髮而卧，熟寢至明。

右其法至簡易，惟在長久不廢，即有深功。且試行二十日，精神便自不同，覺臍下實熱，腰脚輕快，面目有光。久之不已，去仙不遠。但當存閉息，使漸能持久，以脉候之，五至爲一息。某近來閉得漸久【五】，每一閉一百二十至而開，蓋已閉得二十餘息也。又不可强閉多時，使氣錯亂，或奔突而出，則反爲害也。慎之！慎之！又須常節晚食，令腹中寬虛，氣得回轉。晝日無事，亦時時閉目内觀，漱煉津液嚥之，摩熨耳、面以助真氣。但清净專一，即易見功矣。神仙至術，有不可學者三：一忿躁，二陰險，三貪慾。道家胎息之法，以玄牝爲鼻。鼻者，氣之所由出入以爲息也。佛藏中有《安盤守意經》云：「其法始於調身簡息，以謂凡出入鼻中而有聲者，風也；雖無聲而結滯不通者，喘也；雖無聲亦不結滯而猶粗悍不細者，氣也。去是三者，乃謂之息。然後自鼻端至臍下，一一數之，至於十，周而復始，則有所繫而趨於定，則又數，以心隨息，聽其出入。如是反復，調和一定，而不可亂【六】，則生滅道斷，一切三昧無不見前。」道士陳彦真，常教人令常寄其心納之臍中，想心火烈烈然，下注丹田，如是坐卧起居不廢，行之既久，覺臍腹間如火，則舊疾盡去矣。

陳聖觀夢

咸淳甲戌秋，余爲豐儲倉。時陳聖觀過予，爲言邊報日急，余以鄉曲通家故，因間扣

【五】某近來閉得漸久　「來」字下原衍「漸」字，據稗海本删。

【六】而不可亂　「可」字原缺，據稗海本補。

之。聖觀蹙然引入小室曰：「時事將不可爲矣。某春首常夢至一大宫殿，若常日朝參處，殿上皆垂簾，寂無人聲。既而稍近簾窺之，見御榻上一異物踞之。或龍或虎之類，陳不詳言。其傍則有小兒，服斬衰之衣，余遂驚寤。今嗣君尚幼，方居先帝之喪，此小兒衰服之驗，其不祥莫甚焉，天下事去矣。」余意其夢事不足信。然是歲之冬，果有透渡之事。透渡，即宋之北狩也。

改春州爲縣

春州瘴毒可畏，凡竄逐黥配者必死。盧多遜貶朱崖，知開封府李符言：「朱崖雖在海外，水土無他惡；春州在内地，而至者必死，望改之。」後月餘，符坐事，上怒甚，遂以符知春州。至州月餘死。元豐六年【七】，王安石居相位，遂改春州爲陽春縣，隸南恩州。既改爲縣，自此獲罪者遂不至其地，此仁人之用心也。

吴興園圃

吴興山水清遠，昇平日，士大夫多居之。其後【八】，秀安禧王府第在焉，尤爲盛觀。城中二溪水横貫【九】，此天下之所無，故好事者多園池之勝。倪文節《經鉏堂雜志》常紀當時園圃之盛，余生晚不及盡見，而所見者亦有出於文節之後。今摭城之内外常所經

【七】元豐六年　「元豐」當爲「熙寧」之誤，按：《宋史·宰輔表》載王安石於神宗熙寧三年至九年在相位，元豐年間未任相職。

【八】其後　「後」原作「俊」，據稗海本改。

【九】城中二溪水横貫　「城」字上原衍「麗」字，據稗海本删。

遊者列於後，亦可想像昨夢也。

南沈尚書園　沈德和尚書園，依南城，近百餘畝，果樹甚多，林檎尤盛。内有聚芝堂藏書室，堂前鑿大池幾十畝，中有小山，謂之「蓬萊」。池南竪太湖三大石，各高數丈，秀潤崎峭，有名於時。其後賈師憲欲得之，募力夫數百人，以大木搆大架，懸巨絙，縋城而出，載以連舫，涉溪絶江，致之越第，凡損數夫。其後賈敗，官斥賣其家諸物，獨此石卧泥沙中。適王子才好奇，請買於官，募工移植，其費不貲。未幾，有指爲盗賣者，省府追逮幾半歲，所費十倍於石，遂復舁還之，可謂石妖矣。

北沈尚書園　沈賓王尚書園，正依城北奉勝門外，號「北村」，葉水心作記。園中鑿五池，三面皆水，極有野意。後又名之曰「自足」。有靈壽書院、怡老堂、溪山亭、對湖臺，盡見太湖諸山。水心嘗評天下山水之美，而吴興特爲第一，誠非過許也。

章參政嘉林園　外祖文莊公居城南，後依南城有地數十畝，元有潛溪閣，昔沈晦巖清臣故園也。有嘉林堂、懷蘇書院，相傳坡翁作守，多遊於此。城之外别業可二頃，桑林、果樹甚盛，濠濮横截，車馬至者數返。復有城南書院，然其地本《郡志》之南園，後廢，出售於民，與李寶謨者各得其半，李氏者後歸牟存齋。

牟端明園　本《郡志》南園，後歸李寶謨，其後又歸牟存齋。園中有碩果軒、大梨一株。元祐學堂、芳菲二亭、萬鶴亭荼蘼、雙杏亭、桴舫齋、岷峨一畝宮，宅前枕大溪，曰「南漪小隱」。

趙府北園　舊爲安禧故物，後歸趙德淵觀文【一〇】，其子春谷文曜葺而居之。有東蒲書院、桃花流水、薰風池閣、東風第一梅等亭，正依臨湖門之內，後依城，城上一眺，盡見具區之勝。

丁氏園　丁總領園，在奉勝門內，後依城，前臨溪，蓋萬元亭之南園，楊氏之水雲鄉，合二園而爲一。後有假山及砌臺，春時縱郡人遊樂。郡守每歲勸農還，必於此艤舟宴焉。

蓮花莊　在月河之西，四面皆水，荷花盛開時，錦雲百頃，亦城中之所無。昔爲莫氏産，今爲趙氏。

趙氏菊坡園　新安郡王之園也，昔爲趙氏蓮莊，分其半爲之。前面大溪，爲修堤、畫橋，蓉柳夾岸數百株，照影水中，如鋪錦繡。其中亭宇甚多，中島植菊至百種，爲菊坡、中甫二卿自命也。相望一水，則其宅在焉。舊爲曾氏極目亭，最得觀覽之勝，人稱曰「八面曾家」，今名「天開圖畫」。

程氏園　程文簡尚書園，在城東宅之後，依東城水濠，有至游堂、鷗鷺堂、芙蓉涇。

丁氏西園　丁葆光之故居，在清源門之內，前臨苕水，築山鑿池，號「寒巖」。一時名士洪慶善、王元渤【一一】、俞居易、芮國器、劉行簡、曾天隱諸名士皆有詩。臨苕有茅亭，或稱爲「丁家茅庵」。

【一〇】後歸趙德淵觀文　「德淵」原作「德勤」，據《宋史》卷四二三《趙與篡列傳》改。

【一一】王元渤　「渤」原作「𣶒」，據稗海本、學津本改。

倪氏園　倪文節尚書所居，月河即其處，爲園池，蓋四至傍水，易於成趣也。

趙氏南園　趙府三園在南城下，與其第相連。處勢寬閑，氣象宏大，後有射圃、崇樓之類，甚壯。

葉氏園　石林左丞相族孫溥號克齋者所創【一二】，在城之東，多竹石之勝。

李氏南園　李鳳山参政本蜀人，後居霅，因創此爲游翔之地。中有傑閣曰「懷岷」，穆陵御書也。

王氏園　王子壽使君家，於月河之間，規模雖小，然曲折可喜。有南山堂，臨流有三角亭，苕、霅二水之所匯。苕清霅濁，水行其間，略不相混，物理有不可曉者。

趙氏園　端肅和王之家，後臨顔魯公池，依城曲折，亂植拒霜，號「芙蓉城」，有善慶堂，最勝。

趙氏清華園　新安郡王之家，後依北城，有秫田二頃。有清華堂，前有大池，静深可愛。

俞氏園　俞子清侍郎臨湖門所居爲之。俞氏自退翁四世皆未及年告老【一三】，各享高壽，晚年有園池之樂，蓋吾鄉衣冠之盛事也。假山之奇，甲於天下，詳見後。已上皆城中園。

趙氏瑶阜　蘭坡都承旨之别業，去城既近，景物頗幽，後有石洞，常萃其家法書，刊石

【一二】石林左丞相族孫溥號克齋者所創　「左」原作「右」，據下文「左丞葉少藴之故居」和《宋史》卷四四五「既而帝駐蹕杭州，遷尚書左丞」改。

【一三】俞氏自退翁四世皆未及年告老　「皆」字原缺，據稗海本、學津本補。

爲「瑶阜帖」。

趙氏蘭澤園　亦近世所葺，頗宏大，其間規爲葬地，作大寺，牡丹特盛。未幾，寺爲有力者撤去。

趙氏繡谷園　舊爲秀邸，今屬趙忠惠家，一堂據山椒，曰「霅川圖畫」，盡見一城之景，亦奇觀也。

趙氏小隱園　在北山法華寺後，有流杯亭，引澗泉爲之，有古意，梅竹殊勝。

趙氏蜃洞　亦趙忠惠所有，一洞窅然而深不可測，聞昔有蜃居焉。

趙氏蘇灣園　菊坡所創，去南關三里而近碧浪湖，浮玉山在其前，景物殊勝。山椒有雄跨亭，盡見太湖諸山。

畢氏園　畢再遇承宣所葺【一四】，正依迎禧門城，三面皆溪，其南則丘山在焉。亦歸之趙忠惠家。

倪氏玉湖園　倪文節别墅，在峴山之傍，取浮玉山、碧浪湖合而爲名。中有藏書樓，極有野趣。

章氏水竹塢　章農卿北山别業也【一五】，有水竹之勝。

韓氏園　距南關無二里，昔屬平原群從【一六】，後歸余家，名之曰「南郭隱」，城南讀書堂、萬松關、太湖三峰各高數十尺，當韓氏全盛時，役千百壯夫移置於此。

【一四】畢再遇承宣所葺　「再」原作「最」，據《宋史》卷四〇二《畢再遇列傳》及《齊東野語》卷七《畢將軍馬》改。

【一五】章農卿北山别業也　「農」原作「南」，據稗海本、學津本改。

【一六】昔屬平原群從　「群」原作「郡」，據學津本改。

葉氏石林　左丞葉少藴之故居，在卞山之陽，萬石環之，故名，且以自號。正堂曰「兼山」，傍曰「石林精舍」，有承詔、求志、從好等堂，及浄樂庵、愛日軒、躋雲軒、碧琳池，又有巖居、真意、知止等亭。其鄰有朱氏怡雲庵、涵空橋、玉澗，故公復以「玉澗」名書。大抵北山一徑産楊梅，盛夏之際，十餘里間，朱實離離，不減閩中荔枝也。此園在霅最古，今皆没於蔓草，影響不復存矣。

黄龍洞　與卞山佑聖宫相鄰，一穴幽深，真蜿蜒之所宅。居人於雲氣中每見頭角，但歲旱禱之輒應。真宗朝金字牌在焉。在唐謂之「金井洞」，亦福地名山之一也。

玲瓏山　在卞山之陰，嵌空奇峻，略如錢塘之南屏及靈隱、薌林，皆奇石也。有洞曰「歸雲」，張有謙中篆書於石上。有石梁闊三尺許，横繞兩石間，名「定心石」。傍有唐杜牧題名云「前湖州刺史杜牧大中五年八月八日來」。及紹興癸卯，葛魯卿、林彦政、劉無言、莫彦平、葉少藴題名，章文莊公有詩云：「短鍤長鑱出萬峰，鑿開混沌作玲瓏。市朝可是無巇嶮，更向山林巧用工。」

賽玲瓏　去玲瓏山近三里許，近歲沈氏抉剔爲之。大率此山十餘里中間皆奇石也。今歲皆蕪没於空山矣。

劉氏園　在北山，德本村富民劉思忠所葺，後亦歸之趙忠惠。

錢氏園　在毗山，去城五里，因山爲之。巖洞秀奇，亦可喜，下瞰太湖，手可攬也。錢氏所居在焉，有堂曰「石居」。

程氏園　文簡公别業也，去城數里，曰「河口」。藏書數萬卷，作樓貯之。

孟氏園　在河口。孟無庵第二子既爲趙忠惠婿，居霅，遂創别業於此。有極高明樓，亭宇凡十餘所。

假山

前世疊石爲山，未見顯著者。至宣和，艮岳始興大役，連艫輦致，不遺餘力。其大峰特秀者，不特侯封，或賜金帶，且各圖爲譜。然工人特出於吴興，謂之「山匠」，或亦朱勔之遺風。蓋吴興北連洞庭，多産花石，而弁山所出，類亦奇秀，故四方之爲山者，皆於此中取之。浙右假山最大者，莫如衛清叔吴中之園，一山連亘二十畝，位置四十餘亭，其大可知矣。然余平生所見秀拔有趣者，皆莫如俞子清侍郎家爲奇絶。蓋子清胸中自有丘壑，又善畫，故能出心匠之巧。峰之大小凡百餘，高者至二三丈，皆不事餖飣，而犀珠玉樹，森列旁午，儼如群玉之圃，奇奇怪怪，不可名狀。大率如昌黎《南山》詩中，特未知視牛奇章爲何如耳。乃於衆峰之間，縈以曲澗，甃以五色小石，旁引清流，激石高下，使之有聲，淙淙然下注大石潭。上蔭巨竹、壽藤，蒼寒茂密，不見天日。旁植名藥奇草，薜荔、女蘿、菟絲，花紅葉碧。潭旁横石作杠，下爲石梁，潭水溢自此出焉。潭中多文龜、斑魚，夜月下照，光景零亂，如窮山絶谷間也。今皆爲有力者負去【一七】，荒田野草，淒然動陵谷之感焉。

【一七】今皆爲有力者負去　「有」字原缺，據稗海本、學津本補。

艮岳

艮岳之取石也，其大而穿透者，致遠必有損折之慮。近聞汴京父老云：「其法乃先以膠泥實填衆竅，其外復以麻筋、雜泥固濟之，令圓混。日曬，極堅實，始用大木爲車，致於舟中。直俟抵京，然後浸之水中，旋去泥土，則省人力而無他慮。」此法奇甚，前所未聞也。又云：「萬歲山大洞數十，其洞中皆築以雄黄及盧甘石。雄黄則辟蛇虺，盧甘石則天陰能致雲霧，滃鬱如深山窮谷。後因經官拆賣，有回回者知之，因請買之，凡得雄黄數千斤，盧甘石數萬斤。」

砲禍

趙南仲丞相溧陽私第常作圈，豢四虎於火藥庫之側。一日，焙藥火作，衆砲儵發，聲如震霆，地動屋傾，四虎悉斃，時盛傳以爲駭異。至元庚辰歲，維揚砲庫之變爲尤酷。蓋初焉，製造皆南人，囊槖爲奸，遂盡易北人，而不諳藥性。碾硫之際，光焰儵起，既而延燎，火槍奮起，迅如驚蛇，方玩以爲笑。未幾，透入砲房，諸砲併發，大聲如山崩海嘯，傾城駭恐，以爲急兵至矣，倉皇莫知所爲。遠至百里外，屋瓦皆震，號火四舉，諸軍皆戒嚴，紛擾凡一晝夜。事定按視，則守兵百人皆糜碎無餘，楹棟悉寸裂，或爲砲風扇至十餘里外。平地皆成坑谷，至深丈餘。四比居民二百餘家，悉罹奇禍，此亦非常之變也。

牛女

七夕牛女渡河之事，古今之説多不同。非惟不同，而二星之名莫能定。《荆楚歲時記》云：「黄姑、織女時相見。」太白詩云：「黄姑與織女，相去不盈尺。」是皆以牽牛爲黄姑。然李後主詩云：「迢迢牽牛星，杳在河之陽。粲粲黄姑女，耿耿遥相望。」若此，則又以織女爲黄姑，何耶？然以星歷考之，牽牛去織女隔銀河七十二度，古詩所謂「盈盈一水間，脉脉不得語」，又安得如太白「相去不盈尺」之説？又《歲時記》則又以黄姑即河鼓，《爾雅》則以河鼓爲牽牛。又《焦林大斗記》云：「天河之西，有星煌煌，與參俱出，謂之牽牛；天河之東，有星微微，在氐之下，謂之織女。」《晉·天文志》云：「河鼓三星，即天鼓也。牽牛六星，天之關梁，又謂之星紀。」又云：「織女三星，在天紀東端，天女也。」《漢·天文志》又謂：「織女，天之貞女。」其説皆不一。至於渡河之説，則洪景盧辨析最爲精當，蓋渡河乞巧之事，多出於詩人及世俗不根之論，何可盡據？然亦似有可怪者，楊纘繼翁大卿倅湖日，七夕夜，其侍姬田氏及使令數人露坐至夜半，忽有一鶴西來，繼而有鶴千百從之，皆有仙人坐其背，如畫圖所繪者。彩霞絢粲，數刻乃没。楊卿時已寢，姬急報，起而視之，尚見雲氣紛郁之狀。然則流俗之説，亦有時而可信耶！

蕈毒

菌蕈類皆幽隱蒸溼之氣，或蛇虺之毒，生食之，皆能害人。而好奇者每輕千金之軀以嘗試之，殊不可曉。《夷堅志》所載簡坊大蕈，及金谿田僕食蕈，一家嘔血，隕命六人，丘岑幸以痛飲而免，蓋酒能解毒故耳。又靈隱寺僧得異蕈，甚大而可愛，獻之楊郡王。王以其異，遂進之上方，既而復賜靈隱。適貯蕈之器有餘瀝，一犬過而舐之，跳躍而死，方知其異而棄之。此事關涉尤大。近得耳目所接者兩事，併著爲口腹之戒。嘉定乙亥歲，楊和王墳上感慈庵僧德明遊山，得奇菌，歸作糜供衆。毒發，僧行死者十餘人，德明亟嘗糞獲免。有日本僧定心者，寧死不污，至膚理拆裂而死。至今楊氏庵中尚藏日本度牒，其年有久安、保安、治象等號，僧銜有法勢大和尚、威儀、從儀、少屬、少録等稱。是歲，其國度僧萬人。定心姓平氏，日本國京東路相州行香縣上守鄉光勝寺僧也。咸淳壬申，臨安鮑生姜巷民家，因出郊得佳蕈，作羹恣食。是夜，鄰人聞其家撞突有聲，久乃寂然，疑有他故，遂率衆排闥而入，則其夫婦一女皆嘔血殞越，倚壁抱柱而死矣。案間尚餘杯羹，以俟其子，適出未還，幸免於毒。嗚呼！殆哉！

呼名怖鬼

劉胡面黝黑，似胡蠻，人畏之，小兒啼，語云：「劉胡來！」便止。楊大眼威聲甚振，淮、泗、荆、沔之間，童兒啼者，呼云：「楊大眼至！」即止。將軍麻秋有威名，兒啼輒呼：「麻秋來！」即止。檀道濟雄名大振，魏甚憚之，圖以禳鬼。江南人畏桓康，以其名怖小兒，且圖其形於寺中，病瘧者寫其形帖牀壁，無不立愈。

閩鄞二廟

嘉熙庚子歲，先子爲閩漕幹官。時方公大琮爲計使，特加禮敬，一臺之事悉委之。先是，郡中有富沙太尉祠，頗爲鄉民所信，至是投牒乞保奏丐封額。時方久旱，先子遂書牒云：「本路正兹閔雨，神能三日内爲霖，當與保奏。」方公笑語吏鬼曰：「汝可以運幹所擬，白之於神。」吏敬録其語，往祠所焚之。次日大雨，連雨晝夜，境内沾足。遂從其請，竟獲封侯。而里人以周公能通神明，作歌美之，且刻梓書其事，鬻於市焉。乙卯歲，先子守鄞江，以貢士院敝甚，遂一新之。院内舊有土神七姑廟在焉，先子素剛介，併欲撤去，且命鑿二井以便汲。既而得泉，皆污濁不堪用。監修判官周頡及吏鬼賴良者白曰：「土神廟貌已久，州人賴之，今既與院中無所妨，欲姑存之。」先人謾荅云：「神若能令二井清泠，則可。」官吏因往白太守語。次日落成，吏欣然走告曰：「井水已可食矣。」試命汲之，清泠佳泉也。於是併爲葺其祠焉。此二事余所目擊。

健啖

趙温叔丞相形體魁梧，進趨甚偉，阜陵素喜之。且聞其飲啖數倍常人，會史忠惠進玉海，可容酒三升。一日，召對便殿，從容問之曰：「聞卿健啖，朕欲作小點心相請，如何？」趙悚然起謝。遂命中貴人捧玉海賜酒，至六七，皆飲釂，繼以金柈捧籠炊百枚，遂食其半。上笑曰：「卿可盡之。」於是復盡其餘，上爲之一笑。其後均役荆南【一八】，暇日欲求一客伴食，不可得。偶有以本州兵馬監押某人爲薦者，遂召之燕飲。自早達暮，賓主各飲酒三斗，猪、羊肉各五觔，蒸糊五十事。趙公已醉飽摩腹，而監押者屹不爲動。公云：「君尚能飲否【一九】？」對曰：「領鈞旨。」於是再進數勺，復問之，其對如初。凡又飲斗餘乃罷。臨別，忽聞其人腰腹間砉然有聲，公驚曰：「是必過飽，腹腸迸裂無疑【二〇】。吾本善意，乃以飲食殺人。」終夕不自安。黎明，亟遣鈴下老兵往問，而典客已持謁白曰：「某監押見留客次謝筵。」公愕然延之，扣以夜來所聞。跼蹐起對曰：「某不幸抱飢疾，小官俸薄，終歲未嘗得一飽，未免以革帶束之腹間。昨蒙宴賜，不覺果然，革條爲之迸絶，故有聲耳。」

【一八】其後均役荆南　「荆」字原缺，據《宋稗類鈔》卷十八所引補。

【一九】君尚能飲否　「尚能」原作「能尚」，據明刊本《捧腹編》改。

【二〇】腹腸迸裂無疑　「腸」字原缺，據稗海本補。

科舉論

淳熙間，趙温叔丞相常力薦郭明復、劉光祖、楊輔之，謂皆省殿試前列，且云「大好士人」。壽皇宣諭云：「朝廷用人以才，安論科第？科第不過入仕一途耳。」温叔唯唯而退。越日，御製《科舉論》，其略謂：「近世取士，莫若科場，及至用人，豈當拘此？詩賦、經義，學者皆能爲之，又何足分輕重乎？夫科場之弊，於文格高下，但以分數取之，真幸與不幸耳。至於廷試，未嘗有黜落者，盡以官貲命之，才與不才者混矣，是科場取士之弊也。夫用之弊，在乎人君擇相之不審，至於懷姦私，壞綱紀，亂法度，及敗而逐之，不治之事已不勝言矣。宰相不能擇人，每差一官，則曰『此人中高第，真佳士也』，然不考其才行如何。孔聖之門猶分四科，人才兼全者自古爲難。今則不然，以高科虛名之士，謂處之無不宜者，何嘗問才之長短乎？夫監司、郡守，繫民之休戚，今以資格付之，丞相雖擇其一二，又未能皆得其人。及至陛對，既無過人之善，粗無凡猥之容，則又未能極精其選。國朝以來，過於忠厚，宰相而誤國者，大將而覆軍者，皆未嘗誅戮之。雖三代得天下以仁，而啓誓六卿曰：『不用命，戮於社。』羲和廢厥職，猶征之曰：『以干先王之誅。』況掌邦邑軍師之大事乎！要在人君，必審擇相，相爲官擇人，不失其所長，懋賞立乎前，嚴誅設於後，人才不出，吾不信也！朕延一二柄臣，皆能精白一心，盡忠無隱，宜勉乎此，更勤夙夜，以懋庶績，豈不休哉！」初宣示，温叔色變，上曰：「不謂卿等。」趙奏曰：「迅雷風烈，雖不爲孔子，而孔子色變者，畏天怒也。」異日，上復宣諭曰：「朕所著《科舉論》，或以爲過，或以爲是。以爲過者，史浩也；以爲是者，閻蒼舒也。浩極長者，故不欲朕用威刑；閻蒼舒趨事赴功之人也，故贊朕以爲是。」劉子宣《邇言》亦云：「場屋之文，朝廷假以取士，與學優則仕異矣。士大夫以此高下人物，更相矜傲，更相景慕，亦可悲矣！善乎文節公之言，曰：『不爲俗學所累者，可與言理道焉。』」

薦楊誠齋

紹興庚戌十月【二一】，倪文節公思爲中書舍人，楊文節萬里自大蓬除直龍圖閣，將漕江東。朝論惜其去，公留録黄欲繳奏【二二】。或以語楊，楊亟作簡止之。倪公答云：「賢者去國，公論以爲不然，既辱寵喻，不敢復繳，却當别作商量也。」楊公即以所答簡餘紙復止之，云：「死無良醫，幸公哀我，得併『别作商量』之説免之。尤荷公孫黑辭職，既而又使子爲卿，子産惡之。至懇至叩，不勝激切！」至以「恩府」呼之，其欲去之意可見也。然倪公竟入劄留之，云：「臣聞孔子曰：『吾未見剛者。』又曰：『不得中行而與之，必也狂狷乎。』剛與狂狷皆非中道，然孔子有取焉。爲其挺特之操，可與有爲，賢於柔懦委靡、患得患失者遠矣。若朝廷之上得如此三數輩，可以逆折奸萌，矯厲具臣，爲益

【二一】紹興庚戌十月　「紹興」當爲光宗「紹熙」之誤，按：高宗紹興朝無庚戌年。

【二二】公留録黄欲繳奏　「繳」字下原衍「却當」二字，據稗海本删。

非淺。竊見秘書監楊萬里，學問文采固已絶人，乃若剛毅狷介之守，尤爲難得。夫其遇事輒發，無所顧忌，雖未盡合中道，原其初心，思有補於國家，至惓惓也。向來勸講東宮，已蒙陛下嘉奬，陛下踐祚，首賜收召，晉登册府，士類咸以爲當。今甫逾年，遽爾丐外，朝廷以職名漕節處之，不爲不優。然而公論以爲如萬里者，不宜遂使去國。録黄之下，臣始欲繳論，又念朝廷此命本是優賢【一三】，雖已書行，而於臣愚見，猶欲陛下改命留之。蓋萬里再入修門，未爲甚久，儻朝廷以貪賢爲意，喻之小留，萬里感荷君恩，豈能復以私計爲辭云云。」蓋二公相知極深也。後二十年，楊公已亡，倪公得復當時手簡，不忍棄之，遂自録所上之劄，及往來之書，裝潢成卷，親叙其事於後。攻愧樓公嘗跋之云：「東坡賦屈原廟，云『雖不適中，要以爲賢兮』，誠齋有焉；昌黎留孔戣，事雖不行，陳義甚高，誠齋有焉。」尤爲確論。亦可概想前輩去就之道，交情之誼也。

王小官人

建康緝捕使臣湯某者，於儕輩中著能聲，蓋群盜巨擘也。一日，有少年衣裳楚楚，背負小笈，扣湯所居。湯遣詢誰何，則自通爲鄯沙王小官人，趨前致拜。湯亦素知其名，因使小憩，辭云：「觀察在此，不敢留。只今往和州，擬假一力，負至東陽鎮問渡。」湯疑有他，遂擇其徒駔黠者偕往，俾偵伺之。自離城闉，遇肆輒飲，已而大吐，幾不能步。同行者

【一三】又念朝廷此命本是優賢　「又」字下原衍「爲」字，據稗海本删。

左負笈，右扶醉人，殊倦，甚恚，曰：「湯觀察以其爲好手，不過一酒徒耳。」凡七十里抵鎮邸，大吐投床，終夕索水，喧呶不少休。黎明，有騎馬扣門者，乃湯也。密扣同行，知夕來酒醉伏枕，亟造臥所。客聞湯來，則亦扶頭强披衣，扣所以至。湯謾以他語答之，客笑曰：「得非疑某沿途有作過否【二四】？」因指同行爲證，且曰：「雖然，或有他故，願效區區。」湯囁嚅久之，曰：「不敢相疑，實以夜來總所有大酒樓失銀器數百兩，總所移文制司，立限搆捕嚴甚，少違則身受重譴矣。束手無措，用是冒急求策耳。」少年微笑曰：「若然，則關係甚大，恐妖異所爲，非人力能措手。惟有祈哀所事香火，或可徼神物之庇耳。」湯哂其醉中語荒誕，不復詰，力邀同還。抵家，謾用其説，禱之聖堂，則所失器物皆粲然横陳供床下矣。湯始大驚，以爲神，方欲出謝之，則其人已去矣。盜亦有道，其是之謂乎？

【二四】得非疑某沿途有作過否　「某」原作「其」，據稗海本、學津本改。

化蝶

楊昊字明之，娶江氏少艾，連歲得子。明之客死之明日，有蝴蝶大如掌，徊翔於江氏傍，竟日乃去。及聞訃，聚族而哭，其蝶復來繞江氏，飲食起居不置也。蓋明之未能割戀於少妻稚子，故化蝶以歸爾。李商嘗作詩記之曰：「碧梧翠竹名家兒，今作栩栩蝴蝶飛。山川阻深網羅密，君從何處化飛歸。」李鐸諫議知鳳翔，既卒，有蝴蝶萬數自殯所以至府字，蔽映無下足處。官府弔奠，接武不相辨，揮之不開，踐踏成泥。其大者如扇，逾月方散。楊大芳娶謝氏，謝亡未殮，有蝶大如扇，其色紫褐，翩翩自帳中徘徊，飛集窗户間，終日乃去。始信明之之事不誣。余嘗作詩悼之云：「帳中蝶化真成夢，鏡裏鸞孤枉斷腸。吹徹玉簫人不見，世間難覓返魂香。」亦紀實也。

玉環

楊太真小字玉環，故今古詩人多以阿環稱之。按李義山云：「十八年來墮世間，瑶池歸夢碧桃閑。如何漢殿穿針夜，又向窗中覷阿環。」荆公詩云：「瑶池森漫阿環家。」又云：「且當呼阿環，乘輿弄溟渤。」則是以西王母爲阿環也。按西王母降漢庭，遣使女與上元夫人，答云：「阿環再拜上問起居。」然則上元夫人亦名阿環耳。

𠡠書極書

隆州跨鰲李先生，老儒也。嘗著書，名之曰《𠡠書》。張行成跋云：「《方言》曰：『𠡠，倦也。』丁度謂字或作𠡒，故司馬相如云『窮極倦𠡒』，釋云『倦𠡒，疲憊也』，蓋欒其倦游，不希時用也。」樓攻媿云：「嘗考之《集韻》二十陌，有𠡒字，與劇同音。《方言》『倦也』。然則此書之名，音從劇，義則倦耳。然《説文解字》無𠡒。《集韻》：

『⿰谷丸，胡宫反。⿰谷曼⿰谷丸，亭名，在上谷。⿰谷曼，謨官切。』《説文解字》：『⿰谷丸，其虐切，相踦⿰谷丸也。』二字若不類，俗書足以相亂。⿰谷丸從山谷之谷，彈丸之丸。則欽宗兼名三十六號，止是亭名，別無義可取。谻從谷，亦其虐切，口上阿也，從口，上象其理。郤、綌皆從谷，俗書與山谷之谷無別。丮，居逆切，持也，象手也。《集韻》云：『隸變爲丮，執、孰等丸，恐、筑之凡，皆從丮。俗書與丸、凡無別。』相如《上林賦》曰『徼谻受詘』，曰『窮極倦谻』，俱音劇，倦，疲憊。而《説文》谻字，徐鍇《通釋》亦引《上林賦》『徼谻受屈』，謂以力相踦角，徼谻而受屈也。谻，渴極切；谻，其虐切，聲亦相近，疑即谻字。跨鰲之書不應取踦谻之意義，正用《方言》《上林賦》倦谻之意耳。區區雖若辭費，詳考及此，因併及之。」又余橦自著書以擬《太玄潛虚》，命名《⿱艹極書》，以八起數，⿱艹極字之義，亦未易曉。攻愧嘗爲考云：「《説文解字》二字部，亟，敏疾也，從人、從口、從又、從二。二，天地也，去吏反。徐鍇《通釋》曰【二五】：『承天之時，因地之利，口謀之，手執之，時不可失，疾也。會意，气至切。』《集韻》於去聲七『志』正引上文，而又入聲二十四『職』出此字。⿱艹極蒿，⿱艹極注亦引上文，而云或作蒿極。橦蓋以此字備三才【二六】，故用之，亦務奇，故又加艹，第未知⿱艹亟字止用《集韻》爲據，惟復別見他書，復其下又加木，則未之見也，當考。去吏乃本音也，要當從去聲爲正。」余異二公名書之僻，嘉前輩考訂之精，故併書之，以俟問奇字者。

【二五】徐鍇通釋曰　「通」字原缺，據《攻媿集》補。

【二六】橦蓋以此字備三才　「字」字原缺，據稗海本、學津本補。

乘槎

乘槎之事，自唐諸詩人以來，皆以爲張騫。雖老杜用事不苟，亦不免有「乘槎消息近，無處問張騫」之句。按騫本傳止曰「漢使窮河源」而已。張華《博物志》云：舊説天河與海通，有人賫糧乘槎而去，十餘月至一處，有織女及丈夫飲牛於渚，因問此是何處，答曰：「君還至蜀，問嚴君平則知之。」還問君平，曰：「某年月日，有客星犯牽牛宿。」然亦未嘗指爲張騫也。及梁宗懍作《荆楚歲時記》，乃言武帝使張騫使大夏，尋河源，乘槎，見所謂織女、牽牛，不知懍何所據而云。又王子年《拾遺記》云：「堯時有巨槎浮於西海，槎上有光若星月，槎浮四海，十二月周天，名貫月槎、掛星槎，羽仙栖息其上。」然則自堯時已有此槎矣。

游月宫

明皇游月宫一事，所出亦數處。《異聞録》云：「開元中，明皇與申天師、洪都客夜遊月中，見所謂廣寒清虚之府，下視玉城嵯峨，若萬頃琉璃田，翠色泠光，相射炫目。素娥十餘舞於廣庭，音樂清麗，遂歸製《霓裳羽衣》之曲。」唐《逸史》則以爲羅公遠，而有擲杖化銀橋之事。《集異記》則以爲葉法善，而有過潞州城【二七】、奏玉笛、投金錢之事。

【二七】而有過潞州城　「過」字原缺，據稗海本補。

《幽怪録》則以爲游廣陵，非潞州事。要之，皆荒唐之説，不足問也。

鄭仙姑

瑞州高安縣旌義鄉鄭千里者，有女定二娘。己酉秋，千里抱疾，危甚，女刲股和藥，疾遂瘥。至次年，女出汲井之次，忽雲湧於地，不覺乘空而去。人有見若紫雲接引而昇者，於是鄉保轉聞之縣，縣聞之州，乞奏於朝，立廟旌表以勸孝焉。久之未報，然鄉里爲立仙姑祠，禱祈輒應，遠近翕然趨之作會，幾數千人。明年苦旱，里士復申前請【二八】，時洪起畏義立爲宰，頗疑其有他，因閲故牒，密遣縣胥廉其事。適新建縣有闞氏者雇一婢，來歷不明，且又旌義人，因呼牙儈訊，即所謂鄭仙姑也。蓋此女初已定姻，而與人有姦而孕，其父醜之，遂宛轉售之傍邑，乃設爲仙事以掩之，利其施享之入，以爲此耳。昌黎《謝自然》《華山女》詩，蓋亦可見，然則世俗所謂仙姑者，豈皆此類也耶？

【二八】里士復申前請　「里」原作「軍」，據稗海本、學津本改。

寡欲

孟子曰：「養心莫善於寡欲。」老子曰：「不見可欲，使心不亂。」聖賢拳拳然以欲爲害道，可不慎乎！劉元城南遷日，嘗求教於涑水翁曰：「聞南地多瘴，設有疾以貽親憂，奈何？」翁以絶欲少疾之語告之。元城時盛年，乃毅然持戒惟謹。趙清獻、張乖崖至撫劍自誓，甚至以父母影象設之帳中者。蓋其初未始不出於勉强，久乃相忘於自然。甚矣！欲之難遣也如此。坡翁云：「服氣養生，難在去欲。」蘇子卿嚙雪啖氈，蹈背出血，無一語少屈，可謂了生死之際，然不免與胡婦生子於窮海之上，况洞房綺疏之下乎？乃知此事未易消除。香山翁佛地位人，晚年病風放妓，猶賦《不能忘情吟》。王處仲兇悖小人，知體敝於色，乃能一旦感悟，開閤放妓。蓋天下事勇決爲之，乃可進道。余少年多病，間有一二執巾櫛供紉澣者，或歸咎於此。兵火破家，一切散去，近止一小獲，亦復不留，然猶未免時有霜露之疾。好事不察者，復以前説戲之，殊不知散花之室已空久矣。雖然，戲之者所以愛之也。余行年五十，已覺四十九年之非，其視秀惠温柔，不啻伐命之斧、鴆毒之杯。一念勇猛，頓絶斯事，以徼晚年清淨之福。閉閣焚香，澄懷觀道，自此精進不已，亦庶乎其幾於道矣。然則疾疢者，安知非吾之藥石乎？

芍藥

韓昌黎詩：「兩廂鋪氍毹，五鼎烹芍藥。」注引《上林賦》注云：「芍藥根主和五臟，辟毒氣，故合之於蘭桂五味，以助諸食，因呼五味之和爲芍藥。」《七發》亦曰「芍藥之醬」，《子虚賦》曰：「芍藥之和具，而後御之。」《南都賦》曰：「歸雁鳴鵽，香稻鮮魚，以爲芍藥。」服虔、文穎、文儼等解芍藥，或亦不過稱其美，而《本草》亦止言辟邪氣而已。獨韋昭曰：「今人食馬肝者，合芍藥而煮之。馬肝至毒，或誤食之至死，則制食之毒者，宜莫良於芍藥，故獨得藥之名耳。」此説極有理。《古今注》載牛亭問曰：「將離將別，贈以芍藥，何耶？」答曰：「芍藥一名將離，故以此贈之。」此又別一説也。江淹《別賦》云「下有芍藥之詩」，正用此義。而注之中僅引「贈之以芍藥」之語。張景陽《七命》「和兼芍藥」，乃音酌略。《廣韻》中亦有二音。

三建湯

三建湯所用附子、川烏、天雄，而莫曉其命名之義。比見一老醫云：「川烏建上，頭目之風虛者主之；附子建中，脾胃寒者主之；天雄建下，腰腎虛憊者主之。」此説亦似有理，後因觀謝靈運《山居賦》【二九】，曰「三建異形而同出」，蓋三物皆一種類，一歲爲萴子，二歲爲烏喙，三歲爲附子，四歲爲烏頭，五歲爲天雄，是知古藥命名皆有所本祖也。

楊凝式僧净端

楊凝式居洛日，將出遊，僕請所之，楊曰：「宜東遊廣愛寺【三〇】。」僕曰：「不若西遊石壁寺。」凝式舉鞭曰：「姑遊廣愛寺。」僕又以石壁爲請，凝式乃曰：「姑遊石壁。」聞者爲之撫掌。吴山僧净端，道解深妙，所謂「端獅子」，章申公極愛之。乞食四方，登

【二九】後因觀謝靈運山居賦　「後」原作「復」，據稗海本、學津本改。

【三〇】宜東遊廣愛寺　「愛」原作「受」，據稗海本、學津本改。下同。

舟，旋問何風，風所向即從之，所至人皆樂施。蓋楊出無心，端出委順，迹不同而意則同也。

迎曙

李方叔《師友談記》及《延漏録》《鐵圍山録》載仁宗晚年不豫，漸復康平。忽一日，命宫嬪、妃主游後苑，乘小輦向東，欲登城堞。遥見小亭，榜曰「迎曙」，帝不悦，即時回輦。翌日上仙，而英宗登極，蓋「曙」字乃英宗御名也。又寇忠愍《雜説》載哲宗朝常創一堂，退繹萬幾。學士進名皆不可意，乃自制曰「迎端」，意謂迎事端而治之。未幾，徽宗由端邸即大位。又晁無咎《雜説》言：仁宗時作亭名曰「迎曙」，已乃悟爲英宗名，改之曰「迎旭」，又以爲未安，復改曰「迎恩」，皆符英宗御名也。已上數説，未知孰是。

白帽

管寧白帽之説尚矣。雖杜詩亦云「白帽應須似管寧」，然幼安本傳止云「常著皂帽」，又云「著絮帽布衣而已」。初無白帽之事，獨杜佑《通典·帽門》載管寧在家常著帛帽，豈以帛爲白乎？然宋、齊之間，天子燕私多著白高帽，或以白紗，今所畫梁武帝像亦然。蓋當時國子生亦服白紗巾，晉人著白接䍦，謝萬著白綸巾，南齊桓崇祖白紗帽，《南史》和帝時，百姓皆著下簷白紗帽。《唐六典》天子服有白紗帽。他如白帢、白帽之類，通爲慶弔之服。古樂府《白紵歌》云：「質如輕雲色如銀，製以爲袍餘作巾。」杜詩「光明白㲲巾」「當念著白帽，采薇青雲端」，白樂天詩云「青筇竹杖白紗巾」。然則古之所以不忌白者，蓋喪服皆用麻，重而斬齊，輕而功緦，皆麻也，惟以升數多寡精粗爲異耳。自麻之外，繒縞固不待言，苧葛雖布屬，亦皆吉服。縞帶、紵衣，昔人猶以爲贈，則亦何忌之有？漢高帝爲義帝發喪，兵皆縞素，行師權制，固不備禮。後世人多忌諱，喪服往往求殺。今之薄俗，蓋有以縞紵爲緦功者矣。宜乎巾帽之不以白也！

送刺

節序交賀之禮，不能親至者，每以束刺僉名於上，使一僕遍投之，俗以爲常。余表舅吴四丈性滑稽，適節日無僕可出，徘徊門首。恰友人沈子公僕送刺至，漫取視之，類皆親故，於是酌之以酒，陰以己刺盡易之。沈僕不悟，因往遍投之，悉吴刺也。異日合併，因出沈刺大束，相與一笑，鄉曲相傳以爲笑談。然《類説》載陶穀易刺之事，正與此相類，恐吴效之爲戲耳。又《雜説》載司馬公自在臺閣時，不送門狀，曰：「不誠之事，不可爲之。」滎陽吕公亦言送門狀習以成風，既勞作僞，且疏拙露見可笑。則知此事由來久矣。

今時風俗轉薄之甚。昔日投門狀，有大狀、小狀，大狀則全紙，小狀則半紙。今時之刺，大不盈掌，足見禮之薄矣。

簡槧

簡槧古無有也，陸務觀謂始於王荆公，其後盛行。淳熙末，始用竹紙，高數寸，闊尺餘者，簡版幾廢。自丞相史彌遠當國，臺諫皆其私人，每有所劾薦，必先呈副，封以越薄紙書，用簡版繳達。合則緘還，否則別以紙言某人有雅故，朝廷正賴其用，於是旋易之以應課，習以爲常。端平之初，猶循故態。陳和仲因對首言之，有云：「稾會稽之竹，囊括蒼之簡。」正謂此也。又其後括蒼爲軒樣紙，小而多，其層數至十餘疊者。凡所言要切則用之，貴其卷還，以泯其迹。然既入貴人達官家，則竟留不遺，或別以他槧答之。往者御批至政府從官皆用蠲紙，自理宗朝亦用黄封簡版，或以象牙爲之，而近臣密奏亦或用之，謂之「御槧」，蓋亦古所無也。

人妖

趙忠惠帥維揚日，幕僚趙參議有婢慧黠，盡得同輩之懽。趙昵之，堅拒不從，疑有異，强即之，則男子也。聞於有司，蓋身具二形，前後姦狀不一，遂置之極刑。近李安民嘗於福州得徐氏處子，年十五六，交際一再，漸具男形，蓋天真未破，則彼亦不自知。然小說中有池州李氏女及婢添喜事，正相類。而此外絶未見於古今傳記等書，豈以穢污筆墨，不復記載乎？嘗考之佛書，所謂博叉半擇迦者，謂半月能男，半月不能男。又《遺像經》有五種不男，曰生、劇、妒、變、半，變、半者二形，人中惡趣也，《晉・五行志》謂之「人痾」。惠帝時，京洛有人兼男女二體【三一】，亦能兩用人道，而性尤淫亂，此亂氣所生也。《玉曆通政經》云「男女二體，主國淫亂」。而《二十八宿真形圖》所載心、房二星皆兩形，與丈夫、婦人更爲雌雄，此又何耶？《異物志》云：「靈狸一體，自爲陰陽，故能媚人。」《褚氏遺書》云：「非男非女之身，精血散分。」又云：「感以婦人則男脉應胗，動以男子則女脉順指，皆天地不正之氣也。」

四韓

或云韓信爲吕后所殺，韓通爲杜后所殺，韓侂胄爲楊后所殺，韓震爲謝后所殺，四人皆將相，皆死於婦人之手，亦異矣。

韓彦古

韓彦古字子師，詭譎任數，處性不常。尹京日，范仲芑西叔爲諫議大夫【三二】，阜陵

【三一】京洛有人兼男女二體　「有」字原缺，據稗海本補。

【三二】范仲芑西叔爲諫議大夫　「芑」字原缺，據周必大《省齋文稿》卷三八《經筵同僚祭范西叔仲芑侍講文》補。

眷之厚，大用有日矣。范素惡韓，將奏黜之，語頗泄。韓窘甚，思所以中之。范門清峻，無間可入，乃以白玉小合滿貯大北珠，緘封於大合中，厚賂鈐下老兵，使因間通之。范大怒，叱使持去。所愛亦在傍，怪其奩大而輕，曰：「此何物也？」試啓觀之，則見玉合，益怪之，方復取視，玉滑而珠圓，分迸四出，失手墮地。合既破碎，益不可收拾。范見而益怒，自起捽妾之冠，而氣中仆地竟不起。其無狀至此。李仁甫亦惡其爲人，弗與交，請謁嘗瞰其亡。一日，知其出，往見之，則實未嘗出也。既見，韓延入書屋而請曰：「平日欲一攀屈而不能，今幸見臨，姑解衣盤礴可也。」仁甫辭再三，不獲，遂爲强留。室有二厨貯書，牙籤黄袱，扃護甚嚴。仁甫問：「此爲何書？」答曰：「先人在軍中日，得於北方。蓋本朝野史，編年成書者。」是時仁甫方修《長編》，既成，有詔臨安給筆札，就其家繕録以進。而卷帙浩博，未見端緒，彦古常欲略觀不可得。仁甫聞其言，窘甚，亟欲得見之。則曰：「家所秘藏，將即進呈，不可他示也。」李益窘，再四致禱，乃曰：「且爲某飲酒，續當以呈。」李於是爲盡量，每杯行輒請。至酒罷，笑謂仁甫曰：「前言戲之耳，此即公所著《長編》也。已爲用佳紙作副本裝治，就以奉納，便可進御矣。」李視之，信然。蓋陰戒書吏傳録，每一板酬千錢。吏畏其威，利其賞，輒先録送韓所，故李未成帙而韓已得全書矣。仁甫雖憤愧不平，而亦幸蒙其成，竟用以進。其怙富玩世，狡獪每若此。今之官吏亦有過此者。

松五粒

凡松葉皆雙股，故世以爲松釵。獨栝松每穗三鬚，而高麗所産每穗乃五鬣焉，今所謂「華山松」是也。李賀有《五粒小松歌》，陸龜蒙詩云：「松齋一夜懷貞白，霜外空聞五粒風。」李義山詩「松暄翠粒新」，劉夢得詩「翠粒點晴露」，皆以粒言松也。《酉陽雜俎》云：「五粒者，當言鬣。」自有一種名五鬣，皮無鱗甲，而結實多，新羅所種云。然則所謂粒者，鬣也。

唐重浮屠

唐世士大夫重浮屠，見之碑銘，多自稱弟子，此已可笑。柳子厚《道州文宣廟記》云：「《春秋》師晉陵蔣堅，《易》師沙門凝辯【三三】。」安有先聖之宫，而可使桑門横經於講筵哉！此尤可笑者【三四】。然《樊川集》亦有《燉煌郡僧正除州學博士僧慧苑除臨壇大德制》，則知當時此事不以爲異也。

【三三】易師沙門凝辯　「辯」字原缺，據《柳河東集》卷五補。

【三四】此尤可笑者　「尤」原作「又」，據稗海本、學津本改。

葖

今成都麵店中呼蘿蔔爲葖子，雖曰市井語，然亦有謂。按《爾雅》曰：「葖，蘆萉也。」郭璞以葩爲菔，俗呼雹葖，先北反。或作葍，釋曰：「紫花松也，一名葖。」蓋其性能消食、解麵毒。《談苑》云：「江東居民歲課藝，初年種芋三十畝，計省米三十斛；次年種蘿菔三十畝，計益米三十斛，可見其能消食。」昔有婆羅門僧東來，見人食麵，駭云：「此有大熱，何以食之！」及見蘿菔，曰：「賴有此耳。」《洞微志》載齊州人有《病狂歌》曰：「五靈葉蓋晚玲瓏，天府由來汝府中。惆悵此情言不盡，一丸蘿菔火吾宮。」後遇道士作法治之，云：「此犯天麥毒，按醫經，蘆菔治麵毒。」即以藥并蘿菔食之，遂愈，以其能解麵毒故耳。

乞食歌姬院

韓熙載相江南，後主即位，頗疑北人，有鴆死者。熙載懼禍，因肆情坦率，不遵禮法，破其家財，售妓樂數百人，荒淫爲樂，無所不至。所受月俸至不能給，遂敝衣破履，作瞽者，持弦琴，俾門生舒雅執板挽之，隨房乞丐，以足日膳。後人因畫《夜宴圖》以譏之，然其情亦可哀矣。唐裴休晚年亦披毳衲於歌姬院持鉢乞食，不爲俗情所染，可以説法爲人。乃知熙載之前，已有此例。雖裴公逃禪【三五】，熙載避禍，余謂熙載是世法，裴公是心法，心迹不同也。

【三五】雖裴公逃禪　「裴公」原作「發令」，據學津本改。下同。

袁彦純客詩

袁彦純同知始以史同叔同里之雅，薦以登朝，尹京。既以才猷自結上知，遂蹝文昌躋宥府，寖寖乎柄用矣。適誕辰，客有獻詩爲壽云：「見説黄麻姓字香，且將公論是平章。十年舊學資猶淺，二紀中書老欲殭。刑鼎豈堪金鎖印，仙翁已在白雲鄉。太平宰相今誰是，惟有當年召伯棠。」刑鼎指薛，蓋以金科賜第；仙翁指葛，時已七十；舊學則鄭安晚也。此詩既傳，史聞惡之，旋即斥去。

長沙茶具

長沙茶具，精妙甲天下。每副用白金三百星或五百星，凡茶之具悉備，外則以大縷銀合貯之。趙南仲丞相帥潭日，嘗以黄金千兩爲之，以進上方，穆陵大喜，蓋内院之工所不能爲也。因記司馬公與范蜀公游嵩山，各攜茶以往。温公以紙爲貼，蜀公盛以小黑合。温公見之，曰：「景仁乃有茶具耶？」蜀公聞之，因留合與寺僧而歸。向使二公見此，當驚倒矣。

真西山入朝詩

真文忠負一時重望，端平更化，人徯其來，若元祐之涑水翁也。是時楮輕物貴，民生頗艱，意謂真儒一用，必有建明，轉移之間，立可致治。於是民間爲之語曰：「若欲百物賤，直待真直院。」及童馬入朝，敷陳之際，首以尊崇道學，正心誠意爲第一義【三六】，繼而復以《大學衍義》進。愚民無知，乃以其所言爲不切於時務，復以俚語足前句云：「喫了西湖水，打作一鍋麵。」市井小兒，囂然誦之。士有投公書云【三七】：「先生紹道統，輔翼聖經，爲天地立心，爲生民立命。愚民無知，乃欲以瑣瑣俗吏之事望公，雖然，負天下之名者，必負天下之責。楮幣極壞之際，豈一儒者所可挽回哉？責望者不亦過乎！」公居文昌幾一歲，洎除政府，不及拜而薨。

趙子固梅譜

諸王孫趙孟堅字子固，善墨戲，於水仙尤得意。晚作梅，自成一家，嘗作《梅譜》二詩，頗能盡其源委。云：「逃禪祖花光，得其韻度之清麗；閑庵紹逃禪，得其蕭散之布置。回視玉面而鼠鬚，已見工夫較精緻。枝枝倒作鹿角曲，生意由來端若爾。所傳正統諒末節，捨此的傳皆僞耳。僧定花工枝則粗，夢良意到工則末。女中却有鮑夫人，能守師

【三六】正心誠意爲第一義　「第」字原缺，據稗海本補。

【三七】士有投公書云　「書」原作「詩」，據稗海本、學津本改。

繩不輕墜。可憐聞名不識面，云有江西畢公濟。季衡麄醜惡拙祖，弊到雪蓬濫觴矣。所恨二王無臣法，多少東鄰擬西子。是中有趣豈不傳，要以眼力求其旨。踢鬚止七萼則三，點眼名椒梢鼠尾。枝分三疊墨濃淡，花有正背多般蕊。夫君固已悟筌蹄，重説偈言吾亦贅。誰家屏幛得君畫，更以吾詩跋其底。」「濃寫花枝淡寫梢，鱗皴老幹墨微焦。筆分三踢攢成瓣，珠暈一圓工點椒。糝綴蜂須凝笑靨，穩拖鼠尾施長梢。盡吹花側風初急【三八】，猶把枝埋雪半消。松竹襯時明掩映，水波浮處見飄飖。黃昏時候朦朧月，清淺溪山長短橋。鬧裏相挨如有意，静中背立見無聊。筆端的皪明非畫，軸上縱橫不是描。頃覺坐來春盎盎，因思行過雨瀟瀟。從頭總是揚湯法，拚下工夫豈一朝。」

筆墨

先君子善書，體兼虞、柳。余所書似學柳不成，學歐又不成，不自知其拙，往往歸過筆墨，諺所謂「不善操舟而惡河之曲」也。雖然，「工欲善其事，必先利其器」，泛觀前輩善書者，亦莫不於此留意焉。王右軍少年多用紫紙，中年用麻紙，又用張永義製紙，取其流麗便於行筆。蔡中郎非流紈豐素不妄下筆。韋誕云：「用張芝筆、左伯紙、任及墨，兼此三具，又得巨手，然後可以建徑丈之字，方寸千言。」韋昶善書而妙於筆，故子敬稱爲奇絶。漢世郡國貢兔，惟趙爲勝。歐陽通用狸毛筆。皇象云：「真措毫筆，委曲宛轉，不

【三八】盡吹花側風初急　「花」原作「心」，據稗海本改。

叛散，嘗滑密沾污，墨須多膠紺黟者，如此逸豫。余日手調適而歡娛，正可小展試。」世惟米家父子及薛紹彭留意筆札，元章謂「筆不可意者【三九】，如朽竹篙舟，曲筯哺物」，此最善喻。然則古人未嘗不留意於此，獨率更令臨書不擇筆，要是古今能事耳。

辨章

今人呼平章爲辨章，見《尚書大傳·唐傳第一》曰：「辨章百姓，百姓昭明。」《史記》則又以爲「便章百姓」。韓文公《袁氏先廟碑》亦用「辨章」二字。

來牟

今人呼小麥麵爲來牟，或曰牟粉，皆非也。《廣雅》云：「牟爲大麥，來爲小麥。」然則來、牟自是兩物。《説文》云：「大麥，牟也。牟，大也。牟，一作麰。」周之所受瑞麥來牟，即今之大麥。按小麥生於桃後二百四十日，秀之後六十日成。秋種，冬長，春秀，夏實，具四時之氣，兼有寒、温、熱、冷。故小麥性微寒，以爲麯則温，麵則熱，麩則冷。

父客

世稱父之友爲執，則父之賓客宜何稱？按《史記·張耳傳》外黄女「亡其夫，去抵

【三九】元章謂筆不可意者　「章」原作「暉」，據稗海本、學津本改。

父客」，《漢·吴王濞傳》「周亞夫問父絳侯客」，東坡贈王定國詩云「西來故父客」，正用此耳，「父客」二字甚新。

誤著祭服

余爲國局，嘗祠禘，充奉禮郎兼大祝。同行事官有老謬者，乃加中單於祭服之上，而以蔽膝係於肩背間【四〇】。一時見者，掩鼻忍笑不禁，幾致失禮，竟爲監察御史所劾。王明清《玉照志》載元符間有太學博士論奏云：「自來冠冕前仰後俯，此必是本官行禮之時倒戴差誤。」哲宗顧宰臣笑曰：「如此等豈可作學官？可與閑慢差遣。」遂改端王府記室。未幾，感會龍飛，遂揆序云。

向胡命子名

吴興向氏，欽聖后族也，家富而儉不中節，至於屋漏亦不整治，列盆盎以承之。有三子，常訪名於客，長曰渙、次曰汗、曰乢，古水字也。父不以爲疑也。他日有連呼其名曰「渙汗水」，方悟爲戲己。又，胡衛道三子，孟曰寬、仲曰定、季曰宕，音蕩。蓋悉從宀。其後悼亡妻，俾友人作志，書曰：「夫人生三子，寬、定、宕。」讀者爲之掩鼻。蓋當時不悟爲語病也。寬後爲京僉，宕則多收古物，其子公明悉獻之賈師憲，得一官，以贓敗。

【四〇】而以蔽膝係於肩背間「背」字原缺，據稗海本補。

賈母飾終

甲戌咸淳十年三月二十日丁酉，賈似道母秦、齊兩國賢壽夫人胡氏薨。特輟視朝五日，賜水銀、龍腦各五百兩，聲鍾五百杵，特贈秦、齊國賢壽休淑莊穆夫人。擇日車駕幸臨奠，差内侍鄧惟善主管敕葬，特賜謚「柔正」。遂特起復，仍舊職，任仰執政侍從詣府勸勉，就圖葬於湖山。且令帥、漕、州、司相視，展拓集芳園、仁壽寺基，營建治葬。於内藏庫支賜賻贈銀絹四千匹兩，又令户部特賜賻贈銀絹二千匹兩，皇太后殿又支賜賻贈銀絹四千匹兩，又令帥、漕兩司應辦葬事【四一】，仍存胡夫人在日請給人從，又賜功德寺額爲「賢壽慈慶」，以雍熙寺改賜，永免科役。似道皆辭之。執政侍從兩省臺諫【四二】，皆乞勉留元臣，遂降詔賈似道起復太傅，平章軍國重事。似道八疏控辭，皆不允。又令兩司建造賜第於城中。初擇六月初九日安厝，以急於入覲，遂令趲前於五月九日安厝。又令有司於出殯日特依一品例給鹵簿、鼓吹，仍屢差都司劉瓛、李珏、梅應發致祭，併趣赴闕。於出殯日，特輟視朝一日，又差樞密章鑑、察官陳過前往勉諭回朝。又命浙漕及紹興府守臣辦集船隻【四三】，祗備師相回闕。又命有司照禮例候師相回朝日，百官合郊迎。又依所奏，將紹興府公使庫徑行撥賜。又令内臣梁大原賜銀合香藥。又令兩司踏逐建造賜第，凡九處：楊府清隱園、李府家廟、夏府、中酒庫、十官宅、大王宫、舊秀王府、舊景獻帝府、御厨

【四一】又令帥漕兩司應辦葬事　「事」字原缺，據明鈔本補。

【四二】執政侍從兩省臺諫　「諫」字原缺，據稗海本補。

【四三】又命浙漕及紹興府守臣辦集船隻　「又」字上原衍「合郊」二字，據稗海本删。

營。又命福王諭旨趣之。至五月二十二日，始過江，還湖曲私第。至六月，盡百日之制，復以疾作給朝參等假十日，展轉遲回。至七月初八日，度宗違和，求草澤赦死罪，初九日宣遺詔。十一月，除王爚左丞相【四四】，章鑑右丞相。太史選用來年正月二十三日起攢，二月初三日發引，三月十三日掩攢。至十二月十四日北軍透渡，遂改十二月二十四日起攢，二十八日發引，總護使改差章右相。降制賈似道都督諸路軍馬，依舊起復太傅，平章軍國重事。凡自三月二十日至七月度宗升遐，賈相持喪、起復、辭免，虛文汩汩，殆無虛日。如此三閲月，内外不安，而國事、邊事皆置不問。至十二月十四日透渡，自此喪亂相尋，無復可爲矣，悲哉！

孝宗行三年喪

三年之喪，自天子達於庶人。自漢文短喪，其後時君皆以日易月，行之既久，無以爲非者。惟孝宗皇帝行之獨斷，一旦復古，可謂孝矣。《李氏雜記》嘗書其事，甚略，今摭當時始末於此，以益國史之未備。云：「高宗之喪既易月，孝宗常諭大臣，不用易月之制，如晉武、魏孝文實行三年之服，自不妨聽政。丞相周必大入奏，上服縗絰，嗚咽流涕，奏及喪服指揮，上曰：『司馬光《通鑑》所載甚詳。』必大奏：『晉武雖有此意，後來止是宮中深衣練冠。』上曰：『當時群臣不能將順其美，光所以譏之，後來武帝竟行。謂王太

【四四】除王爚左丞相　「爚」原作「鑰」，據稗海本、《宋史》卷四一八《王爚列傳》改。

后之喪。』必大奏：『記得亦是不能行。』上曰：『自我作古，何害？』遂詔曰：『大行太上皇帝奄棄至養，朕當衰服三年，群臣自遵易月之令。』至小祥祭奠，上不變服，必大奏：『聖孝過哀，猶御初祥之服，臣等不勝憂惶，乞俯從禮制。』上流涕曰：『大恩難報，情所不忍，俟過大祥商量。』既而，必大又奏：『禮官苴麻三年，恐難行於外庭，今祥禫在邇，乞付外施行。』樞密施師點奏曰：『百日之制，其實不可行，正礙正月人使朝見。』上云：『朕自所見。』必大奏：『陛下聖孝冠古，知漢文短喪之失，而陋晉群臣不能成武帝之美，所以鋭意復古，非聖孝高明，豈易及此！』上曰：『朕正欲稍救千餘載之弊。』會敕令所删定官沈清臣論喪服六事，凡八千言，展讀甚久，極合上意。知閤張嶷奏：『已展正，引例隔下。』清臣奏讀如初。久之，嶷又云：『簡徑奏事。』上目之，令勿却。已而甚久，嶷前奏：『恐妨進膳。』清臣正色曰：『言天下事，讀竟乃已。』上勞之曰：『卿二十年閑廢，今不枉矣。』於是上意益堅。一日奏事，上忽指示衣袂曰：『此已易用布，不太細否？』必大奏曰：『陛下獨斷行三年之喪，均是布衣，何細也？且光堯初上仙，陛下便有此意，而群臣不能將順，致煩聖慮。所謂其臣莫及，足以垂訓萬世矣。』至卒哭，祭迎祔太廟，内批：『朕昨降指揮，欲縗絰三年，緣群臣屢請御殿易服，故以布素視事内殿。雖有祔廟勉從所請之詔，然稽之經典，心實未安。行之終制，乃爲近古，宜體至意，勿復有請。』於是徑行三年之服焉。』

施行韓震

德祐元年乙亥正月，賈平章似道督府出師，時平昔愛將已有叛去者，賈聞之，氣大餒。臨行，與殿帥韓震、京尹曾淵子約曰：「或江上之師設有蹉跌，即邀車駕航海至慶元，吾當帥師至海上迎駕，庶異時可以入關，以圖興復。」且留其二子於震家，使倉卒可以隨駕。時省吏翁應龍實知其謀【四五】。至二月二十日，督府潰師於魯港，翁應龍得罪下獄。翁謂曾尹曰：「平章出師時，分付安撫道甚麼來？如今却來罪應龍，何也？」於是淵子語塞，而震亦不自安。會似道以蠟書至韓，趣爲遷避，其間有云：「但得趙家一點血，即有興復之望。」震得之，即具申狀，親攜蠟書白堂、白臺，陳丞相宜中遂奏之太后，宮中爲之震動。時都民、戚里、官寺往往皆欲苟安，疑惑撼摇，目之爲賊。宜中本爲似道所引，至是，與編修官潘希聖謀，一反賈政，專以圖守爲説。震不察其意，乃堅持遷避之策。三月朔日，宜中召震會議於第五府，先已差天府增級顧信等數人以擬之，及震至，門闔，即以鐵撾擊其首。韓曰：「相公不當如此！」陳答曰：「此奉聖旨。」韓猶以坐椅格之，遂折其足脛而斃之。遂自後門舁出，揭其首於朝天門。省吏劉應韶即以黄榜自窗櫺中遞出張掛，慰諭一行將士，謂罪止誅其首。亟命彭之才統其軍馬，其隨行親兵賜銀二萬兩，十八官會三十萬貫，各補兩官。殿步馬司制領將官等并諸軍官兵，共特賜十八官會一百萬貫，

【四五】 時省吏翁應龍實知其謀　「吏」原作「史」，據稗海本改。下文「省史劉應韶」同此例改。

制領將官各轉兩官【四六】。其日坐中惟文及翁僉書及曾淵子在焉。淵子固嘗預遷避之謀【四七】，聞變，面無人色。繼而得免而出，自慶再生，行至通衢，復有呼召，倉忙而入，自分必死，口噤幾不能言。及至，乃處分他事耳。劉應韶以衢倅賞，顧信補承信郎，繼而潘希聖入察行，且登用。未幾，疽發於足，日見韓在左右，不數日而殂，身後以從官賞之。潘字養蒙，永嘉人。及北軍既入，宜中乃挾二王航海而去，然則賈、韓之謀，是非果何如耶？後之秉筆削者，當有以任其責乎！

【四六】 制領將官各轉兩官　「制領將官各轉兩官」原作「兵各補兩官」，據稗海本改。

【四七】 淵子固嘗預遷避之謀　「預」原作「領」，據學津本改。

校勘記

後集

理宗初潛

穆陵之誕聖前一夕，全夫人欲歸東浦母家，榮文恭王時待次。閩縣尉遣僕平某者，即平幕使之父也，贖黑神散與之同往。時天尚未曉，啓門則見甲士盈門，意謂過軍，亟驚入報。尉曰：「軍行自應由上塘，何緣至此？」遂出觀之，了無所覩。方艤小舟，欲登，忽有大黑蛇有兩小角，壓船舷而卧，船爲之側，疑其有異，遂不復往。未幾誕男，即理宗也，小字烏孫，以蛇異也。其初被選也，史衛王當國，先命趙宗丞希言與權之，併選宗室子「與」號十歲已下者，各與課算五行，於是就其中選到十人。與膺、與爽、與休、與蔽、與應、理宗、福王。時侍郎王宗與權善五星，指理宗、福王二命謂衛王曰：「二者皆帝王之命也。」於是理宗改訓與莒，福王改訓與芮，蓋取二國以爲名也。始下大宗正司盡召十人，時入和尚師禹領宗司皆伺於王府土地祠，久之皆餒，遂就市肆呼麵。方及門而柈覆地，衆方餒甚，交責之，獨穆陵凝然略不變色，反以言慰藉之。史相聞其事，遂大異之。既而私引入書院中試，令寫字，即大書「朕聞上古」，衛王慄而起曰：「此天命也。」於是立儲之意已定云。

魏子之謗

魏峻字叔高，號方泉，娶趙氏，乃穆陵親姊四郡主也。理宗第六，福王第八。庚午歲得男，小字關孫，自幼育於紹興之甥館，實慈憲全夫人之愛甥也。慈憲每於禁中言其可喜，且爲求官。穆陵以慈憲之故，欲一見而官之，遂俾召至皇城。法：凡異姓入宮門，必懸牌於腰乃可，惟宗子則免。此一時權宜，遂令假名孟關以入見焉。時度宗亦與之同入宮，故其後遂倡爲魏太子之説【一】。既而外廷傳聞浸廣，於是王伯大、吴毅夫得其事，遂形奏疏，而四方遂有「魏紫姚黄」之傳。其實則不然也。關孫後溺死於滎邸瑶圃池中，魏洪則自地以繼關孫之後焉。當吴毅夫爲相日，穆陵將建儲，吴不然之，欲別立汗邸，承宣專任方甫以通殷勤。吴以罪去國【二】。紹陵既爲皇子，嘗遣人俟於汗邸，欲殺之。方知之，乃自後門逃去，後爲謝堂捕之，送兵馬司，自刎而死。此事福王親聞之穆陵云。

【一】故其後遂倡爲魏太子之説　「故其後」原作「欲其故」，據四庫本改。

【二】吴以罪去國　「罪」原作「弗」，據稗海本、學津本改。

徽宗梓宮

徽宗、欽宗初葬五國城，後數遣祈請使，欲歸梓宮，六七年而後許以梓宮還行在。高宗親至臨平奉迎，易緦服，寓於龍德別宮，一時朝野以爲大事。諸公論功受賞者幾人，費於官帑者大不貲。先是，選人楊煒貽書執政李光，以真僞未辨，左宣義郎王之道亦貽書諫官曾統，乞奏命大臣取神櫬之下者斲而視之【三】。既而禮官請用安陵故事，梓宫入境，即承之以椁，仍納衮冕翬衣於椁中，不改斂。遂從之。近者楊髠盜諸陵，於二陵梓宫内略無所有。或云止有朽木一段，其一則木燈檠一事耳。當時已逆料其真僞不可知，不欲逆詐，亦聊以慰一時之人心耳。蓋二帝遺骸飄流沙漠，初未嘗還也，悲哉！

【三】乞奏命大臣取神櫬之下者斲而視之　「櫬」原作「襯」，「斲」原作「斷」，據稗海本、學津本改。

成均舊規

成均舊規，後來不復可見矣。謏言所知者數則於此，亦可想見當時學校文物之盛，庶異日復古或有取焉。大學私試以孟、仲、季分爲三場，或司成無暇，則併在歲晚。有公試則無私試，試爲監中司成命題，就差學官充考校封録之職，不復經由朝廷。至第三日即揭曉，每十人取一，孤經則二三人亦取二名。第一等常缺。第二等謂之「放等」，魁當三分，第二名二分半。第三等魁二分，率從第二、三取起，魁二分，第二、第三一分半，第四、第五一分三釐，餘并一分。太學公試遇省試年，則在省試後二月下旬，凡引試二日。經賦一日，論策一日。非省試年分，則隨銓試後引試，係朝廷差官，士子則襴幞入試。大約七人取一，第一等缺。第二等約二十人取一，餘約七人取一，第四、第五并一分。公試魁縱不該升補，他日登第，亦是部注教官。若三名前，例是教官。有外校次年公試中第二等，謂之「入等升」，又謂之「正升」。或外舍成校人前一年已中第三等，本年再中第三等，謂之

「本等升」。或外舍成校定人前一年中第四等，本年中第三等，謂之「進等升」。若先在三而今在四，謂之「退舍」，不能成事。此外，又有追補法。前一年或不成校，本年忽中公試第二等，名爲「入等」。却用本年私試，二場并得，如中魁，亦當一場，謂之「追升」，可以陳乞追升内舍。或止中兩場，則無用。又前一年外校八分以止，或優本年公試，不同得失，得之升榜。若下就試者非内舍校定，以升補做内舍校定者，一年止有兩試。一試中則又試兩試，若一年兩試俱失，謂之「折脚」，不復試第三試。以三試不中，則當退舍。每年二十一人，或於内有未升上舍而過省者，或有事故者，許二十一人之後分數少者，依資次來豁校。如正升内外舍人，亦用狀射，某人已成事，缺新升内舍。一年無兩升，縱當年上舍試入優，止理爲内舍校定，不可升上舍。内舍一年無三色試，已試公試者，不許赴私試；已試私試者，不許赴公試。上舍試每三人取一人，優等十人，賦三，書二，餘經各一。通榜魁十分，亞鼎各九分，餘七名并八分，平六分。内舍未有校定，本年中舍平等者，理爲内校。升補上舍有三等：内舍平校試舍試平等；或内舍優校不中上舍試；或有季無校定，試入上舍試優等，亦與隨榜升補下等上舍，謂之「赤脚升」。其升補名字依上舍試榜資次，蓋舍試壓公試。内舍新升及無季人雖中舍試，只作内校分數。然舍試一中優等八分，平等六分，五名以前又有加分，盡可趕優。或前一年已有平校，本年有平等，上舍試入兩中舍試平等，已上謂之「俱平」，或一優一否，皆爲下等上舍。謂如内舍平校人試入上舍優等，當舉免省到殿。元有求免人理作升甲用，已升甲者升名，謂之「一優一平」，爲中等上舍。謂如內舍優校人又中上舍試優等，以優中優，皆是釋褐，不拘名數，先賜進士出身，謂之「上等上舍」，法注教官。續有此附黄甲第三人恩例，注推官，自方熙孫始。當年間有內舍優校，內優三人，當年積八分已上者，可成舍試。次年白分已上者【四】，不可成。偶舍試當年分人多，亦止以三人爲限，第四名縱積十分，亦不理。若以優中優，則謂之「兩優狀元」。其試兩年一次，率在季秋，聖旨差官命極難之題，重於省試。優校赴舍試，如不中，守三年後徑到殿，中平即免省到殿。平校人赴舍試，中優即赴殿。自甲子年後，上舍人多陳乞解褐出身，不到殿，應當舉免解，次舉免省赴殿，謂之「待年」。若本自免解，謂之「兩免相充」，此學法也。或本未免解，當年實請免，謂之「請免相衡」，并相衡免省赴殿。國子生寄理法：國子生補入者，升補內舍，謂之「寄理內舍」；升補上舍，謂之「寄理上舍」。未許行正食，止借一日食而已。升中等、下等上舍，合後到殿者，未許到殿，直待元牒主補外方，理爲正行食，及許到殿。以此牒官有請一月或半月暇者，蓋欲其早成事故耳。解褐舍法：下等上舍先免解，後免省，待三年後到殿；中等上舍徑到殿，或特旨徑行解褐。釋褐恩數成而優者，謂之「狀元」。擇日於崇化堂鳴鼓集衆諸生，兩廊序坐，學者穿秉立堂上，狀元亦襴幞立，同舍班俟揖。揖訖，詣堂下香案前，面東南望闕謝恩，跪受敕黄，再拜。次入幕換公裳，其所換下之衣，盡爲齋僕持去，以利市。再至階上，面西北再拜謝恩。畢，

【四】次年白分已上者　「白」字原缺，據學津本補，疑爲「八」字之誤。

【五】遂歸本齋團拜　「團」原作「圍」，據四庫本改。

與學官同舍講拜者，再次詣忠文廟。次詣直舍，通門狀，謝學官，亦止稱其齋學生，再拜，遂歸本齋團拜【五】。次詣諸齋謝，亦稱同舍生，不書齋名。禮畢，到堂上换衫帽，與學官相見交賀。監中備酒七杯，次本齋三杯。訖，臨安府差到，客將備轎馬、從人、差帽，迎至祥符寺狀元局。凡學夫、齋僕以次，平日趨走之人，皆以大小黄旗，多至數百面，呵喝狀元，與唱名一同。遂擇日謁先聖。其局錢酒支用，并天府應辦。次日，謝宰執臺諫，然後部中送缺，初任文林郎、節察推官，視殿試第三人恩例。謝宰相，用啓事，見主司，有拜禮。太學解試與舍試無相干。太學十人取三人，若參未滿年，七人取一人，係不滿年太學生。升補一請求免，已經特恩正免，又一請者亦免。曾於方州請舉不改名者，謂之「帶胎入學」，異時於學中請者亦免。在學三十年，公私試曾一中者，永免在學；曾一請後二十日永免。太學解試都魁，雖不升舍，將來在第，亦許升甲，部注教官。

光齋

太學先達歸齋，各有光齋之禮，各刻於齋牌之上。宰執則送真金碗一隻，狀元則送鍍金魁星杯柈一副。帥漕新除，各齋十八界二百千、酒十尊。

諸齋祠先輩

太學諸齋各祠本齋之有德行者。存心齋、果行齋并祠粟齋鞏豐，循理齋祠慈湖楊簡，果行齋祠梅溪王十朋、菊坡崔與之。

學規

學規五等。輕者關暇幾月，不許出入，此前廊所判也。重則前廊關暇，監中所行也。又重則遷齋，或其人果不肖，則所遷之齋亦不受，又還別齋，必須委曲人情方可，直須本齋同舍力告公堂，方許放還本齋，此則比之徒罪。又重則下自訟齋，則比之黥罪，自宿自處，同舍亦不敢過而問焉。又重則夏楚屏斥，則比之死罪。凡行罰之際，學官穿秉序立堂上，鳴鼓九通，二十齋長諭并襴幞，各隨東西廊序立，再拜謝恩，罪人亦謝恩。用一新參集正宣讀彈文，一集正權司罰，以黑竹篦量決數下，大門甲頭以手對衆，將有罪者就下堂毀裂襴衫押去，自此不與士齒矣。

太學文變

南渡以來，太學文體之變：乾、淳之文，師淳厚，時人謂之「乾淳體」，人材淳古，亦如其文，至端平，江萬里習《易》，自成一家，文體幾於中復；淳祐甲辰，徐霖以書學魁南省，全尚性理，時競趨之，即可以釣致科第功名，自此，非《四書》《東西銘》《太極圖》《通書》《語録》不復道矣；至咸淳之末，江東李謹思【六】、熊瑞諸人倡爲變體，奇詭浮艷，精神焕發，多用莊、列之語，時人謂之「换字文章」，對策中有「光景不露」「大雅不澆」等語，以至於亡，可謂文妖矣。此則有商量。

兩學暇日

太學上巳暇一日，武學則三日；清明太學三日，武學乃一日，殊不可曉。

學舍燕集

學舍燕集必點妓，乃是各齋集正自出帖子，用齋印，明書「仰弟子某人到何處祇直本齋燕集」。專有一等野猫兒卜慶等十餘人【七】，專充告報，欺騙錢物，以爲賣弄生事之地。凡外欲命妓者，但與齋生一人相稔，便可借此出帖呼之【八】。此事不知起於何時，極於無義，乃所以起多事之端也。

【六】江東李謹思　「李」字原缺，據明鈔本補。

【七】專有一等野猫兒卜慶等十餘人　「卜」原作「十」，據稗海本、四庫本改。

【八】便可借此出帖呼之　「帖」原作「貯」，據稗海本、學津本改。

三學之横

三學之横，盛於景定、淳祐之際。凡其所欲出者，雖宰相臺諫，亦直攻之，使必去權。乃與人主抗衡，或少見施行，則必借秦爲諭，動以坑儒惡聲加之。時君、時相略不敢過而問焉。其所以招權受賂，豪奪庇姦，動摇國法，作爲無名之謗，扣閽上書，經臺投卷，人畏之如狼虎。若市井商賈，無不被害，而無所赴愬。非京尹不敢過問，雖一時權相如史嵩之、丁大全，不卹行之，亦末如之何也。大全時極力與之爲敵，重修丙辰監令，榜之三學，時則方大猷實有力焉。其後諸生協力合黨以攻大全，大全終於得罪而去。至於大猷，實有題名之石，磨去以爲敗群之罰。自此之後，恣横益甚。至賈似道作相，度其不可以力勝，遂以術籠絡。每重其恩數，豐其饋給，增撥學田，種種加厚。於是諸生啖其利而畏其威，雖目擊似道之罪，而噤不敢發一語。及賈要君去國，則上書贊美，極意挽留，今日曰「師相」，明日曰「元老」；今日曰「周公」，明日曰「魏公」，無一人敢少指其非。直至魯港潰師之後，始聲其罪，無迺晚乎！蓋大全之治三學，乃懲嵩之之不敢爲；似道之不敢輕治，乃鑒大全之無能爲。至彭成大之爲前廊，竟摭爲平日之贓，决配南恩州，學舍寂不敢發一語，此其術亦有過人者。

賈相制外戚抑北司戢學校

似道誤國之罪，上通於天，不可悉數。然其制外戚、抑北司、戢學校等事，亦是所不可及者，固不可以人而廢也。外戚諸謝，惟堂最深嶮，其才最頡頏難制。似道乃與之日親狎而使之不疑，未幾，不動聲色，悉皆換班。堂雖知墮其術中，然亦末如之何矣。北司之最無狀者，董宋臣、李忠輔，前是當國者雖欲除之，往往反受其禍。似道談笑之頃，出之於外，餘黨慴伏，惴惴無敢爲矣。學舍在當時最爲横議，而啖其厚餌，方且訟盛德、贊元功之不暇，前廡一得罪，則黥決不少貸，莫敢非之【九】。福邸，帝父也，略不敢以邪封墨敕以丐恩澤。內庭無用事之人，外閫無怙勢之將，宮中、府中俱爲一體。凡此數事，世以爲極難，而似道乃優爲之，謂之無才，可乎？其所短者，專功而怙勢，忌才而好名，假崇尚道學、旌別高科之名，而專用一等委靡迂緩不才之徒，高者談理學，卑者矜時文，略不知兵、財、政、刑爲何物。垢面弊衣，冬烘昏憒，以致靡爛澌盡而不可救藥。此皆不學而任術，獨運而諱言之罪也。嗚呼！古人以集衆思、廣忠益爲相業，真萬世之名言也歟！

祠神

太學除夜各齋祀神，用棗子、荔枝、蓼花三果，蓋取「早離了」之讖。遇出湖，則多

【九】則黥決不少貸莫敢非之　「貸」字原缺，據稗海本、學津本補。「敢」字下原衍「少」字，據稗海本、學津本刪。

不至三賢堂，蓋以樂天、東坡、和靖爲「落酥林」故也【一〇】。可發一笑。

簿録權臣

前後權臣之敗，官籍其家，每指有違禁之物，爲叛逆之罪。若韓侂胄家有翠毛裀褥、虎皮，及有織龍男女之衣，及有穿花龍團之類是也。近世籍賈似道，至以藉御書【一一】、龍團錦袄之類爲違法。此則大不然。蓋大臣之家平日必與禁苑通，往往有賜與，帝后之衣謂之「御退」，衣服皆織造龍鳳，他如御書，必藉以龍錦，又何足爲異？余妻舍有兩朝賜物甚多，亦皆龍鳳之物。至於「御退」羅帕，四角皆有金龍小印，凡數十枚，亦皆御前之物，諸閣分遞相饋，無足怪者。今若一切指此爲違法，恐不足以當其罪，適足以起識者之笑耳。大臣誤國，其罪莫大，以此爲罪，死魄游魂不得而逃。若借此以重其罪，則恐九原有知，反得以有辭耳。昔侂胄敗，捕其黨於大理獄，獄吏加以不道，欲以違法諸物文致之。大理卿奚遜明其不然，曰：「侂胄首兵權，自有定罪，若欲誣之以叛逆，天不可欺也。」廟堂無以奪其議。

韓平原之敗

韓平原被誅之夕，乃其寵姬四夫人誕辰，張功甫移庖大燕，至五更方散，大醉幾不可

【一〇】和靖爲落酥林故也　「靖」原作「静」，據四庫本改。

【一一】至以藉御書　「藉」原作「籍」，據稗海本、學津本、四庫本及下文改。

起。幹辦府事周筠以片紙入投云：「聞外間有警，不佳，乞關閤門免朝。」韓怒曰：「誰敢如此！」至再三，皆不從。乃盥櫛，取瑞香番羅衣一襲衣之，登車而往。旋即殿司軍已圍繞府第矣。是夕所用御前樂部伶官皆閉置於内，饑餓三日始放去。時趙元父祖母蘄國夫人徐氏與其母安部頭皆在府中，目擊其事。其後斥賣其家所有之物，至於敗衣破絮亦各分爲小包，包爲價若干。時先妣母謾以數券得一包，則皆婦人弊鞋也。方恚恨以爲無用，欲棄之，疑其頗重，則内藏大北珠二十粒。蓋諸婢一時藏匿爲逃去之計，適倉惶遺之云耳。

馬相去國

咸淳甲戌之夏，丞相番陽馬公廷鸞字翔仲，以翻胃之疾，乞去甚苦，凡十餘疏始得請，則疾已棘矣。以暑甚病危，不可即途，遂出寓於六和塔。余受公知，間日必出問之。時公偃卧小榻【一二】，素無姬妾，止一村僕煮藥其傍。嘗凄然謂余曰：「吾家素貧，少年應南宫之試，止草履襆被而已。一日道間餒甚，就村居買螺螄羹，泡蒲囊中冷飯食之，遂得此疾。既無力治藥，朋友憐之者以二陳湯服之，良愈。是歲，竊冒省魁。後爲兩制日，疾復作，醫者復以丁香草果飲，亦三兩服即愈。因念前疾之所以不死者，蓋有後來之功名故也。今承乏廟堂，分量極矣，過矣。今疾復作而衆藥不效，勢無生理必矣。所恨者時事日

【一二】時公偃卧小榻　「卧」原作「仰」，據稗海本改。

異，無以報國，爲不滿耳。」因泣下數行。然賈師憲終疑其托疾引去，欲相避者，因奏知自出關訪問之，其實覘之也。及見，其骨立羸然，乃始驚曰：「碧梧乃真病也！」次日奏聞，以大觀文知鄉郡，以榮其歸。且特賜東園秘器，以爲沿途緩急之備。公即日輿疾以歸，及還番陽，疾乃安，閲月而全愈。未幾，以吴堅爲相。是冬，北軍渡江，督府軍潰，而國隨以亡矣。使公不病，病不亟，則位不可釋，位不可釋，則奉璽狩北之責，公實居之。今乃以疾而歸，歸而疾愈，安處山林，著書教子者，凡十四年而後薨。此非天相吉德，曲爲之庇，安能若是哉！公嘗自著《番陽遺老傳》，及門人所述年譜，備載出處之詳，兹不贅云。

荔枝梅花賦

唐舒元輿《牡丹賦序》云：「吾子獨不見張荆州之爲人乎？斯人信丈夫。然吾觀其文集之首有《荔枝賦》焉。荔枝信美矣，然而不出一果，所與牡丹何異？但問其所賦之旨何哉？」皮日休《桃花賦序》云：「余嘗慕宋廣平之爲相，貞姿勁質，剛態毅狀，疑其鐵腸與石心，不解吐婉媚辭。然覩其文而有《梅花賦》，清便富艷，得南朝徐庾體，殊不類其爲人也。」二序意同。《梅花賦》人皆知之，《荔枝賦》則人未有用之者，何耶？然《梅花賦》今不傳，近徐子方以江右所刊者出觀，其文猥陋，非惟不類唐人，亦全不成語，不善於作僞者也。

金龜稱瑞

真宗東封，回至兖州回鑾驛覃慶橋醑，賜輔臣、親王、百官宴於延壽寺。有金龜集游童衣袂，大如榆莢。丁謂以獻，上命中使賫示群臣。余爲兒童時，侍老大夫爲建寧漕屬官，廨後多草莽，其間多有此物，有甲能飛，其色如金，絶類小龜，小兒多取以爲戲，初非難得之物也。鶴相善佞而欺君，乃遽指以爲祥瑞，載之史册，真可發後世一笑也。

許占寺院

南渡之初，中原士大夫之落南者衆，高宗愍之，昉有西北士夫許占寺宇之命。今時趙忠簡居越之能仁，趙忠定居福之報國，曾文清居越之禹迹，汪玉山居衢之超化。他如范元長、吕居仁、魏邦達甚多。曾大父少師亦居湖之鐵觀音寺，後遷天聖寺焉。

鬚屬腎

醫家之論人鬚、眉、髮，皆毛類，而所主五臟各異，故老而鬚白眉髮不白者，臟氣有所偏故也。大率髮屬於心氣，如火氣，故上生；鬚屬腎氣，如水氣，故下生；眉屬肝，故側生。男子腎氣外行，上爲鬚，下爲勢，故女子、宦人無勢亦無鬚，而眉髮無異男子，則知不屬腎也。此沈存中所記如此。余老來每掀髯，則鬚或易脱，每疑爲腎氣衰乏使然，今益知此説爲信。

短小精悍

短小精悍之稱凡數人，如《史記》之郭解，前漢之嚴延年，唐之李紳是也。

綱目用武后年號

余向聞林竹溪先生云：「歐公修《唐書》，作《武后紀》，依前漢例也。天授以後，唐雖改號爲周，而史不以周新之，蓋黜之也。晦翁病其唐經亂周，史遂有嗣聖二十四年之號，年之首書曰『帝在某』。『帝在某』，蓋以《春秋》之法正名也。每年之下又細書武氏所改年號，『垂拱』則曰『武氏垂拱』，『天授』則曰『周武氏天授』，此意甚嚴。但武氏既革唐命，國號爲周，既有帝而又有周，有周則無唐矣，無唐則無帝矣。同一疆域也，而帝與周同書，則民有二王，天有二日矣，豈無窒礙？若《春秋》『公在乾侯』，則魯國未嘗有他號。」

游閲古泉

至元丁亥九月四日，余偕錢菊泉至天慶觀訪褚伯秀，遂同道士王磐隱游寶蓮山韓平原故園。山四環皆秀石，絶類香林、冷泉等處，石多穿透嶄絶，互相附麗。其石有如玉色者，聞匠者取以爲環珥之類。中有石谼，杳而深，泉涓涓自内流出，疑此即所謂閲古泉也。谼傍有開成五年六月南岳道士邢令開【一三】、錢塘縣令錢華題名，道士諸葛鑑元書，鐫之石上。又南石壁上鐫佛像及大字《心經》，甚奇古，不知何時爲火所燬，佛多殘缺。又一洞甚奇，山頂一大石墜下，傍一石承之，如餖飣然。又前一巨石不通路，中鑿一門，門上横石梁。又有一枯池，石壁間皆細波紋，不知何年水直至此處。然則今之城市，皆當深在水底數十丈矣。深谷爲陵，非寓言也。其餘磴道、石池、亭館遺迹，歷歷皆在，雖草木殘毁殆盡【一四】，而巖石秀潤可愛。大江横陳於前，時正見湖上如匹練然，其下俯視太廟及執政府在焉。山頂更覺奇峭，必有可喜可噩者，以足憊，不果往。且聞近多虎，往往白晝出没不常，遂不能盡討此山之勝，故書之以諗好事之尋游者。

【一三】谼傍有開成五年六月南岳道士邢令開　「五」原作「元」，按：陸游《閲古泉記》、田汝成《西湖遊覽志》卷一二記此事均爲「開成五年」，據改。

【一四】雖草木殘毁殆盡　「毁」字原缺，據四庫本補。

種竹法

嘗聞九曲寺明闍黎者言種竹法，云：「每歲當於笋後，竹已成竿後即移，先一歲者爲最佳。蓋當年八月便可行鞭，來年便可抽笋，縱有夏日，不過早晚以水澆之，無不活者。若至立秋後移，雖無日曬之患，但當行鞭之際，或在行鞭之後，則可僅活，直至來秋方可行鞭，後年春方始抽笋。比之初夏所移，正争一年氣候。」此説極爲有理。

律文去避來

律云「去避來」之文，最爲難曉。太宗嘗問孔承恭曰【一五】：「令文宗貴賤少長輕重【一六】，各有相避，何必又云『去避來』，此義安在？」承恭曰：「此必戒於去來者，互相回避耳。」上不然，曰：「借使去來相避，此義止是憧憧於通衢之大路，人密如交蟻，烏能一一相避？但恐律者別有他意耳。」余嘗扣之棘寺老吏，云：「所謂『去避來』者，蓋避自我後來者。以其人自後奔走而來，此必有急事故耳，故當避之也。」此語亦甚有理。

廖瑩中仰藥

賈師憲還越之後，居家待罪，日不遑安。翹館諸客悉已散去，獨廖群玉瑩中館於賈府之別業【一七】，仍朝夕從不捨。乙亥七月一夕，與賈公痛飲終夕，悲歌雨泣，到五鼓方罷。廖歸舍不復寢，命愛姬煎茶以進，自於笈中取冰腦一握服之。既而藥力不應，而業已求死，又命姬曰：「更欲得熱酒一杯飲之。」姬復以金杯進酒，仍於笈中再取片腦數握服

【一五】太宗嘗問孔承恭曰　「承恭」原作「恭承」，據《宋史》卷二七六《孔承恭傳》改。下同。

【一六】令文宗貴賤少長輕重　「少」字原缺，據《册府元龜》卷五九補。

【一七】獨廖群玉瑩中館於賈府之別業　「群」字原缺，據本書「賈廖刊書」條及《志雅堂雜鈔·圖畫碑帖》補。

之。姬覺其異，急前救之，則腦酒已入喉中矣，僅落數片於衣袂間。姬於是垂泣相持，廖語之曰：「汝勿用哭我，我從丞相，必有南行之命，我命亦恐不免。年老如此，豈能復自若？今得善死矣。吾平生無負於主，天地亦能鑒之也。」於是分付身後大概，言未既，九竅流血而斃。

先君出宰

先君子於紹定四年辛卯出宰富春，九月到任。未幾，值慈明太后上仙，應辦梓宮，百色之冗，先子優爲之，略無科擾，民稱之爲「周佛子」。撙節浮費，百廢俱舉，修建縣學，一新釋奠祭器，刻之於石。又重定釋奠儀，重建合江驛。驛後爲大閣，扁曰「清涵萬象」。闢縣圃，鑿池建堂。適有雙蓮之瑞，因名之曰「合香」，取古詩「風合雨花香」之句。壬辰歲，余實生於縣齋。其時李文清方閑居於邑中，其家强幹數十，把握縣道，難從之請蓋無虛月。先人惟理自循【一八】，不能一一盡奉其命也，以此積怨得罪焉。邑有官妓曰蔡閏，爲文清所盼，每欲與之脱籍而未能。一日，酒邊曰：「此妓某未塵忝時【一九】，已見其在籍中矣。」意欲言其係籍已久也。先子因顧蔡曰：「汝入籍幾何時？今幾歲矣？」蔡不悟，直述所以。考之則李公登科之歲，此妓方生十年耳。李不覺面發赤，以爲先子有意於相窘，其實出於無心也，於是銜之。及入臺，先子已滿去，乃首章見劾焉。

【一八】先人惟理自循　「惟」原作「爲」，據稗海本、學津本改。

【一九】此妓某未塵忝時　「某」原作「集」，據稗海本、學津本改。

向氏書畫

吴興向氏【二〇】，后族也。其家三世好古，多收法書、名畫、古物，蓋當時諸公貴人好尚者絶少，而向氏力事有餘，故尤物多歸之。其一名士彪者，所蓄石刻數千種，後多歸之吾家。其一名公明者，騃而誕，其母積鏹數百萬，他物稱是，母死專資飲博之費。名畫千種，各有籍記，所收源流甚詳。長城人劉瑄，字囦道，多能而狡獪。初游吴毅夫兄弟間，後遂登賈師憲之門。聞其家多珍玩，因結交，首有重遺。向喜過望，大設席以宴之，所陳莫非奇品。酒酣，劉索觀書畫，則出畫目二大籍示之。劉喜甚，因假之歸，盡録其副。言之賈公，賈大喜，因遺劉誘以利禄，遂按圖索駿，凡百餘品，皆六朝神品。遂酬以異姓將仕郎一秩【二一】，公明捆載之以爲謝焉。後爲嘉興推官，以贓敗而死，其家遂蕩然無孑遺矣。然余至其家，傑閣五間，悉貯書畫奇玩，雖裝潢錦綺，亦目所未覩。未論畫也，佳研凡數百隻，古玉印每紐必綴小事件數枚，凡貯十大合。有雪白靈壁石，高數尺，卧沙水道悉具，而聲尤清越，希世之寶也。其他異物不能盡數，然公明視之亦不甚惜，凡博徒酒侣至，往往赤手攫之而去耳。景定中，其祖若水墓爲賊所劫，其棺上爲一槅，盡貯平日所愛法書、名畫甚多。時董正翁楷爲公田，分得其《蘭亭》一卷，真定武刻也。後有名士跋語甚多，其精神煒煒，透出紙外，與尋常本絶異，正翁極珍之。然尸氣所侵，其臭殆不可近，雖用沈

【二〇】吴興向氏　「興」原作「氏」，據稗海本、學津本、四庫本改。

【二一】遂酬以異姓將仕郎一秩　「秩」原作「澤」，據四庫本改。

腦薰焙，亦不能盡去。或教之以檀香能去尸氣，遂作檀香函貯之。然付之庸工裝潢，頗爲裁損，所謂金龜八字云。

誤書廟諱

胡石壁穎爲憲日，嘗出巡部。適一尉格目忘書名，胡大怒，遂批銀牌云：「縣尉不究心職事，至於格目亦忘署名，可見無狀。」追問，尉亦狡者也，遂作一狀，録憲狀判於前而空署字，以黃覆之。及就逮投狀，胡見益怒云：「汝尚敢侮我如此！」遂索元批銀牌觀之，則有署字，蓋一時盛怒中所書，忘其廟諱也。於是徑不敢問而遣之。

修史法

余嘗聞李雙溪獻可云【二三】：「昔李仁甫爲《長編》，作木廚十枚，每廚作抽替匣二十枚，每替以甲子誌之，凡本年之事有所聞，必歸此匣，分月日先後次第之，井然有條，真可爲法也。」

過癩

閩中有所謂過癩者。蓋女子多有此疾，凡覺面色如桃花，即此證之發見也。或男子

【二三】余嘗聞李雙溪獻可云　「聞」原作「問」，據稗海本改。

不知，而誤與合，即男染其疾而女瘥。土人既皆知其説，則多方詭作，以誤往來之客。杭人有嵇供申者，因往莆田，道中遇女子獨行，頗有姿色，問所自來，乃言爲父母所逐，無所歸，因同至邸中。至夜，甫與交際，而其家聲言捕姦，遂急竄而免。及歸，遂苦此疾，至於墜耳、塌鼻、斷手足而殂。癩，即大風疾也。

十二分野

世以二十八宿配十二州分野，最爲疏誕。中間僅以畢、昴二星管異域諸國，殊不知十二州之内，東西南北不過綿亘一二萬里，外國動是數萬里之外，不知幾中國之大。若以理言之，中國僅可配斗、牛二星而已。後夾漈鄭漁仲亦云：「天之所覆者廣，而華夏之所占者牛、女下十二國中耳。牛、女在東南，故釋氏以華夏爲南贍部州。其二十八宿所管者，多十二國之分野，隨其所隸耳。」趙韓王嘗有疏云：「五星二十八宿，在中國而不在四夷。」斯言至矣。

吹雲

「吹雲」二字，每見劉長卿用之，作傷寒感冷意。問之，則謾云出《漢書》，然莫可考也。繼閲方書，於《香芎散證治》云：「吹雲，傷風頭疼發熱。」此必有所據也。

故都戲事

余垂髫時，隨先君子故都，嘗見戲事數端，有可喜者，自後則不復有之，姑書於此，以資談柄云。呈水嬉者，以髹漆大斛滿貯水，以小銅鑼爲節，凡龜、鼈、鰍、魚皆以名呼之，即浮水面，戴戲具而舞。舞罷即沈，別復呼其他，次第呈伎焉。此非禽獸可以教習，可謂異也。又王尹生者，善端視。每設大輪盤，徑四五尺，畫器物、花鳥、人物凡千餘事，必預定第一箭中某物，次中某物，次中某物，既而運輪如飛，俾客隨意施箭，與預定無少差。或以數箭俾其自射，命之以欲中某物，如花鬚、柳眼、魚鬣、燕翅之類，雖極微眇，無不中之。其精妙入神如此，然未見能傳其技者。又太廟前有戴生者，善捕蛇。凡有異蛇必使捕之，至於赤手拾取如鰍、鱔然。或爲毒蝮所嚙，一指腫脹如椽，旋於笈中取少藥糝之，即化黃水流出，平復如初。然十指所存亦僅四耳。或欲捕之蛇藏匿不可尋，則以小葦管吹之，其蛇則隨呼而至，此爲尤異。其家所蓄異蛇凡數十種，鋸齒毛身，白質赤章，或連錢，或紺碧，或四足，或兩首，或僅如稱衡而首大數倍，謂之「飯揪頭」，云此種最毒。其一最大者如殿楹，長數尺，呼之爲「蛇王」。各隨小大以筠籃貯之，日啖以肉，每呼之，使之旋轉升降，皆能如意。其家衣食頗贍，無他生產，凡所資命，惟視吾蛇尚存耳，亦可彷彿豢龍之技矣。又嘗侍先子觀潮，有道人負一篋自隨，啓而視之，皆枯蟹也。多至百餘種，如惠文冠、如皮弁、如箕、如瓢、如虎、如龜、如螘、如蝟，或赤、或黑、或紺，或斑如玳瑁，或粲如茜錦，其一上有金銀絲，皆平日目所未覩。信海涵萬類，無所不有。昔聞有好事者居海瀕爲蟹圖，未知視此爲何如也。杜門追想往事，戲書。

馬裕齋尹京

馬裕齋光祖之再尹京也【一三】，風采益振，威望凜然。大書一榜，揭之客次，大意謂僚屬自當以職業見知，并從公舉，若挾貴挾勢，及無益儷語以屬者，不許收受，違者則先斷客將。於是客之至者，掌客必各點檢銜袖，惟恐犯令得罪。余時爲帥幕，一日以公事至，見有薛監酒方叔在焉。薛雖進納，出入福邸貴家甚稔，余因扣其何爲，薛笑而不見答，覘袖間則有物焉。余指壁間文曰：「奈何犯初條乎？」薛笑曰：「非惟犯初條，將併犯所戒矣。」既而速客僚屬白事畢，薛出袖中函書，馬公顰蹙不語。既而又出儷卷，傍觀皆悚懼，而典客面無人色，謂受杖必矣。及退，乃寂然無所聞。又旬日，余復以事至，則薛又在焉。余因扣其所投何如，薛笑曰：「已荷收録矣，余袖中乃謝啓也。」扣其所主，則南陽貴人也。以是知人不可無勢，以馬公峻峭壁立，亦不能不爲流俗所移，况他人哉！

【一三】馬裕齋光祖之再尹京也　「尹京」原作「京尹」，據稗海本改。

賈廖刊書

賈師憲常刻《奇奇集》【二四】，萃古人用兵以寡勝衆如赤壁、淝水之類，蓋自詫其援鄂之功也。又《全唐詩話》乃節唐《本事詩》中事耳。又自選《十三朝國史會要》【二五】。諸雜説之會者，如曾慥《類説》例，爲百卷，名《悦生堂隨抄》，板成未及印，其書遂不傳。其所援引多奇書。廖群玉諸書，則始《開景福華編》，備載江上之功，事雖誇而文可采，江子遠、李祥父諸公皆有跋。《九經》本最佳，凡以數十種比校，百餘人校正而後成，以撫州萆抄紙、油烟墨印造，其裝褫至以泥金爲籤，然或者惜其删落諸經注爲可惜耳，反不若韓、柳文爲精妙。又有《三禮節》《左傳節》《諸史要略》及建寧所開《文選》諸書，其後又欲開手節《十三經注疏》、姚氏注《戰國策》、注坡詩，皆未及入梓，而國事異矣。

賈廖碑帖

賈師憲以所藏定武五字不損肥本禊帖，命婺州王用和翻開，凡三歲而後成，絲髮無遺，以北紙古墨摹榻，與世之定武本相亂。賈大喜，賞用和以勇爵，金帛稱是。又縮爲小字，刻之靈璧石，號「玉板蘭亭」。其後傳刻者至十餘，然皆不逮此也。於是其客廖群玉

【二四】賈師憲常刻奇奇集　「刻」原作「移」，據明鈔本改。

【二五】又自選十三朝國史會要　「又」原作「中」，據明鈔本改。

以《淳化閣帖》《絳州潘氏帖》二十卷并以真本書丹入石，皆逼真。又刻《小字帖》十卷，則皆近世如盧方春所作《秋壑記》，王茂悅所作《家廟記》《九歌》之類。又以所藏陳簡齋、姜白石、任斯庵、盧柳南四家書爲小帖，所謂《世綵堂小帖》者。世綵，廖氏堂名也。其石今不知存亡矣。

濟王致禍

濟王夫人吴氏，恭聖太后之姪孫也，性極妒忌。王有寵姬數人，殊不能容，每入禁中，必察之楊后，具言王之短，無所不至。一日内宴，后以水精雙蓮花一枝，命王親爲夫人簪之，且戒其夫婦和睦。未幾，王與吴復有小競，王乘怒誤碎其花。及吴再入禁中，遂譖言碎花之事，於是后意甚怒，已有廢儲之意。會王在邸新飾素屏，書「南恩新」三大字，或扣其説，則曰：「花兒王王墉之父【二六】，號花兒王。與史丞相通同爲奸，待異日當竄之上二州也。」既而語達，王與史密謀之楊后，遂成廢立之禍焉。蓋當時盛傳「花兒王」者穢亂宫闈，市井俚歌所唱「花兒王開」者，蓋指此也。

十三故事

余試吏部，銓第十三人。外舅楊泳齋遺書賀先君【二七】，其間一聯云：「第十三傳衣

【二六】王墉之父　「墉」原作「墉」，據稗海本、學津本改。

【二七】外舅楊泳齋遺書賀先君　「泳」原作「冰」，吕午《六帖補序》云：「泳齋，和王曾孫。」據改。

鉢，已兆前聞；若九萬摶扶摇，更期遠到。」蓋用和凝登第名在十三，及爲知舉，取范質即以第十三處之，場屋間謂之「傳衣鉢」。蓋外舅向亦以十三名中選故耳，以此用之【二八】，最爲切當。蓋張時先輩筆也，時乃張武子良臣之子，昔爲張功父之客云。

舞譜

予嘗得故都德壽宮舞譜二大帙，其中皆新製曲，多妃嬪諸閤分所進者。所謂譜者，其間有所謂：

左右垂手　雙拂　抱肘　合蟬　小轉
　虛影　橫影　稱裏
大小轉⿰木竄　盤轉　叉腰　捧心　叉手
　打場　攙手　鼓兒
打鴛鴦場　分頸　回頭　海眼　收尾
　豁頭　舒手　布過
鮑老掇　對窠　方勝　齊收　舞頭
　舞尾　呈手　關賣
掉袖兒　拂　躦　綽　覷

【二八】以此用之　「用」原作「聞」，據稗海本改。

掇　蹬　焌

五花兒　踢　搕　刺　攧

繫　搠　捽

雁翅兒　靠　挨　拽　捺

閃　纏　提

龜背兒　踏　儹　木　摺

促　當　前

勤步蹄　擺　磨　捧　抛

奔　擡　撅

是亦前所未聞者，亦可想見承平和樂之盛也。

知州借紫

故事：知州軍皆例借紫魚袋。先子爲衢倅時，外舅楊彥瞻知郡【二九】，既而除工部郎官，交郡事甫畢，則自便門至倅廳相謝，則已衣緋矣。余時在侍旁，不曉所謂，先子語之曰：「蓋知州則許借紫，今既滿任交事，法當仍還元服故也。」因言今浙西憲亦許借紫，若聖節隨班上壽，則仍元服也。獨帥漕居輦下者，則雖聖節朝謁，亦許服所借耳。若元爲

【二九】外舅楊彥瞻知郡　「瞻」原作「贍」，《齊東野語》卷一六云「時外舅楊彥瞻以工部郎守衢」，據改。

知州軍而既除本路監司者，仍舊帶借，或除別路，則不可就矣。然亦莫曉立法之意也。

記方通律

《石林避暑録》載蔡州道士楊大均善醫，能默誦《素問》《本草》《千金方》，其間藥名、分兩皆不遺一字。因問其此有何義理而可記乎？大均曰：「苟通其義，其文理有甚於章句偶儷，一見何可忘也？」余向登紫霞翁門，翁妙於琴律。時有畫魚周大夫者善歌，每令寫譜參訂，雖一字之誤，翁必隨證其非。余嘗扣之云：「五凡工尺，有何義理？而能暗通默記如此【三〇】，既未按管色，又安知其誤耶？」翁嘆曰：「君特未深究此事耳。其間義理之妙，又有甚於文章，不然安能强記之乎？」其説正與前合。蓋天下之事，雖承蜩履豨之微，亦各有道也。

【三〇】而能暗通默記如此　「默」原作「然」，據稗海本、學津本、四庫本改。

大父廉儉

大父少傅素廉儉，僑居吴興城西之鐵佛寺，既又移寓天聖佛刹者幾二十年。杜門蕭然，未嘗有毛髮至官府。時楊伯子長孺守湖，嘗投謁造門，至，不容五馬車。伯子下車顧問曰：「此豈侍郎後門乎？」爲之歆嘆而去。時寓公皆得自釀，以供賓祭。大父雖食醋，亦取之官庫。一日，與客持螯，醯味頗異常時，因扣從來，蓋先姑婆乳母所爲斗許，以備不時之需者。遂令亟去之，曰：「畢竟是官司禁物，私家豈可有耶！」其自慎若此【三二】。待子弟僕甚嚴，雖甚暑，未始去背子鞋襪。

斷橋

完顔亮窺江之時，步帥李捧建謀，欲斷吴江長橋以扼奔突。時洪景伯知平江，以爲無益，奏止之。既而又有建策於常熟福山一帶多鑿坑阱，以陷虜馬者。德祐之際，朝臣亦建議斷橋於吴江者，又斷北關之板橋者。嗚呼！疾已入於膏肓，且投膚革之劑，亦祇取識者之笑耳，尚忍言哉！

饋送壽物

《朝野雜記》所載韓平原送壽禮物，各列之天慶觀廊間，觀者爲之駭然。以近世觀之，每有饋遺，惟恐外人之窺，何肯張皇以眩衆目哉？嘗聞有閫帥饋師憲三十皮籠，扃鐍極嚴，誤留寄他家。其承受人不過賚書函及魚鑰小匣投納而已，籠中之物雖承受人亦所不知也。其視平原之事，何翅萬萬。又記吴曦出蜀入朝，多買珍異，孔雀四、華亭鶴數十，金魚及比目魚等，及作粟金臺盞遺陳自强者。在今觀之，皆不足道，豈當時人有廉儉之風，視此已爲異事，不若今人視以爲常耶？抑秀巘蜀産，耳目之隘故耶！

【三二】其自慎若此　「自」原作「白」，據稗海本、學津本改。

桐蕈鰒魚

天台所出桐蕈味極珍，然致遠必漬之以麻油，色味未免頓減。諸謝皆台人，尤嗜此品，乃併舁桐木以致之，旋摘以供饌，甚鮮美，非油漬者可比。賈師憲當柄日，尤喜苕溪之鯿魚。趙與可因造大盤，養魚至千頭，復作機使灌輸不停，魚游泳撥剌自得如在江湖中，數舟上下遞運不絶焉。余嘗於張稱深座間，有以活鰒魚爲獻，其美蓋百倍於槁乾者。蓋口腹之嗜，無不極其至，人乳蒸肫、牛心作炙，古今皆然也。

縱囚

梁席闡爲東陽太守，在郡有能，悉放獄中囚，依期而至。後漢虞延爲細陽令，每至歲時伏臘，輒休遣囚徒，各使歸家，并感其恩德，因期而還。《南史》何胤在齊爲建安太守，爲政有恩，人不忍欺，每伏臘放囚還家，依期而返。嗚呼！中孚之信及豚魚，蓋非一日之積也。

趙孟桂

乙亥歲，國事將危，忽傳當塗孟之縉妻趙氏孟桂見爲伯顔丞相次妻者，朝廷遂以太后命，遣人賫金帛與之，俾贊和議。繼得孟桂回奏云：「和議將成。」遂復賜手詔云：「敕孟桂，吾老矣，不幸遭家多難，嗣君在疚。不謂似道失信北朝，致開邊釁，生靈荼毒，宗社阽危，日夜思此，惟有流涕。忽覽來奏，知爾身在邊方，心存宗國，且拳拳以講信爲請，自非孝順一念，發於天性，疇克有此？得書喜幸，莫有云喻。已詔丞相遣使通問，以全兩國生靈之命。尚賴爾委曲贊助，速成議和，以慰老懷。」復遣人以金帛慰之，繼而寂然無報。及事定，孟桂南歸霅川，蓋未嘗爲伯顔次妻，亦未嘗得詔及賜物也。蓋奸人乘危造爲此説，以騙脱朝廷金帛耳。問探不明，有類兒戲，國安得不亡哉！孟桂乃趙忠惠與簄之妹，今爲尼，改名子桂，住湖州廣福寺云。

紫紗公服

近見近客章服有花紗綾絹或素紗者，或者譏笑之。余嘗見《演繁露》載白樂天《聞白行簡服緋》詩云「綵動綾袍雁趁行」之句【三二】，注云「緋多以雁銜瑞莎爲之」【三三】，則知唐章服以綾織花。又《舊聞證誤》云：「今宗室外戚之新貴者，或賜花羅公服，宣和間又有紗公服。」然則此亦不以異也。

【三二】余嘗見演繁露載白樂天聞白行簡服緋詩云綵動綾袍雁趁行之句　「白樂天」原僅一「樂」字，據《演繁露》卷一五補。「雁」原作「爲」，據白居易《聞行簡恩賜章服喜成長句寄之》詩改。

【三三】注云緋多以雁銜瑞莎爲之　「莎」原作「紗」，據白居易《聞行簡恩賜章服喜成長句寄之》自注改。

譯者

「譯者」之稱，見《禮記》，云「東方曰寄」，言傳寄内外言語；「南方曰象」，言放象内外之言；「西方曰狄鞮」，鞮，知，通傳夷狄之語，與中國相知；「北方曰譯」，譯，陳也，陳説内外之言。皆立此傳語之人，以通其志。今北方謂之「通事」，南蕃海舶謂之「唐帕」，西方蠻猺謂之「蒲叉」，去聲。皆譯之名也。

秘固

精力、精神、精氣、精血、精明、精爽、精到、精詳、精妙，皆以精爲主，衛生者當謹之。苦海、愛河，狂瀾弗返，其涸也可立而待。《素問》曰：「法於陰陽，和於術數。」又曰：「凡陰陽之道，陽密乃固。」注曰：「交會之要者，正在於陽氣不妄泄耳。」此語余聞之謝奕修待制，云：「此先公密庵平日之所受持也。」密庵名采伯，亦謝后之諸父也，天台人。

雅流自居

劉克莊云：「自義理之學興，士大夫研深尋微之功，不愧先儒，然施之政事，其合者寡矣。夫理精事粗，能其精者，顧不能粗者，何歟？是殆以雅流自居，而不屑俗事耳。」

此語大中今世士大夫之病。

張氏至孝

寶慶丙戌，莆陽境内小民張氏至孝。家貧養母，嘗有所適，歸而母亡，張追慕不已，既祥而不除，欲喪之終其身。太守楊叔昉聞而哀之，賜以錢酒，且書其門曰：「何必讀書，只此便是讀書；何必爲學，只此便是爲學。」

五行間色

五行所主：金白，木青，水黑，火赤，土黄。然間色亦相克成：木克土，則青黄合爲緑；金克木，則青白合爲碧；火克金，則赤白合爲紅；水克火，則黑赤合爲紫；土克水，則黄黑合爲騮。

杓字義

杓音進，凡織前綬以杓梳，系使不亂也，出《埤倉》，見《唐韻》。近世張定叟所云則杓字，一點，三音標的，若非此杓字也。

連枷

今農家打稻之連枷，古之所謂拂也。《王莽傳》「東巡載耒，南載耨」，注：鉏也，耨去草。「西載銍，北載拂」，注：音佛，以擊治禾，今謂之連枷【三四】。慶曆初，知并州楊偕伏所製鉘連枷、鉘簡藏秘府，狄武襄以鉘連枷破儂智高，非特治禾也。按：《天官書》棓亦作桙及棒，又連枷也，見《玉篇》。此棓杖之棓，其字從木，本非止於擊禾。又以鐵爲之，短兵之利便也。

正閏

正閏之説尚矣。歐公作《正統論》，則章望之著《明統論》以非之；温公作《通鑑》，則朱晦庵作《綱目》以糾之。張敬夫亦著《經世紀年》，直以蜀先主上繼漢獻帝。其後廬陵蕭常著《後漢書》，起昭烈章武元年辛丑，盡後主炎興元年癸未，又爲吳、魏載記。近世如鄭雄飛亦著爲《續後漢書》，不過踵常之故步。最後，翁再又作《蜀漢書》，此又不過拾蕭、鄭棄之竹馬耳。蓋欲沽特見之名，而自附於朱、張也。余嘗聞徐誼子宜之言，云：「立言之人，與作史記之體不同，不可以他文比也。故聖人以《秦誓》次於帝王之後，亦世衰推移，雖聖人不能强黜之。漢儒雖以秦爲閏位，亦何嘗以漢繼周耶？若如諸

【三四】今謂之連枷　「連枷」原作「柳」，據《漢書·王莽傳》顔注改。

公之説，則李昪自稱爲吴王恪之後，亦可以續唐矣。」余嘗見陳過聖觀之説甚當，今備録於此，云：「《綱目》序例有云：『表歲以首年，而因年以著統。』自注其下云：『正統之年歲下大書，非正統者兩行分注。』或問《綱目》主意於朱子，曰：『主在正統。』又曰：『只是天下爲一，諸侯朝覲、獄訟皆歸，便是正統。』夫正閏之説，其來久矣，甲可乙否，迄無定論。蓋其論無論正統之有無，雖分裂之不一，或興創而未成，必擇其間强大者一國當之，其餘不得與焉。此其論所以不定也。自《綱目》之作，用《春秋》法，而正統所在，有絶有續，皆因其所建之真僞、所有之偏全斟酌焉，以爲之予奪，此昔人所未及。今歷考之：自周之亡，秦與列國分注而爲首，此正統之一絶也。始襄王五十二年，至始皇二十六年初併天下，遂得正統，此正統之一續也。二世已亡，義帝雖爲衆所推，不得正統，特先諸國而已，此正統之再絶也。義帝亡而西楚爲首，至漢高帝之五年始得正統，此正統之再續也。王莽始建國之年，盡有漢天下矣，雖無他國亦從分注，此正統之三絶也。更始之主，雖漢子孫而爲諸將所立，猶不得紹統。光武即位，乃得正統，此正統之三續也。漢獻帝之廢，昭烈承之，雖在一隅，正統賴以不絶。後主亡而魏、吴分注，此正統之四絶也。晉武平吴，亦得正統，此正統之四續也。愍帝亡而元帝中興，雖在江南而正統未絶。安帝爲桓玄所篡，未幾返正，以至恭帝禪宋而與魏分注，此正統之五絶也。自是歷齊、梁、陳、魏、齊、周，南北分注，比之隋文平陳，而復得正統，此正統之五續也。隋恭帝侑廢，而越王侗與唐高祖分注，此正統之六絕也。高祖武德五年乃得正統，此正統之六續也。昭宣帝爲朱全忠所篡，而晉與淮南以其用唐年號，特先梁而分注，此正統之七絕也。自是歷後唐、晉、漢、周，皆不得正統，可謂密矣。然正統之兼備，自三代以後、五季以前，往往不能三四。秦亡而漢高以興，隋亡而唐高以王，正統之歸，吾無間然。他如秦以無君無親嗜殺人，隋以外戚有反相而皆得天下，是皆始不得其正者。得其次如晉武帝襲祖父不義之業，卒以平吴一統，而與秦、隋俱得正統，此其所未安也。有正者，其後未必有統，以正之所在而統從之，可也；有統者，其初未必有正，以統之所成而正從之，可乎？以秦、晉及隋概之，羿、莽特其成敗有不同耳，顧以其終於僞定而以正歸之，殆於不可。故嘗爲之説曰：『有正者不必有統，非漢、唐不與焉；有統者不必有正，雖秦、隋可濫數。夫有正者不責其統，以正之不可廢也；有統者終與之正，是不特統與正，等爲重於正矣。無統而存其正，統猶以正而存也；無正而與之統，正無乃以統而泯乎！』若曰紀事之法，姑以是提其要耳。正與不正，萬世自有公論，則昔人正閏之論，猶不能一，而以是斷漢、魏之真僞，吾恐猶以彼三者藉口也。何以言之？以正言之，則正者爲正，不正者爲國。以統言之，則正固正也，統亦正也。今而曰朝覲、獄訟皆歸便是正統，却使不得正統，如南北十六國、五代十國。有能以智力取天下而不道，如秦、晉與隋者，其必以正統歸之矣。莊周有言『竊鉤者誅，竊國者侯【三五】』，此言雖小，可以喻大。蓋南北十六國、五代十國，竊鉤者

【三五】竊國者侯　「侯」原作「王」，《莊子·胠篋》云：「彼竊鉤者誅，竊國者爲諸侯。」明鈔本作「侯」，據改。

也；秦、晉及隋，竊國者也。彼惛惛不知有如曹丕，憑藉世惡，幸及其身，而舜、禹之事，吾知之矣。然世有公論在也。今以朱子正統之法，而使秦、晉及隋乃倖得之，使其尚存，其以計得者，將不以曹丕自説，而幸己之不與同傳；其以力得者，將又不曰：『湯、武之事吾知乎。』是後世無復有公論也，而可乎！夫徒以其統之幸得而遂畀以正，則自今以往氣數運會之參差，凡天下之暴者、巧者、僥倖者，皆可以竊取而安受之，而梟獍、蛇豕、豺狼，且將接迹於後世。爲人類者，亦皆俯首、稽首、厥角，以爲事之理之當然，而人道或幾乎滅矣，天地將何賴以爲天地乎！竊謂三代而下，獨漢、唐、本朝可當正統，秦、晉與隋有統無正者，當分注。薰猶珷玉，居然自明，漢、魏之際，亦有不待辨者矣。」

奉倩象山

荀奉倩以六籍爲聖人糟粕，據子貢言性與天道也。此與象山與學者言「六經幾個不分不曉底」、子曰「賢，信得及否」數語相似，玄言與頓悟本相近也。

大行

大行乃不返之辭，見《昌邑王傳》韋注，平聲。理宗之喪，湖州教官劉億讀祝，依《文選》注作去聲。所謂大行受大名，細行受細名，此雖謚法而實不然也。《前漢書音義》云：「禮有大行人、小行人，主謚號官也。」韋昭云：「大行，不返之辭，崩未有謚，故稱大行。」《穀梁傳》曰：「大行受大名。」《風俗通》云：「天子新崩，未有謚，故且稱大行皇帝。」義兩通，又見《安帝紀》注。

龍有三名

龍之名有三。龍見而雩，此謂東方七宿爲蒼龍。蛇乘龍，此謂歲星木精，木爲蒼龍，故歲星亦以龍名。并見《左傳》。又《淮南子》青龍爲天之貴神，即太歲異名。王莽《銅權銘》「歲在大梁，龍集戊辰」者，以歲爲歲星，龍爲太歲也。魏《文昌殿鐘簴銘》「歲在丙申，龍次大火」，是則以歲爲太歲，龍爲歲星，義得兩通【三六】。若《張純傳》所謂「攝提之歲，蒼龍甲寅」，按是歲太歲而言駁。右見吳斗南《兩漢刊誤補遺》。今按龍集者，歲星所集也。魏《銘》所指星也，莽《銘》乃易置爲太歲。今世皆以太歲爲龍集，蓋名用莽《銘》而實用魏《銘》也。若《張純傳》語則疊指太歲，其誤甚矣。又蒼龍甲寅在東宮，此以歲在寅德與甲相值，甲位在東方故也。《王莽傳》亦云：「蒼龍癸酉，德在中宮【三七】。」注云：「癸德在中宮。」按杜欽云：「戊土，中宮之部，今癸北宮而云中宮者，以癸爲戊妃也。」此與《純傳》小異。《莽傳》又云：「今年刑在東方，是歲壬申，申刑寅，故也。」歐陽公《集古録》載隋《李康碑》云：「歲在亥，大將軍在酉。」公謂出

【三六】義得兩通　「兩」原作「而」，據學津本改。

【三七】德在中宮　「宮」字原缺，據明鈔本補。

於陰陽家，前史所未見。按：此即張晏所謂歲後二辰爲太陰者也。《抱朴子》有「諸皋太陰將軍」之稱，碑用其説。

押字不書名

余近見先朝太祖、太宗時朝廷進呈文字，往往只押字而不書名。初疑爲檢底而末乃有御書批，殊不能曉。後見前輩所載乾淳間禮部有申秘省狀，押字而不書名者。或者以爲相輕致憾，范石湖聞之，笑其陋，云：「古人押字，謂之花押印，是用名字稍花之，如韋陟五朵雲是也【三八】。」豈惟是前輩簡帖，亦止是前面書名，其後押字。雖刺字，亦是前是姓某起居，其後亦是押字。士大夫不用押字代名，方是百餘年事爾。

蕞蕝

蕞蕝二字，上音祖外反，小貌；下音租悦反，束茅表位，出《國語》【三九】。叔孫通爲綿蕝野外，注：「立竹及茅索營之【四〇】，習禮儀其中。」師古曰：「蕞與蕝同，皆子説反。」然十七薛韻内只有此説，蕝字乃在十四泰，音最。木待問輪對，誤讀蕞爾之國作撮音，壽皇厲聲曰：「合作在最，反讀爲是。」按：毛晃韻十七薛出蕝蕞二字，於十三蔡内亦有一字，内蕝字下注「子芮反，束茅表位」，正叔孫通綿蕝之儀。《春秋傳》云「置茅

【三八】如韋陟五朵雲是也　「朵」原作「孕」，據稗海本、學津本、四庫本改。

【三九】出國語　「語」字原缺，據稗海本、學津本、四庫本補。

【四〇】立竹及茅索營之　「營之」原作「不」，據《漢書·叔孫通傳》應劭注改。

蔭也」，蕞字下注「《史記·禮書》作綿蕞」。徐廣曰「表位標準」。如淳曰：「置綿索，爲習肄處，謂以茅翦植地爲纂位。」又於十四泰亦出二字，皆有祖外反。別出一蕞字，祖外反，小貌也。則二音皆可通用無疑。

五月五日生

五月五日生子，俗忌之，然不可一概論也。姑書數事於此：田文以五月五日生，父命勿舉，母私舉之。文長，以實告之，啓父曰：「不舉五月子，何也？」父曰：「生及户損父。」文曰：「受命於天，豈命於户？若受命於户，何不高其户？誰能至其户耶！」父知其賢，後封孟嘗君。俗以五月惡月，故忌。《苑史記傳》。王鎮惡以五月五日生，家人欲棄之，其祖猛曰：「昔孟嘗君以此日生，卒相齊。此兒必興吾家！」以鎮惡名之。《南史》。王鳳亦以五月五日生者，父欲不舉，曰：「俗語舉此子，長及户則自害，否則害其父母。」其叔父曰：「昔田文以此日生，非不祥也。」遂舉之。《西京雜記》。胡廣以五月五日生，本姓黃，父母惡之，藏之葫蘆，棄之河流。岸側居人收養，及長，有盛名。父母欲取之，廣以爲背其所生則害義【四二】，背其所養則忘恩，而無所歸，托葫蘆而生也，乃姓胡名廣。後登三司，有中庸之號。《世説》。唐崔信明亦以五月五日正中時生，太史令占曰：「五月爲火，火爲離，爲文采，日正中，文之盛也。」及長，博聞强記，下筆成章，終秦川令。徽宗亦

【四二】廣以爲背其所生則害義　「背其所生則害義」原缺，據稗海本補。

以五月五日生，以俗忌改作十月十日爲天寧節。近世省吏翁應龍亦以五月五日生【四二】，後受極刑。屈原則以五月五日生，投汨羅江而死，楚人哀之，每至其時，以竹筒貯米投水祭之。《續齊諧記》。孝女曹娥，其父以漢安二年五月五日泝濤迎神溺死，娥年十四，乃號泣十七日，投江而死，三日後與父尸俱出。《東漢列女傳》。

度宗祔廟無室

太廟自宣、僖、翼、順四祖爲祧，别於太廟西上爲祧殿以奉之，與太廟諸室并同列，而各門以隔之。自太祖以下至理宗爲十四室，度宗之祔在理宗東，已無所容，乃外闢東廡以處之，亦不祥矣。

徐留登第

留忠齋夢炎、徐徑畈霖在衢校【四三】，俱受知於俞教任禮。俞善濮斗南，俞以二人屬之，徐魁南宫，留亦中選。每同詣濮，又同寓邸，而徐日湎於酒，無所聞知。時穆陵書「后乂」「克艱」二語以錫丞相史嵩之，謝表及記皆濮所爲。留刺知之，不以語徐，遂以自擬對策，遂冠多士云。

【四二】近世省吏翁應龍亦以五月五日生　「吏」原作「史」，據明鈔本改。

【四三】徐徑畈霖在衢校　「徑畈」原作「畈」，本書别集下「徐霖」條云「徐霖字景説，號徑畈」，據改。

私取林竹溪

林竹溪希逸字肅翁，又號鬳齋，福清人。乙未，吴榜由上庠登第，凡三試，皆第四。是歲，真西山知舉，莆田王邁實之亦預考校。西山欲出《堯仁如天賦》，立説堯爲五帝之盛，仁爲四德之元，天出庶物之首。西山以此題爲極大，實之云：「題目自好，但矮些個。」西山默然。林居與王隔一領，素相厚善，省試前，林衣弊衣邀王車，密扣題意。王告以必用聖人以天下爲一家，要以《西銘》主意，自第一韻以後皆與議定，首韻用三極一家，次韻云「大聖人之立極，合天下爲一家」，四韻堯宅禹宫，大鋪敘《西銘》。至是西山局於無題可擬，乃謂實之曰：「日逼，無題奈何？」王以位下辭避，西山再四扣之不已，王久之若不得已，乃以前題進，并題韻之意大略，西山擊節。至引試日，題將揭曉，循例班列拈香，衆方對越【四四】，聞王微祝云：「某誓舉所知，神其鑒之。」是時，鄉人林彬之元質亦在試中，上請，以鄉音酬答，亦預選云。

吴益登對

吴益爲院轄官日，因輪對上殿，理宗忽問曰：「白鹿之功，何如淮、淝？」奏曰：「不同。」又問所以不同，奏曰：「淮、淝之功，成於已濟。」上首肯之。賈師憲以此喜之。

【四四】衆方對越　「衆」原作「象」，據稗海本、四庫本改。

朱王二事相同

朱元晦平生議論，前無古人，獨廟議以僖祖東向及社倉祖述青苗二事，與王介甫正同，殊不可曉。廟議見《中庸或問》及宋祁《祖宗配侑議》，《文鑑》卷百五。元晦以東向之説出於韓退之《禘祫議》，殊非公論。《南史》臧燾駁鄭玄以二祧爲文、武之謬，其語甚切，當併考之。

方珠

横塘人褚生以右科官與賈巨川涉有舊。初爲揚州一令，有妻，又贅於一宗姓之家。既而挾其資以逃，因遭褫剥。夤緣復官，既得連州，蓄徒二百，專事采珠。有舶商得方珠，褚知之，因矯朝命，籍而取之。經司風聞，復遭廢停。已過滿半年，後至者擠之，遂飲酖而殂。方珠者竟莫知所在。且珠者貴圓、貴色、貴大，如珠不圓，更無色，何足貴？

張約齋傭者

張約齋甫初建園宅，傭工甚衆。内有一人，貌雖瘠而神采不凡者，張頗異之。因訊其所以，則云本象人，以事至京，留滯無以歸，且無以得食，故不免爲此。張問其果欲歸否，答曰：「雖欲歸，奈無路途之費。」張曰：「然則所用幾何？」遂如數賙之。且去，不復可知其如何也。未幾，張以罪謫象州，牢落殊甚。一日，忽有來訪者，審則其人也。於是爲張營居止，且貸以資，使爲生計，張遂賴以濟。後張歿於象【四五】，其人周其葬，事畢亦莫知所在。

禁男娼

書傳所載龍陽君、彌子瑕之事甚醜，至漢則有籍孺、閎孺、鄧通、韓嫣、董賢之徒，至於傅脂粉以爲媚。史臣贊之曰：「柔曼之傾國，非獨女德，蓋亦有男色焉。」聞東都盛時，無賴男子亦用此以圖衣食。政和中，始立法告捕，男子爲娼者杖一百，賞錢五十貫。吳俗此風尤盛，新門外乃其巢穴。皆傅脂粉，盛裝飾，善針指，呼謂亦如婦人，以之求食。其爲首者號「師巫行頭」，凡官府有不男之訟，則呼使驗之。敗壞風俗，莫甚於此。然未見有舉舊條以禁止之者，豈以其言之醜故耶？

趙春谷斬蛇

趙暨守衢日，所任都吏徐信興建佑聖觀，斂民財甚夥。未幾，詹寇作，信以致寇抵罪而死。然民之詣祠如故，特太守不復往。趙孟奎春谷始至，以典祀亦往致敬。已而得堂

【四五】後張歿於象　「象」原作「家」，據陳思《白石道人年譜》所引改。

帖，從前守陳蒙所申，命加毀拆。民投牒求免，而主祀祠黄冠遇大蛇於道，謂神所憑，率民以禱，曰：「果神也，盍詣郡。」遂以蛇至倅廳，以白郡。趙曰：「此妖也。」以黄冠爲惑衆，械繫於獄，繼取蛇貯以大缶，加封閉焉。三日獄成，黄冠坐編置，而戮蛇於市，人咸壯之。

三山詔歲舉送

三山舊例，詔歲試，每場兩日，帥於譙樓揖士，蓋貢院在樓之内也。樓頭贊揖，士子同應，聲如奔雷者，無慮數萬。雜以市人群不逞，旗號紛然，搶案占廊，奔突可畏。乙卯詔下，王敬巖佖以帥憲自出新意，設幕於貢院前以揖士，且使憲司團結軍士，持械羅列，以遏其衝。有好事者書紙爲旗，云：「聖天子下詔求賢，王提刑統兵揖士。」佖見之，斂避而退【四六】。

【四六】奔突可畏……斂避而退　「奔突可」下文字原缺，據明鈔本補。

續集上

羅椅

羅椅字子遠，號磵谷，廬陵産也。少年以詩名，高自標致，常以詩投後村，有「華裾客子袖文過」之句，知其爲巨富家子也。壯年留意功名，借徑勇爵，捐金結客，馳名江湖。時方向程朱之學，於是盡棄舊習而學焉。然性理之學必須有所授，然後名家，於是尊饒雙峰爲師。時四方從之者數百，類多不能文之人。子遠天資素高，又濟之以性理之學，竟爲饒氏高弟，其實欲蓋陶猗之名也。未幾，以李之格薦登賈師憲之門。久之，賈惡其不情，心薄之。時在江陵，值庚申透渡之事，遂去賈往維揚，依趙月山。日起。遂青鞋破褙，蓬頭垢面，儼然一貧儒也。月山得其銜袖之文，甚喜，遂延之教子，賓主極相得。未幾，師憲移維揚，月山仍參閫幕。一日，話間云：「兒輩近得一師，善教導，蓋廬陵羅兄也。才美可喜，但一貧可念也。」師憲先廉知爲子遠，詒月山云：「好秀才能教子弟，極難得，願見其人。」月山遂拉子遠出見之，師憲爲之絶倒。月山茫然問所以，師憲曰：「此江西羅半州也，其家富豪十倍於我輩，執事高明，乃爲所欺耶！」月山甚慚。子遠知踪迹已露，遂告别而去。既而登丙辰第，以秉義郎换文林，爲江陵教，又改潭教。潭之士聞其來，先懷輕侮之意，及至首講《中庸》，亹亹可聽，諸生乃無語。及宰贛之信豐，登畿爲提轄榷貨務，賈師憲既知其平生素詭詐，不然之，久而不遷。至度宗升遐，失於入臨，於是臺評論罷而去。饒雙峰者，番陽人，自詭爲黄勉齋門人，於晦庵爲嫡孫行。同時又有新淦董敬庵、韓秋巖皆爲雙峰門人，子遠與之極相得，互相稱道。及世變後，道學既掃地，董、韓再及門，則子遠不復納之矣。董、韓亦行怪者，俱不娶。雙峰死，二君匍匐往哭，縞素背負木主。每夕旅邸輒設位奉木主哭臨之，旅主人皆患苦之。及道由撫州，黄東發震時爲守，津吏報云：「有二秀才素衣背位牌入界，大哭而去，行止怪異，不知何人。」東發聞之，即往迎之，亦製服於郡廳設位，三人會哭，俱稱先師之喪。及自石洞回，東發聘董爲臨汝堂長，書幣極厚，留韓郡齋。蓋一時道學之怪，往往至此，時人有言云「道學先牌人慦行」。董敬庵，淦之浮薄者，鄉人呼爲董苟庵。韓自詭爲魏公之裔，僻居蔀屋，而榜帖則必稱本府。常語朋友云：「先忠獻王勛德在國史，先師文公精神在《四書》，諸賢不必對老夫説功名、説學問。」以此往往爲後生輩所譏云。

大打圍

北客云：「北方大打圍，凡用數萬騎，各分東西而往，凡行月餘而圍始合，蓋不啻千餘里矣。既合，則漸束而小之，圍中之獸皆悲鳴相弔。獲獸凡數十萬，虎、狼、熊、羆、麋鹿、野馬、豪猪、狐狸之類皆有之，特無兔耳。獵將竟，則開一門，廣半里許，俾餘獸得以逸去，不然，則一網打盡，來歲無遺種矣。」又曰：「未獵之前，隊長去其頭帽，於東南方開放生之門。如隊長復帽，則其圍復合，衆始獵耳。此亦湯王祝網之意也。」

水竹居

薛野鶴曰：「人家住屋，須是三分水、二分竹、一分屋，方好。」此説甚奇。

宋彦舉鍼法

趙子昂云：「北方有宋彦舉者，鍼法通神，又能運氣。謂初用鍼即時覺熱，自此流入經絡，頃刻至患處。用補瀉之法治之，則病愈而氣血流行矣。」

劉漢卿郎中患牙槽風，久之頷穿，膿血淋漓，醫皆不效。在維揚有丘經歷，益都人，妙鍼法，與鍼委中及女膝穴，是夕膿血即止，旬日後頷骨蜕去，别生新者。其後張師道亦患此證，亦用此法鍼之而愈，殊不可曉也。丘嘗治消渴者，遂以酒酵作湯，飲之而愈，皆出於意料之外。

委中穴在腿脷中，女膝穴在足後跟，俗言丈母腹痛灸女婿脚後跟，乃舛而至此，亦女膝是也。然《灸經》無此穴。又云女須穴。

華夷圖石

汴京天津橋上有奇石大片，有自然華夷圖，山青水緑，河黄路白，粲然如畫，真異物也。今聞移置汴京文廟中，作拜石。伯幾、月觀皆云。

縉雲葉醫

括之縉雲有葉醫，挾術頗精。一夕，忽夢追至城隍，主者戒云：「凡今北之人虐南人蓋有數，若南人恃北勢以虐南人者，此神明之所甚怒，罪無赦。趙某者昔在福州日，殺人至多，獲罪於天，今使之得瘖疾而死【一】。或以穀二石、酒二斗、鷄四隻相邀，汝慎毋往。不然，逆天之罪，不可違也。然於次日必有葉氏亦以此數相償，且有重獲也。」既覺，惴惴然，遂往廟中炷香。甫歸家，而趙氏之家令人果以物至相邀，遂辭以疾，不往。次日，葉府召醫，疾愈，以物酬謝，乃鷄、酒、穀，如夢中之數。收功獲謝，而趙則殂矣。蔡蓮潛云。

洪渠

高疏寮守括日，有籍妓洪渠者，慧黠過人。一日，歌《真珠簾》詞，至「病酒情懷猶

【一】今使之得瘖疾而死　「瘖」原作「音」，據學津本改。

困懶」，使之演其聲若病酒而困懶者，疏寮極稱賞之。適有客云：「卿自用卿法。」高因視洪云：「吾亦愛吾渠。」遂與脱籍而去，以此得嘖言者。

插花種菊

春花已半開者，用刀翦下，即插之蘿蔔上，却以花盆用土種之，時時澆溉，異時花過，則根已生矣。既不傷生意，又可得種，亦奇法。沈草庭云。梅雨中，旋摘菊叢嫩枝插地下，作一處，以蘆蓆作一棚，高尺四五，覆之。遇雨則除去以受露，無不活者。且叢矮作花可觀，上盆尤佳。

大野猪

北方野猪大者數百斤，最獷悍難獵。每以身揩松樹，取脂自潤，然後卧沙中，傅沙於膏。久之，其膚革堅厚如重甲，名「帶甲野猪」，雖勁弩不能入也。其牙尤堅利如戟，馬至則以牙梢之，馬足立傷，雖虎豹所不及也。又云：獵犬之良者最畏狐，蓋狐善以穢氣薰犬，目即瞽。故獵者凡見狐必收犬【二】，蓋恐爲所損也。胡德齋。

【二】故獵者凡見狐必收犬　「故」原作「收」，據稗海本、學津本改。

天花異

戊子五月初二日以來，日光中有若柳絮，如雪片者【三】，飛舞亂下，人皆哄傳以爲天花者。至初四日大雷雨，飛雹大者如當三錢，始知連日所謂天花者，即雪也，及飛下則以爲雹耳【四】。蓋小片半空已化於烈日中，大者乃乘風而墜耳。繼聞沈氏失冰一窨，次日，王子才自越來，則知越中端午日大雹【五】，西廊門冰亦失其半【六】。按：寧宗嘉定甲戌九月朔，日食之，既，日傍有星見，及有飛片如雪母之狀自天飄下，今之天花殊類此也。

西域玉山

劉漢卿嘗隨官軍至小回回國，去燕數萬里。每雨過，山泥净盡，數百里間皆玉山相照映，碧澱子皆高數尺，豈所謂瑯玕者耶？

靈壽杖

又云：靈壽杖出西域，自黄河隨流而出，不知爲何木。其輕如竹，而性極堅韌。又有赬柳，色如紅玉，亦可爲杖，能辟雷，每雷作時，杖頭皆有火光，殊不可曉。又有大桃核如升，可以破而爲碗，皆自黄河流下，不知何國物也。

【三】如雪片者　「雪」字下原衍「片」字，據學津本删。

【四】及飛下則以爲雹耳　「下」字下原衍「人」字，「爲」字原缺，據學津本删、補。

【五】則知越中端午日大雹　「雹」原作「電」，據學津本改。

【六】西廊門冰亦失其半　「冰」原作「雪」，據學津本改。

改安吉州

或言湖州以潘丙之事，改名安吉州，乃寓「潘丙」二字，史相之狡獪也。

二王入閩大略

德祐丙子正月十二日之事，陳丞相宜中與張世傑皆先一日逃往永嘉。次日，蘇劉義、楊亮節【七】、張全挾二王及楊、俞二妃行，自漁浦渡江，繼而楊駙馬亦追及之。至婺，駙馬先還，二王遂入括。既而陳丞相遣人迎二王，竟入福州。丁丑五月朔，於福州治立益王，即吉王，方八歲。改元景炎。立之日，衆方立班，忽有聲若兵馬至者，衆驚甚，久乃止。益王鋭下，一目幾眇。是歲大軍至，遂入廣州，至香山縣海中，大戰而勝，奪船數十艘。繼而北軍再至，遂致敗績，益王墜水死。陳宜中自此逃去，竟莫知所之。繼又至雷州，駐碙洲，屬雷州界。立廣王，後封衛王，俞妃所生。貌類理宗。即位之日，有黑龍見，兩足一尾，改號祥興。至己卯歲二月，北軍大至，戰於崖山。初以乏糧，遣心腹賫銀上岸糴米，至是衆船出海口迎戰，而所遣者未還。張世傑云：「若棄之而去，後來何以用人？」遂决計不動。遂决戰，自曉至午，南北皆倦，欲罷。平日潮信凡兩時即退，適此日潮終夕不退，北軍雖欲少退，而潮勢不可，遂死戰。南軍大潰，王及樞密使陸秀夫、字君實。楊亮節皆溺海而死焉，

【七】楊亮節 「楊」原作「張」，據下文及《宋史》卷四七改。

時二月六日也。此役也，皆謂蘇劉義實著忠勞云。姜大成云。

海船頭髮

澉浦楊師亮航海至大洋，忽天氣陡黑，一青面鬼躍入舟中，繼有一美婦人至，顧左右取頭髮。舟人皆辭以無，婦人顧鬼自取之，即於船板下取一籠，啓之，皆頭髮也。婦人揀數束而去。

海神擎日

揚州有趙都統，號趙馬兒，嘗提兵船往援李璮於山東。舟至登、萊，殊不可進，滯留凡數月。嘗於舟中見日初出海門時，有一人通身皆赤，眼色純碧，頭頂大日輪而上，日漸高，人漸小，凡數月所見皆然。

戊子地震

至元二十五年戊子歲，冬十月二十四日丙子，夜正中，地大震。始如暴風駕海潮之聲自西南來，鷄犬皆鳴，窗户磔磔有聲。繼而屋瓦皆摇，勢若掀箕。余初聞是聲大驚，以爲大寇至，懼甚，噤不敢出息。繼而覺卧榻撼如乘舟迎海潮，始悟爲地震也。遠近皆喧呼，或以爲火，凡兩茶頃，甫定。次日，親朋皆相勞問，互言所聞。至十一月初九日庚辰辰時又震。余向於庚子歲侍先子留富沙【八】，曾經此變，乃晡時，杭、霅則在二鼓後，此理不可曉。

江西術者奇驗

咸淳甲戌之春，余爲豐儲倉，久以病痁不出。忽聞賈師憲丁母憂而出，凡朝紳以至京局【九】，皆往唁奠，送之江干。同官曾朝陽來問疾【一〇】，因及此事，云：「師憲旦夕必再來。」余曰：「此公請歸之章凡十餘，今適有此，必不復來矣。」曾曰：「江西一術者，其言極神，前日來，嘗扣之，云：『此人不出今歲必再來，尚可洗日一番。然自此以往，凶不可言矣。』」余深不以爲然。至秋，度宗升遐，繼而有潰師亡國之禍，果如其言。惜當時不曾扣問術者姓名也。

天裂

咸淳癸酉十月，李祥甫庭芝自江陵被召至京口。一日午後，忽見天裂，見其中軍馬旗幟甚衆，始紅旗，繼而皆黑旗，凡一茶頃乃合，見者甚衆。趙德潤。

【八】余向於庚子歲侍先子留富沙　「侍」原作「時」，據學津本改。

【九】凡朝紳以至京局　「京」原作「景」，趙昇《朝野類要·職任》云：「上自三省，下及倉場庫務，皆爲百司，或謂之有司，又謂之京局。」據改。

【一〇】同官曾朝陽來問疾　「朝」原作「昭」，據《志雅堂雜鈔·陰陽算術》、《齊東野語》卷一四改。

李醉降仙

應山在淮閫日，吕少保薦一術士，能降仙，豪於飲，號曰「李醉」，施州人。凡有所禱祈，令人自書一紙，實卷之，以香一片，令自祈禱，且自緘封、書押，并金紙一百焚於香爐中。然後索酒痛飲，多至四五斗，乃濃墨大書，或草，或畫卦影，或賦詞詩之類，多至數十紙，皆粲然可讀。其答所問，往往多驗。一日，應山密書以扣襄、樊之事，醉後大書十字云：「山下有朋來，土鼠辭天道。」每字徑尺餘。至甲戌歲，度宗升遐，解者謂度宗庚子生，納音屬土，所謂土鼠者耶？德潤。

海井

華亭縣市中有小常賣鋪，適有一物，如小桶而無底，非竹非木，非金非石，既不知其名，亦不知何用。如此者凡數年，未有過而睨之者。一日，有海舶老商見之，駭愕，且有喜色，撫弄不已。叩其所直，其人亦駔黠，意必有所用，漫索五百緡。商嘻笑償以三百，即取錢付駔。因叩曰：「此物我實不識，今已成交得錢，決無悔理，幸以告我。」商曰：「此至寶也，其名曰海井。尋常航海必須載淡水自隨，今但以大器滿貯海水，置此井於水中，汲之皆甘泉也。平生聞其名於番賈，而未嘗遇，今幸得之，吾事濟矣。」

狗畏鼻冷

狗最畏寒，凡卧必以尾掩其鼻，方能熟睡。或欲其夜警，則翦其尾，鼻寒無所蔽，則終夕警吠。

鑿井法

北方鑿井，動輒十餘丈深，尚未及泉，爲之者至難。或泉不佳，則費已重矣。後見一術者云：「凡開井，必用數大盆貯水，置數處，俟夜氣明朗，於盆内觀所照者，星光何處最大而明，則地中必有甘泉也。」試之屢驗。伯機。

重窖

自兵火以來，人家凡有窖藏，多爲奴僕及盜賊、軍兵所發，無一得免者。獨聞一貴璫家，獨有窖藏之妙法：須穿土及其下，置多物訖，然後掩其土石，石上又覆以土，復以中物藏之，如此三四層，始加甃砌。異日或被人發掘，止及上層，見物即止，却不知其下復有物也，多者儘藏於下。此説甚奇。

日形如瓠

范元章聞之本心翁，謂曾見錢浩達可云：「戊子十月内，早出郭，日初出，略無精光，其形如瓠。既而變方，乃就圓，殊不可曉也。」

葉李遭鯨

葉亦愚上書後，朝廷捕之甚急，遂禱之霍山張王廟。是夕，夢一白衣裹帽人，指庭下一鷄爲蛇所纏，牢不可解。其後有鯨而王之驗。二物，巳酉合也。

地連震

紹定戊子八月初三日二鼓，雷雨之聲自東北來，地遂震，四鼓再震。九月十三日夜又震。謝密庵云：「春秋二百四十二年，地震者五，今連及三震焉。」其後嘉熙庚子地震，戊子歲十月地震，十一月又震，却一甲子矣。

蜀人不浴

蜀人未嘗浴，雖盛暑不過以布拭之耳。諺曰：「蜀人生時一浴，死時一浴。」

梅無仰開花

杜南谷云：「梅花却無仰開者，蓋亦自能巧避風雪耳。」驗之信然。

柵沙武口

北軍未渡之時，守把統制官王順欲柵沙武口及沌口。以此二處江水極深，難於用工，遂用披搭敝舟百餘隻，載沙石沉之。繼以石鎔土囊壓下，就用樯竿打爲樁柵，不兩日即辦。蓋長江之險，此二處最爲要害故也。夏貴乃以爲不然，遣人盡去樁柵，欲縱北船入口，然後與戰。順極以爲憂，請披搭船三百隻，左右前後皆置棹。先棹以迎之，俟彼船出口子，即以鐵猫兒罥定，復回棹拽其船以歸。蓋口子既小，自不容并進，不過盡入吾阱中乃已。夏老復忌其功，不以爲然。及北船盡出之後，散漫大江之中，守兵僅能與未去口子者相拒，而餘舟皆已飛渡滸、廣矣。

李仲賓談鬼

李仲賓衎父少孤貧，居燕城中。荒地多枸杞，一日，逾鄰寺頹垣往采杞子。日正午，方行百餘步，忽迷失故道。但見廣沙莽莽，非平日經行境界，心甚異之。舉頭見日色昏，猶能認大悲閣爲所居之地，遂向日南行，循閣以尋歸路。忽見一壯夫，白帶方巾，步武甚健，厲聲問往何方。方錯愕間，遽以手捽其胸。李素多力善搏，急用拳捶之，其人仆，已失其首。心知爲鬼物，然猶踯蹌相向，李復以拳仆之，隨仆隨起者十餘次，其人遂似怒而去。既稍前，則無首者踞坐大石上以俟，意將甘心焉。然路所必經，勢不容避，忽記腰間有采杞之斧，遂持以前。其人果起而迎之，遂斧其頸，鏗然有聲，乃在青石上。其人寂然不見，而異境亦還元觀。乃私識其處而歸。家人見其神采委頓，問之，則不能語。越宿，方能道所以。遂偕數人往訪其處，果有斧痕在石上。遂啓其石，下乃智井，井中皆枯骸也。詢之，蓋亡金兵亂中死者，遂函其骨遷窆他所，後亦無他。

大興獄鬼

仲賓又云：「向在燕爲太常令史，太常官廨向爲大興獄，聞有物怪，往往能殺人。時年少氣壯勇，方秋初，一夕守宿官舍，一僕自隨，亦以暑甚出外舍，遂獨據炕酣寢。至夜半，忽房門軋然有聲而開，驚覺，則胸間憒悶，若壓氣不甦醒。極力微開目，見一人，黑色，乘微月率率有聲而前，既進復退。於是恐甚，極力瞠目起坐，則房門未嘗啓也。頃之，其人復來，思有以禦之。適無他物，僅有皮靴一雙於其前，俟其稍近，以靴擲之，劃然有聲如雉鳴，用手斜拉窗眼而去。至曉觀之，其手拉窗處，每窗眼皆圓竅數十，破處皆如一，紙雖破而不脱，竟不知爲何怪也。」

梨酒

仲賓又云：「向其家有梨園，其樹之大者，每株收梨二車。忽一歲盛生，觸處皆然，數倍常年，以此不可售，甚至用以飼猪，其賤可知。有所謂山梨者，味極佳，意頗惜之，漫用大甕儲數百枚，以缶蓋而泥其口，意欲久藏，旋取食之。久則忘之，及半歲後，因至園中，忽聞酒氣熏人，疑守舍者釀熟，因索之，則無有也。因啓觀所藏梨，則化之爲水，清冷可愛，湛然甘美，真佳醖也，飲之輒醉。」回回國葡萄酒止用葡萄釀之，初不雜以他物。始知梨可釀，前所未聞也。

四明延壽寺火

四明延壽寺，在城大刹也。三十年前，僧良月溪者爲知客。一夕，夢本寺所奉四明尊者告之曰：「三十年後，當使瓦礫化爲黄金。」適符吉夢。至明年己丑正月初四日，乃四明尊者忌辰，作會。次日，戴覺民家火作，延燎寺中，一椽不留，其應乃如此。先是一月前，有汪氏子名信道者，夢其祖宗云：「火災當起於汝家，吾力告免於神，今已得一同姓名者代矣。」及火作，乃起於戴氏闇人汪信之家，與信道僅有一字之異。所毁幾萬家，凡壬午年火所不及者，皆不得免。其新舊界址截然，若有神所司者，此尤可怪云。

合樂諧和

嘗聞梨園舊樂工云：「凡大燕集，樂初作，必先奏引子。謂如大石調，引子則自始至終，凡絲竹歌舞，皆爲大石調。直至别奏引子，方隨以改爲耳。」又云：「凡燕集，初作或用上字煞【一二】，或用工字煞，必須衆樂皆然，是謂諧和。或有一時煞尾參差不齊，則謂之不和，必有口舌不樂等事。」前後驗之，無不然者。以此推之，則樂之關乎治亂爲不誣矣。

【一二】或用上字煞　「煞」原作「然」，據四庫本改。下文「工字煞」同此。

盜馬踏淺

甲戌透渡之事，其先乃因淮闔遺無鼻孔回回潛渡江北盜馬，或多至二三百匹。其後遂爲所獲，遂扣其渡江踏淺之處，乃自陽羅堡而來。於是大江可涉地，北盡知之，遂由其處而渡焉。

于闐玉佛

伯顔丞相嘗至于闐國開省。於其國中開井，得白玉佛一身，高三四尺，色如截肪，照之皆見筋骨脉胳，已即貢之上方。又有白玉一段，高六尺，闊五尺，長一十七步，即長八丈五寸也。以重不可致。

狗站

伯機云：「高麗以北地名别十八，華言乃五國城也。其地極寒，海水皆冰，自八月即合，直至來年四五月方解。人物行其上，如履平地。站車往來，悉用四狗挽之，其去如飛。其狗悉諳人性，至站亦破狗分例，稍不如儀，必至嚙死其人。」

姨夫眼眶

㡌音望。令史河間人，其妻常爲白衣男子所據，來則痛飲，然後共寢。㡌不勝其忿，於是仗利刃伺於牀下。既而果來，擁婦劇飲，大醉，方欲就睡。掩其不備，以刃刺之，白衣沿壁而上，蹻捷如飛，因逆刃搶殺之。墮地化爲霜毛白鼠，身長五尺許，雙目爛然，遂抉其目珠，色深碧而徑寸，宛似瑟瑟。夜至，暗室有光芒尺餘，北人戲名曰「姨夫眼眶」。蓋北人以兩男子共狎一妓，則呼爲姨夫，故以爲戲云。伯機。

偏僻無子

施仲山云：「士大夫至晚年多事偏僻之術，非惟致疾，然不能有子。蓋交感之道，必精與氣接，然後可以生育。而偏僻之術必加繫縛之法，氣不能過，是以不能有子也。愛身者當慎之！」

琴應弦

琴間指以一與四、二與五、三與六【一二】、四與七爲應，今凡動第一弦，則第四弦自然而動，試以羽毛輕纖之物，果然。此氣之自然相感動之妙。紫霞翁。

治物各有法

金花定碗用大蒜汁調金描畫，然後再入窑燒之，永不復脱。凡玉工描玉，用石榴皮汁描之，則見水不去。壘珠相思子磨汁綴之，白芨亦可。則見火不脱。凡事皆有法。

金鳳染甲

鳳仙花紅者用葉擣碎，入明礬少許在内，先洗凈指甲，然後以此付甲上，用片帛纏定

【一二】三與六　「三與」原缺，據《志雅堂雜鈔・諸玩》補。

過夜。初染色淡，連染三五次，其色若胭脂，洗滌不去，可經旬，直至退甲，方漸去之。或云此亦守宮之法，非也。今老婦七八旬者亦染甲。今回回婦人多喜此，或以染手并猫狗爲戲。

杭城食米

余向在京幕，聞吏魁云：「杭城除有米之家，仰糴而食凡十六七萬人。人以二升計之，非三四千石不可以支一日之用。而南北外二廂不與焉，客旅之往來又不與焉。」

開慶六士

陳宜中、曾唯、黃鏞、劉黻、陳宗、林則祖，皆以甲辰歲史嵩之起復上書，倡爲期之論。一時朝紳如盧鉞【一三】、徐霖、元杰、趙無墮皆和之，時人號爲「六君子」。既貶旋還，時相好名，牢籠宜中爲倫魁，餘悉擢巍科，三數年間皆致通顯。然夷考其人平日踐履，殊有可議者，然同聲合黨，孰敢攖其鋒？郭方泉閶在臺日，嘗疏黃鏞之罪，因論虛名之弊。時宜中在政府，黻在從班，競起攻之，閶爲之出臺。及鏞知廬陵，文宋瑞起義兵勤王，百端沮之，遂成大隙。既而北兵大入，則如黃、如曾數公，皆相繼賣降。或言其前日所爲皆僞也。於是有爲之語云：「開慶六君子，至元三搭頭。」宋之云亡，皆此輩有以致之，其禍不止於典午之清談也。

【一三】一時朝紳如盧鉞　「鉞」原作「越」，據《宋史》卷四一四及《宋季三朝政要》卷二改。

范元章夢

范元章向在魏明己館中【一四】。嘗赴省試，夢至大宮殿，手執文書，歷階而上。自顧其身，則挂緑衣，既而有衣皂褙者亦欲進，爲左右所却，以爲無緑衣而不可進。范遂脱所衣緑袍與之，其袍内乃著粉青戰袍，旁有嘲之者，答云：「無笑！此乃銀青袍也。」及寤，雖喜衣緑之吉，又有脱袍之疑。既而中第，辭魏氏館，繼之者乃蜀人税某也。次舉亦第，於是脱袍之徵已驗。獨不曉銀青之説，然自喜，以爲此必異時所至之官也。臨安鹽倉批滿，則謝堂實尹京，其銜乃銀青光禄大夫，時事已異，僅止於此。是以知人生皆有分定，不容少有僥倖也。

福王婚啓

福王之子娶全竹齋少保之女，婚書一聯云：「依光薊北，苟安公位之居；回首江南，惟重母家之念。」亦有味也。時福王爲平原郡公。

雷雪

至元庚寅正月二十九日癸酉，是年二月三日春分，余送女子嫁吴氏至博陸。早雪作，

【一四】范元章向在魏明己館中　「在」原作「者」，據學津本改。

至未時電光，繼以大雷，雪下如傾，而雷不止，天地爲之陡黑。余生平所未見，爲驚懼者終日。客云：「記得春秋魯隱公九年三月、三國吴主孫亮太平二年二月、晉安帝元興三年正月、義熙六年正月，皆有雷雪之變。」未及考也。

醫術

吾鄉醫者龐良臣、良材兄弟二人，指上頗明，最是暗記諸藥方，不差分毫，爲難能也。永嘉術者陳獨步瞽而善記，每有客自外來，聞其聲即知其爲何人也，誦言一别，今幾何歲矣，台庚乃某年某月日時者乎？略無一差。吾鄉張神鑑亦瞽而善記，胸中所儲無慮數萬。每談一命，則旁引同庚者數十，皆歷歷可聽。又有張五星亦瞽而慧，善辨寶玉，此猶是暗中摸索。至於能别婦人妍醜，聞其聲欬，扣問數語，即知其人美惡情性。趙信國丞相專俾置姬妾并玉器云。

湖翻

庚寅五月，連雨四十日，浙西之田盡没無遺，農家謂尤甚於丁亥歲，雖景定辛酉亦所不及也。幸而不没者，則大風駕湖水而來，田廬頃刻而盡，村落名之曰「湖翻」。農人皆相與結隊往淮南趁食，於太湖買舟百十餘，所載數千人同往。甫至湖心，大風驟至，悉就溺死。又有千餘人渡楊子江，濟者同日亦沉於江。净慈、靈隱皆停堂，客僧數百皆渡江還浙東。内四僧偶别門徒，至中途忘攜雨具，還取之，至江干則渡舟解維矣。方悵然自失，舟至中流亦爲風浪所覆，四僧幸而得免。豈非所謂劫數者耶！

回回沙磧

回回國所經道中，有沙磧數千里，不生草木，亦無水泉，塵沙眯目，凡一月方能過此。每以鹽和麵作大巒，置橐駝口中，仍繫其口，勿令噬嗑，使鹽麵之氣沾濡，庶不致餓死。人則以麵作餅，各貯水一榼於腰間，或牛羊渾脱皮盛水置車中。每日略食餌餅，濡之以水。或迷路水竭，太渴，則飲馬溺，或壓馬糞汁而飲之。其國人亦以爲如登天之難。今回回皆以中原爲家，江南尤多，宜乎不復回首故國也。

短蓬

楊大芳嘗爲明州高亭鹽場。場在海中，或天時晴霽，時見如匹練横天，其色淡白，則晴雨中分，土人名之曰「短蓬」，亦蜃氣之類也。

子山隆吉

梁棟，字隆吉，鎮江人，登第，嘗授尉，與莫子山甚稔。一日，偶有客訪子山，留飲，作菜元魚爲饌，偶不及棟，棟憾之，遂告子山嘗作詩有譏訕語，官捕子山入獄。久之，始得脱而歸，未幾病死。余嘗挽之云：「秦邸獄成杯酒裏，烏臺禍起一詩間。」紀其實也。後十年，棟之弟投茅山許宗師爲黄冠，許待之厚。既而棟又欲挈妻孥而來，許不從，棟遂大罵之。許不能堪，遂告其曾作詩云「浮雲暗不見青天」，指以爲罪。於是捕至建康獄，未幾病死。此恢恢之明報也。

蹇材望

蹇材望，蜀人，爲湖州倅。北兵之將至也，蹇毅然自誓必死，乃作大錫牌，鐫其上曰「大宋忠臣蹇材望」。且以銀二笏鑿竅，併書其上曰：「有人獲吾尸者，望爲埋葬，仍見祀，題云：『大宋忠臣蹇材望。』此銀所以爲埋瘞之費也。」日繫牌與銀於腰間，只伺北軍臨城，則自投水中，且遍祝鄉人及常所往來者，人皆憐之。丙子正月旦日，北軍入城，蹇已莫知所之，人皆謂之溺死。既而北裝乘騎而歸，則知先一日出城迎拜矣，遂得本州同知。鄉曲人皆能言之。

船吼

甲戌歲，越中榮邸兩舫舟忽有聲如牛吼，移時方止，俗謂之「船吟」，不祥之徵也。未幾，有透渡之禍。庚寅歲十一月朔，西興渡以舟子不謹，驅趁渡人上沙太早，既而潮至，趨岸不及，溺死者近百人。時王篠竹、孫小隱同問渡，目覩其事，以鈔一錠命舟，僅救三人。孫遂以事白省，遂斷兩監渡官各一百七下，梢人則處典刑，以謝溺者。既而渡口之舟復大吼，豈溺者有知而然邪？

古獄塔燈

武林右司理院昔爲僧寺，有大石塔在焉。風雨陰晦之夕，或現一燈於上，則府主必移易，獄有故。甲戌歲，范元章攝右獄日，親見之。此燈或多至六燈，兩兩相并於塔之半，其色淡紅而微青，凡數見之。

成都惡事

魏明己之姪有六直閣者，云少年在成都，時方承平，繁盛與京師同。一日，入酒肆中坐，覺桌下有所遺物如鑰匙之狀，極其光瑩，俱各不等，凡數十枚，莫曉其爲何物，姑收置之佩囊中。因游狹斜，至深夜方歸。忽有三四少年揖於道旁，爲禮甚恭，然皆平生素昧者。力邀於酒肆中，堅辭不可，酒再行，乃出向所得如鑰之物見還，云：「某輩不知先生在此，輒犯不韙，兹謹納還，然所願受教於明師。」魏聞其言，略不知所謂，亦不知此爲何物，亦莫知緣何爲其所取。辭以偶爾得之，初不知爲何用。而衆猶不信，久而乃散。及扣黠者，則知此物探囊胠篋之具，此數輩適得之於魏，疑其爲高手盜也，欲師之耳。魏懼賈禍，亟毁棄之，久而不敢出市云。范元章。

馮婦搏虎義

《孟子》馮婦搏虎一章，有以「晉人有馮婦者【一五】，善搏虎，卒爲善士則之」爲斷句，「攘臂下車，衆皆悦之，其爲士者笑之」，與前段相對，亦自有義。

鹽養花

凡折花枝，搥碎柄，用鹽築，令實柄下滿足，插花瓶中，不用水浸，自能開花作葉，不可曉也。

【一五】有以晉人有馮婦者「晉」原作「昔」，據學津本及《孟子·盡心下》改。

文山像贊

有傳鄧光薦贊文山像云：「目煌煌兮，疏星曉寒；氣英英兮，晴雷殷山。頭碎柱而璧完，血化碧而心丹。嗚呼！誰謂斯人不在世間。」祝靜得。

王茂林立子

王克謙號茂林，無子。後知永嘉，命立修竹爲子，時已二十，乃戊戌生，本姓林氏，正合茂林二字，非偶然也。

回回送終

回回之俗，凡死者專有浴尸之人。以大銅瓶自口灌水，蕩滌腸胃穢氣，令盡。又自頂至踵净洗，洗訖，然後以帛拭乾，用紵絲或絹或布作囊，裸而貯之，始入棺斂。棺用薄松板，僅能容身，他不置一物也。其洗尸穢水，則聚之屋下大坎中，以石覆之，謂之招魂。置桌子坎上，四日一祀以飯，四十日而止，其棺即日便出瘞之聚景園，園亦回回主之。凡賃地有常價，所用磚灰匠者，園主皆有之，特以鈔市之。直方殂之際，眷屬皆剺面，捽披其髮，毁其衣襟，躃踴號泣，振動遠近。棺出之時，富者則丐人持燭撒果於道，貧者無之。既而各隨少長拜跪如俗禮，成服者然後呫靴尖以樂，相慰勞之意，止令群回誦經。後三日，再至瘞所，富者多殺牛馬以饗其類，併及鄰里與貧丐者。或聞有至瘞所，脱去其棺，赤身葬於穴，以尸面朝西云【一六】。辛卯春，於瞰碧目擊其事。

接待寺

杭之北關接待寺，寺額乃吴傅朋書「敕賜妙行之院」。初扁甚小，其後展而大之，殊乏書體。其右廡有古觀音殿，亦傅朋書，極佳。觀音銅像高丈餘，唐物也。其一壁作水波，有洶湧勢，若毗陵太平寺之類。外有給庫石碑立於側，其文乃銛朴翁撰，姜堯章書。伽藍神左相公，不知何代人。寺乃淳熙間喻彌陀開山，常施水飯僧於此，有大石井尚存，其深六丈，泉極清洌。喻有塔幢在法堂之左【一七】，題云「齋三百萬僧喻彌陀之塔」云。

天雨塵土

辛卯三月初六日甲辰，黄霧四塞，天雨塵土。入人鼻皆辛酸，几案瓦壠間如篩灰，相去丈餘不可相覩，日輪如未磨鏡，翳翳無光采，凡兩日夜。是夜二鼓，望仙橋東牛羊司前居民馮家失火，其勢可畏。凡數路分火，沿燒至初七日，勢益盛，而塵霧愈甚，昏翳慘淡，雖火光烟氣皆無所覩，直至午刻方息。南至太廟墻，北至太平坊南街，東至新門，西至舊

【一六】以尸面朝西云　「尸」原作「死」，據學津本改。

【一七】喻有塔幢在法堂之左　「幢」原作「頭」，據學津本改。

秘書省前，東南至小堰門吴家府，西南至宗正司、吴山上嶽廟、皮場星宿閣、伍相公廟，東北至通和坊，西北至舊十三灣開元宫門樓，所燒逾萬家。至今恰一甲子矣。客云：「漢成帝建始元年、後周宣帝、陳後主禎明中，皆有黄霧之變。」未及考也。

宋江三十六贊

龔聖與作《宋江三十六贊并序》曰：「宋江事見於街談巷語，不足采著，雖有高如李嵩輩傳寫，士大夫亦不見黜。余年少時壯其人，欲存之畫贊，以未見信書載事實，不敢輕爲。及異時見《東都事略》中載侍郎《侯蒙傳》有書一篇，陳制賊之計云：『宋江以三十六人横行河朔、京東，官軍數萬無敢抗者，其材必有過人。不若赦過招降，使討方臘，以此自贖，或可平東南之亂。』余然後知江輩真有聞於時者。於是即三十六人，人爲一贊，而箴體在焉。蓋其本撥矣，將使一歸於正，義勇不相戾，此詩人忠厚之心也。余嘗以江之所爲，雖不得自齒，然其識性超卓有過人者，立號既不僭侈，名稱儼然猶循軌轍，雖托之記載可也。古稱柳盗跖爲盗賊之聖，以其守壹至於極處，能出類而拔萃。若江者，其殆庶幾乎！雖然，彼跖與江，與之盗名而不辭，躬履盗迹而無諱者也，豈若世之亂臣賊子，畏影而自走，所爲近在一身，而其禍未嘗不流四海。嗚呼！與其逢聖公之徒，孰若跖與江也！

呼保義宋江

不假稱王，而呼保義。豈若狂卓，專犯諱忌【一八】。

智多星吳學究

古人用智，義國安民。惜哉所予，酒色𤙴人。

玉麒麟盧俊義

白玉麒麟，見之可愛。風塵大行，皮毛終壞。

大刀關勝

大刀關勝，豈雲長孫？雲長義勇，汝其後昆。

活閻羅阮小七

地下閻羅，追魂攝魄。今其活矣，名喝太伯。

尺八腿劉唐

將軍下短，貴稱侯王。汝豈非夫，腿尺八長。

没羽箭張清

箭以羽行，破敵無頗。七札難穿，如游斜何。

浪子燕青

平康巷陌，豈知汝名？太行春色，有一丈青。

【一八】專犯諱忌　「諱忌」原作「忌諱」，據學津本改。

病尉遲孫立

尉遲壯士，以病自名。端能去病，國功可成。

浪裏白跳張順

雪浪如山，汝能白跳。願隨忠魂，來駕怒潮。

船火兒張横

太行好漢，三十有六。無此火兒，其數不足。

短命二郎阮小二

灌口少年，短命何益。曷不監之，清源廟食。

花和尚魯智深

有飛飛兒，出家尤好。與爾同袍，佛也被惱。

行者武松

汝優婆塞，五戒在身。酒色財氣，更要殺人。

鐵鞭呼延綽

尉遲彦章，去來一身。長鞭鐵鑄，汝豈其人！

混江龍李俊

乖龍混江，射之即濟。武皇雄争，自惜神臂。

九文龍史進

龍數肖九，汝有九文。盍從東皇，駕五色雲。

小李廣花榮

中心慕漢，奪馬而歸。汝能慕廣，何憂數奇。

霹靂火秦明

霹靂有火，摧山破嶽。天心無妄，汝孽自作。

黑旋風李逵

風有大小，不辨雌雄。山谷之中，遇爾亦凶。

小旋風柴進

風有大小，黑惡則懼。一噫之微，香滿太虛。

插翅虎雷横

飛而食肉，有此雄奇。生入玉關【一九】，豈傷令姿？

神行太保戴宗

不疾而速，故神無方。汝行何之，敢離太行。

急先鋒索超【二〇】

行軍出師，其鋒必先。汝勿鋭進，天兵在前。

【一九】生入玉關　「玉」原作「王」，據稗海本、學津本、四庫本改。

【二〇】急先鋒索超　「急」字原缺，據學津本補。

立地太歲阮小五

東家之西，即西家東。汝雖特立，何有吾宮？

青面獸楊志

聖人治世，四靈在郊。汝獸何名？走曠勞勞。

賽關索楊雄

關索之雄，超之亦賢。能持義勇，自命何全！

一直撞董平

昔樊將軍，鴻門直撞。斗酒肉肩，其言甚壯！

兩頭蛇解珍

左嗑右噬，其毒可畏。逢陰德人，杖之亦斃。

美髯公朱仝

長髯郁然，美哉丰姿。忍使尺宅，而見赤眉。

没遮攔穆橫

出没太行，茫無畔岸。雖没遮攔，難離伙伴。

拼命三郎石秀

石秀拼命，志在金寶。大似河魨，腹果一飽。

雙尾蝎解寶

醫師用蝎，其體貴全。反其常性，雷公汝嫌。

鐵天王晁蓋

毗沙天人，證紫金軀。頑鐵鑄汝，亦出洪爐。

金槍班徐寧

金不可辱，亦忌在穢。盍鑄長殳，羽林是衛。

撲天雕李應

鷙禽雄長，惟雕最狡。毋撲天飛，封狐在草。」

此皆群盜之靡耳，聖與既各爲之贊，又從而序論之，何哉？太史公序《游俠》而進姦雄【二二】，不免異世之譏，然其首著勝、廣於列傳，且爲項籍作本紀，其意亦深矣，識者當自能辨之云。華不注山人戲書。

種葡萄法

有傳種葡萄法，於正月末取葡萄嫩枝長四五尺者，捲爲小圈【二三】，令緊。先治地土鬆而沃之以肥，種之，止留二節在外。異時春氣發動，衆萌競吐，而土中之節不能條達，則盡萃華於出土之二節。不二年，成大棚，其實大如棗，而且多液，此亦奇法也。

【二二】太史公序游俠而進姦雄　「俠」原作「狹」，據學津本改。

【二三】捲爲小圈　「圈」原作「圍」，據學津本改。

插瑞香法

凡插之者帶花，則雖易活而落花，葉生復死。但於芒種日折其枝，枝下破開，用大麥一粒置於其中，并用亂髮纏之，插於土中，但勿令見日，日加以水澆灌之，無不活矣。試之果驗。

楊髡發陵

楊髡發陵之事，人皆知之，而莫能知其詳。余偶録得當時其徒互告狀一紙，庶可知其首尾。云：「至元二十二年八月内，有紹興路會稽縣泰寧寺僧宗允、宗愷，盗斫陵木，與守陵人争訴。遂稱亡宋陵墓有金玉異寶，説誘楊總統。詐稱楊侍郎、汪安撫侵占寺地爲名，出給文書，將帶河西僧人、部領人匠丁夫前來，將寧宗、楊后、理宗、度宗四陵盗行發掘，割破棺槨，盡取寶貨，不計其數。又斷理宗頭，瀝取水銀、含珠，用船裝載寶貨，回至迎恩門。有省臺所委官攔擋不住，亦有臺察陳言，不見施行。其宗允、宗愷并楊總統等發掘得志，又於當年十一月十一日前來，將孟后、徽宗、鄭后、高宗、吴后、孝宗、謝后、光宗等陵盡發掘，劫取寶貨，毁棄骸骨。其下本路文書，只言争寺地界，并不曾説開發墳墓。因此江南掘墳大起，而天下無不發之墓矣。其宗愷與總統分贓不平，已受杖而死。有宗允者，見爲寺主，多蓄寶貨，豪霸一方。」

西征異聞

陳剛中云：「成吉思皇帝常西征，渡流沙萬餘里，其地皆荒寂無人之境。忽有大獸，其高數十丈，一角如犀，能人言，忽云：『此非汝世界，宜速還。』左右皆震恐。耶律楚材楚字晉卿，遼人，博物無所不知，蓋張華、郭璞輩。隨進云：『此名角端，音端。能日馳萬里，靈異如神鬼，不可犯也。』帝爲之回馭。」又云：「有大鳥，其一羽足以蔽千人，蓋鵬類也。」又云：「西域有沙海，正據要津，其水熱如湯，不可向近，此天之所限華夷也，終古未嘗通中國。忽一夕，有巨獸浮水窒，其骨長數十里，横於兩涘如津梁然，骨中有髓竅，可容并馬，於是西域之地始通中國。其國謀往來者，每以膏油塗其骨，令潤，懼其枯朽，折則無復可通故耳。」

嘲留忠齋

趙子昂入覲之初，上命作詩嘲留忠齋云：「狀元曾受宋朝恩，目擊權姦不敢言。往事已非那可說，好將忠孝報皇元。」留以此銜之終身云。

鎖陽

韃靼野地有野馬與蛟龍合，所遺精於地，遇春時則勃然如笋出地中，大者如猫兒頭。笋上豐下儉，與形不異【二三】，亦有鱗甲筋脉，其名曰「鎖陽」，即所謂肉蓯蓉之類也。或謂韃靼婦人之淫者，亦從而好合之，其物得陰氣，則怒而長。土人收之，以薄刀去皮毛，洗滌令净，日乾之爲藥。其力百倍於肉蓯蓉，其價亦百倍於常品也。五峰云：「亦嘗得其少許。且聞土人以飼豬、羊及鷄，皆茁壯，其價數倍於常畜【二四】。」

純色骰錢

聞理宗朝春時，内苑效市井關撲之戲，皆小璫互爲之。至御前，則於第二、三撲内供純鏝骰錢，以供一笑。

公主添房

周漢國公主下降，諸閫及權貴各獻添房之物，如珠領寶花、金銀器之類。時馬方山天驥爲平江發運使，獨獻羅鈿細柳箱籠百隻，并鍍金銀鎖百具，錦袱百條，共實以芝楮百萬。理宗爲之大喜，後知出於承受姚某者，遂賜金帶一條。承受者，即姚静齋之父也。

【二三】與形不異　「與」原作「其」，「異」原作「與」，據四庫本改。

【二四】亦嘗得其少許……倍於常畜　「少許」以下文字原缺，據四庫本補。

【二五】陳參政騤家集名亦受家傳「騤」原作「揆」，據《宋史》卷三九三改。

聖門本草

陳參政騤家集名亦受家傳【二五】，内有《忸怩集》，乃爲舉子時程文。又以聖門十哲七十子，各有爲本草，無乃不可乎？陳即行之之祖也。

海鰍兆火

壬午歲，忽有海鰍長十餘丈，閣於浙江潮沙之上。惡少年皆以梯升其背，臠割而食之。未幾大火，人以爲此鰍之示妖，其説無根。辛卯歲十二月二十二三間，又有海鰍復大於前者，死於浙江亭之沙上，於是哄傳將有火災。然越二日，於二十四日之夜，火作於天井巷回回大師家，行省開元宫盡在煨燼中，凡毁數千家。然則謚傳有時可信也。此欠考耳。此即出於《五行志》中，云：「海魚臨市，必主火災。」行省即宋秘書省，畜書并板甚多。故時人云：「昔之木天，今之火地也。」

壬辰星隕

壬辰二月朔甲子更初，有大星如五斗米栲栳大，徐徐自東而西，紅光照地，有聲殷殷若雷。越日，乃知墜於宗陽宫，火光滿室，副宫陳悦道所目擊。又聞是曉亦墜於陽墳之昇元觀，村中皆見火光，後亦無他。

葉李紀夢詩

葉亦愚右丞辛卯八月初四日夜，忽夢一老人曰：「汝前爲文昌相，坐漏泄天機遭謫，能悔過，當復職。」引之至通明、大明二殿，俾爲主殿之職，於是賦詩四章以謝。及覺，僅記其一，云：「通明殿逼紫微垣，一朵紅雲擁至尊。下土小臣勤稽首，願將惠澤溥元元。」於是作詩以記其事，云：「宋時豪士石曼卿，帝命作主芙蓉城。我才比石萬無一，半世虛負狂直名。年來似有喪心疾，薦共引鯀辜蒼生。天誅未加公論沸，日夕惟待鼎鑊烹。何哉異夢出非想，忽遇仙老談真情。謂予夙是文昌相，漏泄輕舉遭彈抨。帝令謫墮飽憂患【二六】，且使兩足蹣跚行。追思善步不可得，飛昇妙術矧敢輕。當時廷議祇如此，汝悔當復惟相迎。稽首老仙謝慈愍，臣罪當死天子明。久之寂滅一大樂，斲棺待盡無他營【二七】。老仙笑許汝可教，引領直上朝玉京。通明大明二宮殿，林木蓊萃階瑶瓊。芙蓉爛漫錦欲似，帝皇錫以主殿名。賦詩奏謝九拜起，玉音嘉獎傍觀榮。癡人説夢聊一快，我獨知命不少驚。只恐才非曼卿敵，相見慚汗應如傾。從今閉目需帝召，玉樓續記時當成。兒孫自有兒孫福，與農報國須勤耕。」明年壬辰二月初六卒。

【二六】帝令謫墮飽憂患　「帝」原作「亳」，據稗海本、學津本、四庫本改。

【二七】斲棺待盡無他營　「斲」字原爲空格，據四庫本補。

海蛆

李聲伯云：「常從老張萬户入海，自張家浜至鹽城，凡十八沙，凡海舟閣淺沙勢，須出米令輕。如更不可動，則便縛排求活，否則舟敗不及事矣。柂梢之木曰鐵稜，或用烏婪木，出欽州，凡一合直銀五百兩。其鐵猫大者重數百斤。嘗有舟遇風下釘，而風怒甚，鐵猫四爪皆折，舟亦隨敗，極可異也。凡海舟必别用大木板護其外，不然則船身必爲海蛆所蝕。凡運糧則自萊州三神山再入大洋，七日轉沙門島，可至直沽，去燕止百八十里耳。」

北方大車

北方大車可載四五千斤，用牛、騾十數駕之。管車者僅一主一僕，叱咤之聲，牛、騾聽命惟謹。凡車必帶數鐸，鐸聲聞數里之外，其地乃荒凉空野故耳。蓋防其來車相遇，則預先爲避，不然恐有突衝之虞耳。終夜勞苦，殊不類人，雪霜泥濘，尤艱苦異常。或泥滑陷溺，或有折軸，必須修整乃可行，濡滯有旬日。然其人皆無賴之徒，每挾猥娼同處於車箱之下，籍地而寢，其不足恤如此。

全氏孿鬼

壬辰四月二十日，全霖卿子用之妻史氏，史盛之女。誕子先出雙足，足類鷄鵝。乳醫知其異，推上之，須臾别下雙足，繼而腸亦併下，乃孿子也。皆男子，而頭相抵，髮相結，其貌如獰鬼。遂扼殺之，母亦隨殂。

押不蘆

回回國之西數千里地，產一物極毒，全類人形，若人參之狀，其酋名之曰「押不蘆」。生土中深數丈，人或誤觸之，著其毒氣必死。取之法：先於四旁開大坎，可容人，然後以皮條絡之，皮條之系則繫於犬之足。既而用杖擊逐犬，犬逸而根拔起，犬感毒氣隨斃。然後就埋土坎中，經歲，然後取出曝乾，别用他藥制之。每以少許磨酒飲人，則通身麻痺而死，雖加以刀斧，亦不知也。至三日後，别以少藥投之即活。蓋古華陀能刳腸滌胃以治疾者，必用此藥也。今聞御藥院中亦儲之，白廷玉聞之盧松崖。或云：「今之貪官污吏贓過盈溢，被人所訟，則服百日丹者，莫非用此？」

種茯苓

道士郎如山云：「茯苓生於大松之根，尚矣。近世村民乃擇其小者，以大松根破而繫於其中，而緊束之，使脂液滲入於内，然後擇地之沃者，坎而瘗之。三年乃取，則成大苓矣。洞霄山最宜茯苓，往往民多盗種，密誌之而去，數年後乃取焉。種者多越人云。」

葉李姓名二士

葉亦愚名李，先爲葉山所攻，後爲李性學所窘，遂以此飲恨而死。蓋二人正寓其姓名云。

訟學業觜社

江西人好訟，是以有「簪筆」之譏。往往有開訟學以教人者，如金科之法，出甲乙對答，及譁訐之語，蓋專門於此。從之者常數百人，此亦可怪。又聞括之松陽有所謂業觜社者，亦專以辨捷給利口爲能，如昔日張槐應，亦社中之琤琤者焉。陳石澗、李聲伯云。

相馬法

馬之壯者，眼光照人見全身；中年者，照人見半身；老者，照人僅見面耳。此韃靼相馬之法。張受益。

碑蓋

趙松雪云：「北方多唐以前古冢。所謂墓誌者，皆在墓中，正方而上有蓋，蓋豐下殺上，上書某朝某官某人墓誌，此所謂書蓋者。蓋底兩間，用鐵局局之。後人立碑於墓道，其上篆額，止謂之額，後訛爲蓋，非也。今世歲月志，乃其家子孫爲之，非所謂墓碑也，古者初無歲月志之石。」

駝峰

駝峰之雋，列於八珍。然駝之壯者，兩峰堅聳，其味甘脆，如熊白孄房而尤勝；若駝之老者，兩峰偏彈，其味淡韌，如嚼敗絮。然所烹者，皆老而不任負重者，而壯有力者，未始以爲饌也。子昂。

解厄呪

行御史臺監察御史周維卿以言事忤權臣得罪，遠流西北方，名哈剌和林，去燕京八千里。周知不免，日夕持誦《高王觀世音經》。一夕，夢有僧問之曰：「汝曾誦《高王觀世音經》否？」曰：「然。」僧於是口授一呪與之：「此觀世音菩薩應現解厄神呪也，持誦一萬二千遍，可以免難。」夢中熟誦，及覺即書之紙，自是持誦不輟，無何得還燕京。而權臣怒猶未已，復繫刑部獄。周在獄持誦益勤，未幾，遣使雲南以自贖。至彼，合蕃僧加瓦八遍閱《大藏經》，得梵本呪，比夢中惟欠三字。未幾，權臣誅，遂除刑部郎中，還其妻子財物。人以爲誦呪之力云。呪曰：

答侄他侄音只，他音它【二八】。唵呿囉哦哆【二九】呿音他，哦音伐【三〇】。呿囉哦哆

呿呵哦哆　囉呿哦哆　囉呿哦哆娑呵

霍山顯靈

杭之霍山張真君祠宇雄壯，香火極盛。自兵火後，漸致頹圮，此役甚大，人無復問之者。辛卯，朱宣慰運米入京，自登、萊抛大洋三神山轉料以往。忽大風怒作，急下釘鐵猫，折其三四，柁幹鐵稜軋軋有聲欲折，一舟之人皆分已死。主者露香望空而拜乞命，忽於黑

【二八】侄音只他音它　「音」原作「者」，「它」字原缺，據四庫本改、補。

【二九】唵呿囉哦哆　「囉」原作「罷」，據學津本、四庫本改。

【三〇】呿音他哦音伐　此句原作「呿哦音他暗」，據四庫本改、補。

雲中震霆有聲，出大黄旗，上書「霍山」二字。於是舟人亟拜，許以再新殿宇，以答神貺。須臾，風濤貼然，遂獲安濟。是冬入杭，遂捐鈔千錠，崇建鼎新云。

黄蘆城幹

長城之旁，居人以積雨後或有得堅木於城土中，識者謂名「黄蘆木」。乃當時用以爲城幹用者，性極堅勁，不畏水溼而耐久，至今一二千年猶有如楹大者，以之爲鎗幹最佳。蓋築城無以爲幹不可，所謂不謹而寘薪焉者，又何邪？受益。

續集下

徐淵子詞

竹隱徐淵子似道，天台人，名士也，筆端輕俊，人品秀爽。初官爲户曹，其長方以道學自高，每以輕鋭目之。淵子積不能堪，適其長丁母憂去官，淵子賦《一翦梅》云：

道學從來不則聲，行也《東銘》，坐也《西銘》。爺娘死後更伶仃，也不看經，也不齋僧。却言淵子大狂生，行也輕輕，坐也輕輕。他年青史總無名，我也能亨，你也能亨。能亨，鄉音也。

龍負舟

壬辰水禍已作，往往龍物示現，多至十餘。湖州土山有富人命數僕駕舟，往田所點視塍岸，至漾中，凡水闊之處名曰漾。忽舟若湊淺不能進，極力撑挽，略不爲動。意必爲暗石所礙，及令僕下水負，乃知舟正閣龍脊上，而篙亦正刺龍鱗間。驚窘無策，遂捨舟，急令僕善水者負之登岸，急逃歸。再片時，龍躍而起，凡其處田疇數百畝皆爲巨浸。其人歸舍皆卧病，一人死焉。

白玉笙簫

理宗朝，張循王府有獻白玉簫管長二尺者，中空而瑩薄，奇寶也，内府所無。即時有旨補官。未幾，韓蘄王府有獻白玉笙一攢，其薄如鵝管，其聲清越，真希世之珍也。此二物皆在軍中日得之北方，即宣和故物也。

白玉出香獅

龜溪李大卿之子，娶韓平原君之女，奩具中有白玉出香獅子，高二尺五寸，精妙無比，真奇玩也。後聞歸之福邸云。

畫本草三輔黄圖

先子向寓杭，收拾奇書。大廟前尹氏書肆中有彩畫《三輔黄圖》一部，每一宫殿繪畫成圖，極精妙可喜。酬價不登，竟爲衢人柴望號秋堂者得之。至元斥賣内府故書於廣濟庫，有出相彩畫《本草》一部，極奇，不知歸之何人。此皆書中之奇品也。

水落石出筆格

米氏硯山後歸宣和御府，今聞説流落台州戴氏家，不可見之。杭省廣濟庫出售官物，有靈壁石小峰【一】，長僅六寸，高半之，玲瓏秀潤，卧沙水道、裙摺胡桃文皆具。於山峰之頂有白石正圓，瑩如玉，徽宗御題八小字於石背曰「山高月小，水落石出」，略無雕琢之迹。真奇物也。

吳妓徐蘭

淳祐間，吳妓徐蘭擅名一時。吳興烏墩鎮有沈承務者，其家巨富，慕其名，遂駕大舟往游焉。徐知其富，初至則館之别室，開宴命樂，極其精腆。至次日，復以精縑製新衣一襲奉之，至於輿臺各有厚犒。如此兼旬日，未嘗略有需索。沈不能自已，以白金五百星并綵縑百匹饋之。凡留連半年，糜金錢數百萬而歸。於是徐蘭之聲播於浙右，豪俠少年無不趨赴。其家雖不甚大，然堂館曲折華麗，亭榭園池無不具。至以錦纈爲地衣，乾紅四緊紗爲單衾，銷金帳幔。侍婢執樂音十餘輩，金銀、寶玉、器玩、名人書畫、飲食受用之類，莫不精妙，遂爲三吳之冠。其後死，葬於虎丘，太學生邊雲遇作墓銘云：「此亦娼中之貴者【二】。」其後如富沙之唐媚、魏華、蘇翠，京口邢蕋、韓香，越之楊花、繆翠，皆以色藝

【一】有靈壁石小峰　「靈壁石」原作「靈石壁」，據稗海本改。

【二】此亦娼中之貴者　「亦」字原缺，據稗海本、學津本、四庫本補。

稱。士大夫之不自檢者，往往爲其所污，屢見之於白簡云。

冰蛆飛駝

西域雪山有萬古不消之雪，冬夏皆然。中有蟲如蠶，其味甘如蜜，其冷如冰，名曰「冰蛆」，能治積熱。郭祐之云：冰蛆，今杭州路達魯花赤樂連木嘗爲使臣至其處，親見之。又賽尚書嘗宦於雲南，亦有。毛曾帶得數條來，亦嘗見之，其大如指。又有飛駱駝。又有馬高一丈餘【三】，人皆行於馬腹下，往來無礙。

虹見井中

丁未歲，先君爲柯山倅。廳後屏星堂前有井，夏月雨後，虹見於井中，五色俱備，如一匹綵，輕明絢爛，經一時乃消，後亦無他。

道學

嘗聞吳興老儒沈仲固先生云：「道學之名，起於元祐，盛於淳熙。其徒有假其名以欺世者，真可以噓枯吹生。凡治財賦者，則目爲聚斂；開閫扞邊者，則目爲麄材；讀書作文者，則目爲玩物喪志；留心政事者，則目爲俗吏。其所讀者，止《四書》《近思録》

【三】又有馬高一丈餘　「又」原作「及」，據學津本改。

《通書》《太極圖》《東西銘》《語録》之類。自詭其學爲正心、修身、齊家、治國、平天下，故爲之説曰：『爲生民立極，爲天地立心，爲萬世開太平，爲前聖繼絶學。』其爲太守、爲監司，必須建立書院，立諸賢之祠，或刊注《四書》，衍輯《語録》，然後號爲賢者，則可以釣聲名，致膴仕。而士子場屋之文，必須引用以爲文，則可以擢巍科，爲名士。否則立身如温國，文章氣節如坡仙，亦非本色也。於是天下競趨之，稍有議及，其黨必擠之爲小人，雖時君亦不得而辨之矣。其氣焰可畏如此。然夷考其所行，則言行了不相顧，卒皆不近人情之事，異時必將爲國家莫大之禍，恐不在典午清談之下也。」余時年甚少，聞其説如此，頗有嘻其甚矣之嘆。其後至淳祐間，每見所謂達官朝士者，必憒憒冬烘，弊衣菲食，高巾破履，人望之知爲道學君子也。清班要路，莫不如此。然密而察之，則殊有大不然者，然後信仲固之言不爲過。蓋師憲當國，獨握大柄，惟恐有分其勢者，故專用此一等人，列之要路，名爲尊崇道學，其實幸其不才憒憒，不致掣其肘耳。以致萬事不理，喪身亡國，仲固之言，不幸而中。嗚呼，尚忍言之哉！

秦九韶

秦九韶，字道古，秦鳳間人。年十八，在鄉里爲義兵首，豪宕不羈。嘗隨其父守郡，父方宴客，忽有彈丸出父後，衆賓駭愕，莫知其由。頃加物色，乃九韶與一妓狎，時亦抵筵，此彈之所以來也。既出東南，多交豪富，性極機巧，星象、音律、算術以至營造等事，無不精究。邇嘗從李梅亭學駢儷、詩詞、遊戲、毬馬、弓劍，莫不能知。性喜奢好大，嗜進謀身，或以曆學薦於朝，得對有奏藁，及所述教學大略。與吴履齋交尤稔。吴有地在湖州西門外，地名曾上，正當苕水所經入城，面勢浩蕩，乃以術攫取之。遂建堂其上，極其宏敞，堂中一間横亘七丈，求海桄之奇材爲前楣，位置皆自出心匠。凡屋脊兩翬摶風，皆以磚爲之。堂成七間，後爲列屋，以處秀姬、管弦。製樂度曲，皆極精妙，用度無算。將持鉢於諸大閫，會其所養兄之子與其所生親子妾通事泄，即幽其妾，絶其飲食而死。又使一隸偕此子以行【四】，授以毒藥及一劍，曰：「導之無人之境，先使仰藥，不可，則令自裁，又不可，則擠之於水中。」其隸僞許，而送之所生兄之寓鄂渚者，歸告事畢。已而寖聞其實，隸懼而逃，秦并購之。於是罄其所蓄自行，且求其子及隸，將甘心焉。語人曰：「我且賫十萬錢如楊，惟秋壑所以處我。」既至，徧謁臺幕。洪恕齋勛爲憲，起而賀曰：「比傳令嗣不得其死，今君訪求之，是傳者妄也，可不賀乎？」秦不爲意【五】。久之，賈爲宛轉得瓊州，行未至，怒迓者之不如期，取馭卒戮之。至郡數月罷歸，所攜甚富。己未透渡，秦喜色洋洋然，既未有省者，則又曰：「生活皆爲人攪了也。」時吴履齋在鄞，亟往投之。吴時將入相，使之先行，曰：「當思所處。」秦復追隨之。吴旋得謫，賈當國，徐摭秦事【六】，竄之梅州。在梅治政不輟，竟殂於梅。其始謫梅，離家之日，大堂前大楣中斷，人謂不祥。

【四】又使一隸偕此子以行　「又」原作「及」，據學津本改。

【五】秦不爲意　「意」字原爲空格，據四庫本補。

【六】徐摭秦事　「秦」原作「奏」，據學津本改。

秦亡後，其養子復歸，與其弟共處焉。余嘗聞楊守齋云：「往守霅川日，秦方居家，暑夕與其姬好合於月下。適有僕汲水庭下，意謂其窺己也，翌日遂加以盜名，解之郡中，且自至白郡，就欲黥之。」楊公頗知其事，以其罪不至此，遂從杖罪斷遣。秦大不平，然匿怨相交如故。楊知其怨己，每瞯其亡而往謁焉。直至替滿而往別之，遂延入曲室，堅欲苛留。楊力辭之，遂薦湯一杯，皆如墨色，楊恐甚，不飲而歸。蓋秦向在廣中多蓄毒藥，如所不喜者，必遭其毒手，其險可知也。陳聖觀。

吴生坐亡

故都向有吴生者，專以偏僻之術爲業，江湖推爲巨擘。居朝天門，開大茶肆，無賴少年競登其門。其後賈師憲在揚州，補以勇爵，遂有制屬之稱。兵火後，忽謝絶妻子，翦髮爲僧，居吴門東禪寺，衆寮素與遊者邀之飲酒、食肉，皆不拒也。嘗於寺鄰僦小房，爲出入憩息之地。一日，忽置酒治具，盡招平日狎遊諸友大會，歌笑竟日。酒將闌，據坐胡牀，命筆作偈，跏趺端坐。衆皆大笑而呼之，則果逝矣。豈所謂頓覺者耶？

銀瓶娘子籤

太學忠文廟，相傳爲岳武穆王并祠。所謂銀瓶娘子者，其籤文與天竺一同，如門裏心肝卦，私試得之必中，蓋私試摘卦於中門内故也。如飛鴻落羽毛，解試得之者必中，以鴻中箭則羽毛落。

上庠齋牌

上庠齋牌亦有關係。雷宜中爲成均時，立三槐市於學前，「市」字似「弔」字，即時學生三人皆不得其死。存心齋立斗魁牌，當時十三人遇省，既而徐摭死，以「斗」字止爲十二也。篤信齋立德聚牌，時本齋一十四人，赴會試僅二人。蓋「德」字雖有十四字，而「聚」字乃取二人之讖也。

入燕士人

丙子歲春，三學歸附，士子入燕者共九十九人。至至元十五年，所存者止一十八人，各與路學教授。太學生一十四人，文學二人，武學二人。

趙希榛蒲城嚴教。　林立義福州秀教。

趙孟鏐福州蘇教。　徐武子温州温教。

潘夢桂明州明教。　黄元輝福州福教。

吴時森上虞越教。　陳寅之福州泉教。

趙又貴福州處教。　沈唐光漳州漳教。
許又進許州建寧教。　林桂發杭州潤教。
張觀光婺州婺教。　黄子敏杭州宣教，改南欽教。
金　炎杭州松江教。　虞廷桂長興湖教。
陳自立福州福清教。　高　選福州杭教。

賣闕沈官人

昔有賣闕沈官人者，本吴興之族，專以賣闕爲生，膳百餘指。或遇到部干堂之人，欲得便家見闕者，或指定何路，或干僻闕，雖部胥掌闕簿者，亦不過按圖索駿。時方員多闕，少動是三五政，十年殊不易得。必往扣之，門外之履常滿。彼必先與諧價【七】，邀物爲質，或立文約，然後言某處爲見闕，某處減兩政。雖在官累數政，緣上政某人已於何時事故，有見親弟若親故見在某處某卹，可問而知。次政某人，見行通理月日，補填歲月，不俟終更已，常於考功或他所屬投放文書，見是吏人某承行，可問而知。次某人則近於此月某日已行丁憂，各詳援親戚、鄉人可證者。乃各相引指蹤迹【八】，訪問具的【九】，然後能射闕。闕已，則以所許酬之【一〇】。天下諸州屬縣大小員闕，無一不在其目中，如指諸掌。亦各有小秩，然時時揭帖，實爲覓闕之指南，雖有費不憚也。他人欲效之，皆不能逮，蓋人

【七】彼必先與諧價　「價」原作「假」，據學津本改。

【八】乃各相引指蹤迹　「迹」原作「放」，據學津本改。

【九】訪問具的　「具」原作「其」，據學津本改。

【一〇】則以所許酬之　「許」原作「詘」，據學津本、四庫本改。

之心計各有所長如此。

愛水

《楞嚴經》云：「因諸愛受染，發起妄思，情積不能休，生愛水。是故衆生心憶珍羞，口中水出；心憶前人，或憐或恨，目中淚盈；貪求財寶，心發愛涎，舉體光潤；心著行淫，男女二根，自然流液。」又曰：「淫習交接，發於相磨。」

避諱去姓

葉亦愚之爲右丞相也【一一】，李漸泉班通書題銜云「門生中奉大夫福建道宣慰使班」，蓋徑去自己之姓，以避其名，其苟賤不足道如此。漸泉在前朝爲省元，爲從官，爲督府參謀，所守如此，宋安得不亡？

貢獅子

近有貢獅子者，首類虎，身如狗，青黑色。官中以爲不類所畫者，疑非真。其入貢之使遂牽至虎牢之側，虎見之，皆俯首帖耳不敢動。獅子遂溺於虎之首，虎亦莫敢動也。以此知爲真獅子焉。唐閻立本畫文殊所騎者，及世俗所裝戲者，爲何物？豈所貢者乃獅子

【一一】葉亦愚之爲右丞相也「爲」字原缺，據學津本補。

之常，而佛所騎者爲獅子之異品邪？又云：獅子極多力，十餘人挽之始能動。伯機坐中聞杜郎中云。

倭人居處

倭人所居，悉以其國所産新羅松爲之，即今之羅木也，色白而香，仰塵、地板皆是也。復塗以香，入其室則芬郁異常。倭婦人體絶臭，乃以香膏之。每聚浴於水，下體無所避，止以草繫其勢，以爲禮。番船至四明，與娼婦合，凡終夕始能竟事【一二】。至其暢悦，則大呼如猨猱，或惡其然，則以木槌扣其脛乃止。然下體雖暑月亦服至數重，其衣大袖而短，不用帶。食則共置一器，聚則團食，以竹作折折取之。鞋則無跟，如羅漢所著者，或用木，或以細蒲爲之。所衣皆布，有極細者，得中國綾絹則珍之。其地乃絶無香，尤以爲貴。其聚扇用倭紙爲之，以雕木爲骨，作金銀花草爲飾，或作不肖之畫於其上。

馬趙致怨

馬華父光祖知高沙日，戍軍叛，華父撫諭不從，遂藏身後圃亂荷中獲免。其家人散走藏匿，華父之妻則匿於都吏之家，遂爲所污。趙信國自維揚提兵至郡討叛，令王克仁入城撫諭，遂誅首謀者百餘人。趙遂繫吏者，纏以麻絙，漬之以油，用大竿稱於通衢而燃之。

【一二】凡終夕始能竟事　「夕」字原在「竟」字下，據學津本改。

華父慚怒，以趙爲彰其家醜，遂構大怨。其後華父開江閫，遂辟王容之子某爲溧水令，俾覘趙過，將甘心焉。趙公知之，遂首以外執政一削舉之，且爲宛轉料理改秩。馬知其故，遂劾去之。其後建清溪諸賢祠，凡仕於江、淮者皆在祀列，獨信國之父忠肅公方不得預焉。

南丹婚嫁

周子功云：「南丹州男女之未婚嫁者，於每歲七月聚於州主之廳，鋪大毯於地。女衣青花大袖，用青絹蓋頭，手執小青蓋；男子擁髻，皂衣皂帽，各分朋而立。既而左右隊長各以男女一人推仆於毯，男女相抱持，以口相呵，謂之『聽氣』。合者即爲正偶，或不合則別擇一人配之。蓋必如是而後成婚，否則論以姦罪也。」

相憐草

又云：「彼之山中産相憐草，媚藥也。或有所矚，密以草少許擲之，草心著其身不脱，彼必將從而不捨。嘗得試輒驗，後爲徐有功取去。」

石洞雷火

費潔堂伯恭云：「重慶受圍之際，城外一山極嶮絶，有洞，洞口僅容一人，而其間可受數百人。於是衆競趨之，復以土石窒其穴。時方初夏，一日忽大雷雨【一三】，火光穿透洞中，飛走不定。其間有老者云：『此必洞中之人有雷霆死者。』遂取諸人之巾，以竹各懸之洞外，忽覩雷神於内取一巾而去，衆遂擁失巾之人出之洞外。即有神物挾之而去，至百餘步外仆於田中，其人如癡似醉，莫知所以然。及雷雨息，復往洞中問之，但見山崩壞，洞中之人皆被壓死，無一人得免禍者，惟此失巾人獲存耳。」

按摩女子

馬八二國進貢二人，皆女子，黑如崑崙，其陰中如火，或有元氣不足者與之一接，則有大益於人。又有二人能按摩，百疾不勞藥餌。或有心腹之疾，則以藥少許塗兩掌心，則昏如醉，凡一晝夜始醒，皆異聞也。或謂此數人至前途，因不服水土皆殂。

老張防禦沈垚

杭醫老張防禦向爲謝太后殿醫官，革命後，猶出入楊駙馬家，言語好異，人目爲「張

【一三】一日忽大雷雨　「大」原作「天」，據學津本改。

風子」。然其人尚義介靖，不徇流俗。其家影堂之上作小閣，奉理宗及太后神御位牌，奉之惟謹，以終其身焉，可謂不忘本者矣。楊府九位有掠屋錢人沈垚者，居長生老人橋，每至楊和王忌辰，必設位書恩主楊和王，供事惟謹。人問其故，則云：「某家在世，皆衣食其家，今其位雖凌替，然不敢忘。」此亦小人知義者。今世號爲士大夫者，隨時上下，自以爲巧而得計，視此真可愧矣。

蔡陳市舶

永嘉有蔡起莘，嘗爲海上市舶。德祐之末，朝廷嘗令本處部集舟檝，以爲防招之用。其處有張曾二者，頗黠健，蔡委以爲部轄。既而本州點檢所部船，有違闕，即欲置張於極刑。蔡力爲祈禱，事從減。明年，張宣使部舟欲入廣，又以張不能應辦，欲從軍法施行。蔡又祈免之，遂命部舟入廣以贖罪。未幾，崖山之敗，張盡有舟中所遺而歸覲，驟至貴顯。蔡既歸温，遂遭北軍所擄，家遂破焉。因挈家欲入杭謁親故，道由張家浜，偶懷張曾二部轄者居此，今不知何如，漫扣之酒家，云：「此處止有張相公耳。」因同酒家往謁之。張見蔡，即下拜稱爲恩府，延之入中堂，命兒女妻妾羅拜，白曰：「我非此官人，無今日矣。」遂爲造宅置田，造酒營運，遂成富人。張即今宣慰也，名瑄。同時繼蔡爲市舶者，姓陳，名壁，天台人。有方元者，世居上海，謹徒也。因事至官，陳遂槌折方手足，棄之於沙岸。後醫治復全，革世後，隸張萬下爲頭目。因部糧船往泉南，至台境值大風不行，遂泊舟山下。因取薪水登岸，望數里外有聚屋，扣之土人，則云：「前上海陳市舶家也。」方生意疑爲向所見殺者，即攜酒往訪之。陳出迎，已忘其爲人，扣所從來，方以阻風告。陳遂置酒，酒半酣，方笑曰：「市舶還記某否？某即向遭折手足方元也。」陳方愕然遜謝。三鼓後，方哨百人秉炬挾刃而來，陳氏一家皆不得免焉。此二事，一爲報恩，一爲復怨，皆得之於天。

鐵蛆

鮮于伯機云：「向聞其乃翁云：北方有古寺，寺中有大鐵鍋，可作數百人食。一夕，忽有聲如牛吼，曉而視之，已破矣。於鐵竅中有蟲，色皆紅，凡數百枚，猶有蠕動者。」鐵中生蟲，亦前所未聞也。

捕狸法

捕狸之法：必用烟薰其穴，却於別處開穴張罝，捕如拾芥。然狸性至靈，每於穴中迭土作臺以處，且可障烟，夏月則於臺下避暑【一四】，可謂巧矣。而捕者又必窮其臺之所之而後止，可謂不仁也。

【一四】夏月則於臺下避暑　「則」字原缺，據學津本、四庫本補。

蘭亭兩王俁

山陰之亭，其扁乃靖康中箕山王俁書【一五】。壬辰歲，全楚卿捨天章寺旁庵田三十畝爲蘭亭書院，其扁乃廉訪分司王俁書之。二百年間，同姓同名，可謂異矣。

洪起畏守京口

洪起畏知京口日，乃北軍入境之初。嘗大書揭榜四境曰：「家在臨安，職守京口，北騎若來，有死不走。」其後舉郡以降，或爲人改其末句云：「不降則走。」衛山齋。

張世傑忠死

張世傑之戰海上也，嘗與祥興之主約曰：「萬一事不可爲，則老臣必死於戰。有沉香一株重千餘兩，是時當焚此香爲驗，或香烟及御舟，可即遣援兵。或不然，宜速爲之所，無墮其計中也。」及崖山之敗，張儼然立船首，焚香拜天曰：「臣死罪，無以報國，不能翊運輔主，惟天鑒之。」尚有將佐三十餘人，亦立其後，如此者凡一晝夜，從者亦聳立不少動。既而北軍擁至，篙師亦皆以小舟逃去，風起浪湧，舟遂沉，溺者甚衆。其部曲有張霸都統者，遂收其遺骨，放舟回至永嘉海洋中，與之招魂作佛事。時周文英者一舟正泊對

【一五】其扁乃靖康中箕山王俁書　「俁」原作「俁」，據稗海本、學津本、四庫本及下文改。

港，遠見旗船，遣人覘之，則知爲將軍也。遂輕舟往見之，甚歡，因謂張曰：「二王既死，吾儕無主，若放浪海中，與盗賊何異？」意欲與之投拜也。張素知其人中險，漫爾應之。次日，張欲置酒招周，將乘間圖之。適有人往報於周，周亟殺一馬【一六】，拂明，亟遣以半體送之，曰：「昨見相公回，馬適蹶足，今已烹之，敢屈相公一醉。」張不虞其機已露，乃曰：「今日本欲相招，乃爲君所先，當即往就邀以歸也。」至則周殺張於坐中，因撫其部曲。張軍頭目競獻子女玉帛，周盡却之，令各自收拾，同往廣中梁相公處投拜。止留張世傑所愛二内人，皆絶色也，二人常持家事，盡知世傑所有寶玩及供軍金帛數【一七】。既約日進發，則凡張軍諸舟各差守把，不許一人登岸，凡數十船金寶悉捲而有之。既約日進，復以世傑節度使印以爲根脚，授廣州宣慰使。及其還江南也，異時隨二王官屬、貴璫、幕士競往投之，附其舟以歸，周皆爲料理舟檝。及舟發至海中，乃盡殺之，掩有數家之財焉。時毛文豹爲士人，處梁相公之館，備知其事，故告發焉。

許夫人

周文英之父名彦榮，守節死於毘陵。昔在閩、廣時，有許夫人者聚兵立山寨甚盛，周每至其寨往來，許悦之，因嫁焉。遂闢諸山寨，最後至一寨，遇伏，前值水坎，周躍馬過之，許馬弱，墮坎，遂爲所烹。周遂據其所有云。李聲伯。

【一六】周亟殺一馬　「馬」原作「人」，據學津本改。

【一七】盡知世傑所有寶玩及供軍金帛數　「數」原作「類」，據學津本改。

孕婦雙胎

安吉縣村落間有孕婦，日饁其夫於田間，每取道自叢祠之側以往。祠前有野人以卜爲業，日見其往，因扣之，情寖洽。一日，婦過之，卜者招之曰：「今日作餛飩，可來共食。」婦人就之，同入廟中一僻静處，笑曰：「汝腹甚大，必雙生子也。」婦曰：「汝何從知之？」曰：「可伸舌出看，可驗男女。」婦即吐舌，爲其人以物鈎之，遂不可作聲。遂刳其腹，果有孿子。因分其尸，烹以祀神，且以孿子炙作腊，爲鳴童預報之神。至晚，婦家尋覓不見，偶有村翁云其每日與卜者有往來之迹，疑其爲姦。遂入廟捕之，悉得其尸，并獲其人，解之縣中。蓋左道者以雙子胎爲靈丹【一八】，乃所不及也。壬辰之冬。

屠節避諱

省吏屠節嘗出知道州。太守省劄，其本房書史以避賈相之名，遂書作某人知春陵州事。賈見之大怒，批出云：「二名不偏諱，臨文不諱，皆見於《禮經》。今屠節乃敢擅改州名，可見大無忌憚，使不覺察，豈不相陷？」决欲黜之。後以諸省吏羅拜懇告，遂從編置，即存博之□也。

【一八】蓋左道者以雙子胎爲靈丹　「丹」原作「單」，據學津本改。

回人送炭

牟獻之巘，存齋之子，舊爲浙東憲，嘗有謝人送炭一聯云：「翻手可覆手，曲身成直身。」

趙孟議臺評

趙孟議因誘買王壽妾楚□□，遂爲曾淵子所論，一聯云：「喬妾之歸，承嗣忍著主衣；周顗之事，□□殆非人類。」

金鈎相士

文時學昔爲秘書郎日，有金鈎相士，朝省會日擠於廳吏輩入省中，遍閲諸館職，繼而扣之云：「左偏坐二人，一月皆當補外；潘塀、王世傑。末坐一少年，最不佳，官雖極穹，然當受極刑。」扣其何以知之，云：「頂有拳髮，此受刑之相也。凡人若具此相，無得免者。」蓋文宋瑞時爲正字，居末坐也。未幾，潘、王果出，而宋瑞之事乃驗於兩紀之後，可謂神矣。又嘗見宋瑞自云：「平生凡十餘次夢中見髑髏滿前後無數，此何祥也？」然則異時之事，豈偶然哉！本心翁癸巳六月。

十干紀節

或云「上巳」當作十干之「己」，蓋古人用日例以十干，如上辛、上戊之類，無用支者。若首午尾卯，則上旬無巳矣，故王季夷嵎《上巳詞》云「曲水湔裙三月二」，此其證也【一九】。

文山書爲北人所重

平江趙昇卿之姪總管號中山者云：「近有親朋過河間府，因憩道傍，燒餅主人延入其家，内有小低閣，壁貼四詩，乃文宋瑞筆也。漫云：『此字寫得也好，以兩貫鈔換兩幅與我如何？』主人笑曰：『此吾家傳寶也，雖一錠鈔一幅亦不可博。咱們祖上亦是宋民【二〇】，流落在此。趙家三百年天下，只有這一個官人，豈可輕易把與人邪？文丞相前年過此與我寫的，真是寶物也。』斯人朴直可敬如此，所謂公論在野人也。」癸巳九月。

至元甲午節氣之巧三十一年

正月初一日壬子立春【二一】，二月初二日癸未驚蟄，三月初三日癸丑清明，四月初四日甲申立夏，五月初五日甲寅芒種，六月初六日乙酉小暑，七月初七日乙卯立秋，八月初

【一九】此其證也　「證」原作「正」，據稗海本、學津本改。

【二〇】咱們祖上亦是宋民　「民」原作「氏」，據稗海本改。

【二一】正月初一日壬子立春　「子」原作「午」，據學津本及《二十史朔閏表》改。

八日乙酉白露，九月初九日丙辰寒露，係亥正初刻至初八日，至有四刻日之遲。十月初十日丙戌立冬，十一月十一日丁巳大雪，十二月十二日丁亥小寒。

夷考百年以來理宗寶祐四年丙辰【二二】

正月一日立春，二月二日驚蟄，三月三日清明，四月四日立夏，五月五日芒種，六月六日小暑，七月七日立秋，八月八日白露，九月九日寒露，十月十日立冬，十一月十一日大雪，十二月十二日小寒。

餘未見如此者【二三】，亦一奇事也。

香爐峰桐柏山

越上有香爐峰，唐德宗時，有告於朝者，言此山有天子氣，於是遣使鑿其山。理宗高祖周元肅王向祇投於河南，死焉，其子楚王遂挾父母遺骨以歸越，葬於香爐峰下。於是前説驗焉。又杭之仁和縣有桐柏山，宣和中，蔡京嘗葬其父於臨平，及京敗，或謂此爲駱駝飲海勢，遂行下本路，遣匠者鑿破之。有金鷄自石中飛出，竟渡浙江，其地至今有開鑿之徑。知地理者謂猶出帶血天子，而後濟王實生其地。趙節山。

【二二】夷考百年以來理宗寶祐四年丙辰　「理宗寶祐四年丙辰」原缺，據學津本補。

【二三】餘未見如此者　「未見」原作「見未」，據學津本改。

失誥碎帶

丙寅冬，嗣榮王拜福王之命，賈御醫將上命部押儀物過越，及至邸第，則遺忘誥命及新鑄之印，人皆以爲不祥。賈師憲景定庚申自江上凱旋歸朝，遂拜少師，賜玉帶。及入朝之日，馬蹶而墜，碎其帶焉，人人皆知爲不祥。

吴氏鳥卵

吴子明居杭之横塘，晚年閑步水濱，忽見泥中一物蠕動，疑爲虵類，細視之，乃一鳥卵，大可如拳。心異之，遂取歸，寘之聖堂净水盂中。旋即漲大，忽發大聲，穿屋而出，或以爲龍卵云。然吴竟以此驚悸成疾而殂。

魯港風禍

或謂賈平章魯港之師，嘗與北軍議定歲幣，講解約於來日各退師一舍，以示信。既而西風大作，北軍之退西者旗幟皆東指。南軍都撥發孫虎臣意以爲北軍順風進師，遂倉忙告急於賈。賈以爲北軍失信而相紿，遂鳴鑼退師。及知其誤，則軍潰已不可止矣。是南軍既退之後，越一宿而北軍始進，蓋以此也。嗚呼，天乎！

慈憲生吉兆

慈憲全夫人之生也，其父全翁大節忽門外有大虵蟠繞一大樹間，細而視之，則其虵有兩小角。方以爲異，將入呼兒姪輩逐之，則報以得女，而虵不復見矣。福王妻柔懿李夫人之生也，忽大雷雨，有龍入其室，而夫人生焉。

德祐二子名

福王長子小字祐孫，庚子生，即不育。次日黄氏所生小字德，即紹陵也。蓋取并立人二字，後乃應德祐之號，異哉！

紹陵初誕

紹陵之在孕也，以其母賤，遂服墜胎之藥。既而生子，手足皆軟弱，至七歲始能言。黄氏德清人，乃李夫人從嫁，名定喜，後封隆國育聖夫人。

寧宗不慧

或謂寧宗不慧而訥於言，每北使入見，或陰以宦者代答。

衢吏徐信

衢之常山有道院，三月三日上真誕辰，道侣雲集，吏魁徐信主此會。有一道人鬮得如意袋三，寄留徐家，約以四月八日合會復至以取，且贈以詩云：「一方眼目共推尊，禍福無門却有門。夜半或傳人一語，明朝推背受皇恩。」徐大刻之石。及期，道人不至。未幾，詹峒作梗，諉其罪於徐，夜半省劄下，竟伏極刑。陸大匹時爲龍游宰，親言之。

征日本

至元十八年【二四】，大軍征日本。船軍已至竹島，與其太宰府甚邇，方號令翌日分路以入。夜半忽大風暴作，諸船皆擊撞而碎，四千餘舟所存二百而已。全軍十五萬人，歸者不能五之一，凡棄糧五十萬石，衣甲器械稱是。是夕之風，木大數圍者皆拔或中折，蓋天意也。李順丈爲令史，目擊而言。

束手無措

束元嘉知海陵【二五】，泰州。禁醋甚嚴，有大書於郡門曰「束手無措」。

【二四】至元十八年　「至元」原作「至大」，按：元武宗至大僅四年，無十八年，當爲「至元」之誤。

【二五】束元嘉知海陵　「海」原作「嘉」，據學津本改。

蜘蛛珠

蒙古歹之在福建省時【二六】，有村落小民家一婦人，以織麻爲業，每夜漚麻於大水盎中。忽一日視之，盎中水涸矣，視之，初無罅漏，凡數夕皆然。怪其異，至夜俟之。夜過半，果有一物來，徑入盎中飲水，其身通明如月，光照滿室。婦細視之，乃一白蜘蛛耳，其大如五斗栲栳。其婦遂急以大雞籠罩之，割其腹，内得一珠，如彈丸大，照明一室。是夕，地分軍士皆見其家有火光燭天，疑爲有火，翌日遂往扣其婦人，以爲無有。軍人之黠者以言誘之，終不能隱，遂出示之。其卒脅以威，以十五千得之。既而千户知其事，復殺卒以取之。如此轉數手，亦殺數人，最後歸之蒙古。遂以所得福王玉枕并進之，遂得江、浙省平章。聞内府一珠向以數千錠得之於海賈，方之此珠，不及其半，蓋絶代之寶也。

佛蓮家貲

泉南有巨賈南蕃回回佛蓮者，蒲氏之婿也。其家富甚，凡發海舶八十艘。癸巳歲殂，女少無子，官没其家貲，見在珍珠一百三十石，他物稱是。省中有榜，許人告首隱寄債負等。

【二六】蒙古歹之在福建省時　「歹」原作「及」，形近而誤。按：《元史》卷一三一有傳，譯作「忙兀臺」，本書譯作「蒙古歹」，亦見本書别集上「蒙古江西政」條。

聖鐵

有所謂聖鐵者，凡人佩之，刀兵皆不能入。嘗以羊試之，良驗。又謂此鐵佩之，刀兵所至，則鐵隨應之，終不可入。又云此鐵大者僅如豆，破肉入之身中，或遇刀兵，則此鐵隨以應之，更不可入。未知孰是。聞張眼子有之。

華岳阿房基

王國用僉省云：「五岳惟華岳極峻，直上四十五里，遇無路處皆挽鐵絙以上。有西岳廟在山頂，望黄河一衣帶水耳。所謂龍池者僅方丈，龍在則水深黑，龍不在則清見底。山有郭仙姑者，年二百六七十歲矣，曾事陳希夷，又常隨吕公遊於世。」又云：「阿房宫基址尚存，前殿從廣各數里，可容萬人，其大可知。」

釘官石

又云：「釘官石在長安城中，色青黑，其堅如鐵。凡新進士求仕者，以大釘釘之，如釘徑入，則速得美官；否則齟齬不能入，入亦不能快利也。石上之釘皆滿。」

張氏銀窖

張府主奉位酒庫屋，其左則蒙古平章之居。一日，蒙古欲展地丈餘，主奉者不獲已，與之。彼方毁舊垣再築，於舊基得烏銀數十大笏，皆奄有之，蓋張氏之宿藏也。

猪禍

至元癸巳十二月内，村落間忽僞傳官司不許養猪，於是所有悉屠而售之，其價極廉，不知何祥也。

張松

世俗命强記者曰張松。按：《蜀紀·劉禪紀》注：「楊修以所撰兵書示張松，飲宴間一看便暗誦之。」即此也。

桃符獲罪

鹽官縣學教諭黄謙之，永嘉人，甲午歲題桃符云：「宜入新年怎生呵，百事大吉那般者。」爲人告之官，遂罷去。

龍蚌

《老學庵筆記》言壽春縣灘上有一蚌，其中有龍蟠之迹，以爲絶異。余嘗於楊氏勤有堂見其亦類此，疑即壽春之物。既而鄰邸有六家，有客人持一蚌殻求售，其中儼然一蛇身，纍纍若貫珠。乃知天壤之間，每有奇事。

透光鏡

透光鏡其理有不可明者，前輩傳記僅有沈存中《筆談》及之，然其説亦穿鑿。余在昔未始識之，初見鮮于伯機一枚，後見霍清夫家二枚。最後見胡存齋者尤奇，凡對日映之，背上之花盡在影中，纖悉畢具，可謂神矣。麻知幾嘗賦此詩得名。余嘗以他鏡視之，或有見半身者，或不分明，難得全體見者。《太平廣記》第二百三十卷内載有侯生授王度神鏡【二七】，承日照之，則背上文盡入影内，纖悉無失，然則古亦罕見也。

菖蒲子

菖蒲花候結子，老收之。至梅月，用米飲同子嚼碎，噴在大炭上，則自然生苗，極細可愛，然止是虎鬚耳。昌化有此苗。章愛山。

【二七】太平廣記第二百三十卷内載有侯生授王度神鏡　「生」原作「王」，據學津本及《太平廣記》卷二三〇改。

死馬殺人

凡驢馬之自斃者，食之，皆能殺人，不特生丁瘡而已。豈特食之，凡剥驢馬亦不可近，其氣薰人，亦能致病，不可不謹也。今所賣鹿脯多用死馬肉爲之，不可不知。

爪哇銅器

徐子方嘗得爪哇國一銅器，類箕，徑約四寸，從約三寸。其中有梁如斗，梁上坐國主、國后二像，一人侍側，極其醜惡，如優人之類。其側有兩人首。殊不知爲何所用也。

黑漆船

趙梅石孟議性侈靡而深嶮，其家有沉香連三暖閣，窗户皆鏤花，其下替板亦鏤花者【二八】。下用抽替，打篆香於内，香霧紛郁，終日不絶。前後皆施錦簾，他物稱之。後聞獻之福邸云。後爲都大坑冶。又造黑漆大坐船，船中艙板皆用香楠鏤花【二九】，其下焚沉腦，如前閣子之製。吕師夔親見之，遂號孟議爲「黑漆船」，後餓死於燕京。存齋。

【二八】其下替板亦鏤花者　「板」原作「拔」，據學津本改。

【二九】船中艙板皆用香楠鏤花　「艙」原作「蝗」，據學津本改。

周彌陀入冥

湖州貴涇坊有周彌陀者，其人手中有彌陀印，故得名。爲人善良且孝，忽以病殂，以心腹未寒，未敢殮。越二日，復甦，曰：「此番得生，皆陳尚書之力。」因言至一官府，因徒甚衆，仰觀據案者，即陳本齋尚書也。存，字體仁。見謂曰：「汝，吾賃户也，何緣至此？」檢大簿曰：「此人極孝，且所追同姓名，可令發回。」蹶然而甦。好事者雖能言，未之信也。未幾，廉訪分司薛帖木兒自嘉興至霅，因扣左右，曰：「前宋有馬裕齋、陳本齋否？」衆曰：「然。」因言在嘉興時，一書吏暴死，一夕方甦，因言入冥，有二冥官以簿參照，誤而遣回。吏語之曰：「此善惡判官也。」惡判官乃馬裕齋，善判官乃陳本齋耳。乃與周彌陀之事正相合，亦可怪。按【三〇】：裕齋，名光祖。

馬相漂棺

饒州樂平縣中有某人者，元執役於馬相府。後以病死，入冥見中坐者乃馬相公也，其人舉首叩頭以求救。既而以悮追放還。方出，馬即呼語之，曰：「汝回人間，可與吾兒言，我屋已漏損一角，宜亟修之。可憐兒子讀書，將來有用處。」既甦，遂往馬府告之，然所居之第初無損漏之事。越明年，山中發洪水，馬相之墓適當其衝，遂爲大水漂其棺，隨

【三〇】按「按」字上原衍「衢」字，據稗海本、學津本删。

流而去，莫知所之。至四十里之外，爲枯槎挽定，適渡子見之，訝其棺華大，疑非常人者，即舉渡船中，載之以歸。既而馬府物色得之，給賞取回，改葬焉。此事陳無逸在婺源爲山長時，見張伯大家言之甚詳。伯大，丞相之妹婿也。

伯宣被盜

劉伯宣爲宣慰司同知，去官日，泊北關外俞椀盞家之別室。一夕，爲偷兒盜去銀匙筯兩副，及毛衫、布海青共三件。次日，幾無可著之衣。其家即欲經官捕盜，伯宣不許，因自於門首語其鄰曰：「此輩但知爲盜，而不知吾乃窮官人也。所有之物，不過如此，萬一見獲，遂壞此生。銀匙筯入其手，亦不願得，但衣服頗覺相妨，仍見還可也，幸相體此意。」人皆笑其迂。越再宿，忽得一簏於屋後空地，視之，毛衫、布衣皆在焉。劉公一言，信及穿窬，非一日之積也。白廷玉。

李性學

李性學之爲吾教也，有詩云：「天下今無讀書者，世間惟有作詩人。」其後得罪於巨室，故遭完顏御史之怒，杖幾及身，閻子静援之而免。於是怒之者有墻壁之文醜詆，有云：「挂腐鼠於書齋之内，謂辟蠅營；避飛蚊於錦被之間，有如龜縮。喫帶糠糙米粥，啜無鹽淡菜羹。猫兒常寶玩於房中，蝨子任珠懸於衣上。」又云：「胗病知心脉之已死，自縊有頸痕之尚存。」先是，性學嘗以儷語數范葯莊之惡，有云「面帶墨香，口尚乳臭」等語，此其報也。

夏駕山

吾鄉妙喜謂之杼山，謂夏杼嘗巡歷於此，故名。其西曰夏駕山，又有所謂夏王村者，皆是也。今乃訛「夏王」爲「下黄」，「夏駕」爲「下夾」，且名其上曰「上夾」，以成僞焉。

渴字無對

衛山齋云：「凡字皆有對，如飢之對飽、寒之對暖、悲之對歡之類是也。獨有渴字，無不渴一字對之。」此雖戲言，亦似有理。又云：「向見鄉先生言《關雎》『后妃之德』，注家皆指后爲太姒，非也。蓋后即君耳，妃乃夫人。以夫人爲后，乃自秦始耳。」

觀堂二石

徐子方云：「向到故内觀堂，有黑漆厨内龕二石，高數尺。其一有南斗六星，隱起石上，刻金書『南極呈祥』。其陰有北斗七星，亦隱起而色白，刻曰『北斗降瑞』。及再至杭，則觀堂已化爲佛寺，此石莫知所在矣。」

董儀父論《易》

董儀父鴻嘗云：「《易》有聖人之道四焉。王輔嗣去三而存一，於道闕焉。晦庵知其爲非，所以《本義》《啓蒙》各以卜筮言之。然雖知其爲卜筮之道，而不知其所以爲卜筮之道，不過復以理言之，則亦何異乎輔嗣哉！」

棺蓋懸鏡

今世有大殮而用鏡懸之棺蓋以照尸者，往往謂取光明破暗之義。按：《漢書·霍光傳》，光之喪，賜東園温明。服虔曰：「東園處此器，以鏡置其中，以懸尸上。」然則其來尚矣。

北地賞柳

焦達卿云：「韃靼地面極寒，并無花木，草長不過尺，至四月方青，至八月爲雪虐矣。僅有一處開混堂，得四時陽氣和暖，能種柳一株，土人以爲異卉，春時競至觀之。」

光禄寺御醴

達卿嘗爲光禄寺令史，掌醴事，云：「炊米之器，皆以温石爲大釜，温石即菜石。甑以白檀香，若甕盎之類，皆銀爲之，極其侈靡，前代之所無也。車駕每親幸焉，所掌必以大頭目，外廷丞不足道也。」

姦僧僞夢

安吉縣朱實夫，馬相碧梧之婿也。有温生者，因朱而登馬相之門，近復無聊，遂依白雲宗賢僧録者，無以媚之，乃創爲一説，云：「曩聞碧梧與之言云：『向在相位日，蒙度宗宣諭云：朕嘗夢一聖僧來謁，從朕借大内之地爲卓錫之所，朕嘗許之，是何祥也？』馬雖知爲不祥，而不敢對。今白雲寺所造般若寺，即昔之寢殿也，則知事皆前定。」於是其徒遂以此説載之於寺碑，以神其事。嗚呼！使當時果有此夢，方賈平章當國，安得獨語馬公？使馬公果聞此語，安得不使子姪親友知之，且獨語門吏耶？可見小人之無忌憚如此。余恐後人不知而輕信，故不得不爲之辯。金一之蓀壁云。

沉香聖像

杭西湖延祥觀四聖小像并從人，共二十身，皆蠟沉香，凡數百兩。即韋太后北巡狩歸日所雕，皆飾之以大珠。及楊髡據觀爲寺，盡取之，爲笠珠及香餅，可嘆也。杜秋泉。

西湖好處

江西有張秀才者，未始至杭。胡存齋攜之而來，一日泛湖，問之曰：「西湖好否？」曰：「甚好。」曰：「何謂好？」曰：「青山四圍，中涵緑水，金碧樓臺相間，全似著色山水。獨東偏無山，乃有鱗鱗萬瓦，屋宇充滿，此天生地設好處也。」此語雖麄俗，然能道西湖面目形勢，爲可喜也。

石庭苔梅

宜興縣之西，地名石庭。其地十餘里，皆古梅、苔蘚，蒼翠宛如虬龍，皆數百年物也。有小梅僅半尺許【三二】，叢生苔間，然著花極晚。詢之土人，云：「梅之早者皆嫩樹，故得春最早。樹老則得春漸遲，亦猶人之氣血衰旺、老少之異也。」此説前所未聞。梅間有小溪，流水横貫交午，橋下多小石，圓净可愛，時有産花鳥及人物者，近世以來則有騎而笠

【三二】有小梅僅半尺許　「尺」原作「寸」，據學津本改。

者。蓋天地之氣亦隨時而賦形，尤可異也。

陳諤搗油

陳諤字古直，號埜水，嘗爲越學正，滿替，往婺之廉司取解由。歸途偶憩山家，有長髯野叟方搗柏子作油，見客至，遂少輟相問勞，曰：「君亦儒者邪？」持杯茶飲之，遂問今將何往。陳對以學正滿替，欲倒解由，別注他缺。髯叟忽作色而起，曰：「子自倒解由，我自搗柏油。」遂操杵臼，不復再交一談。陳異而詢於鄰人，云：「此傅秀才，隱者也。惡君言進取事，故耳。」陳心甚愧之，因賦詩云：「忽遇深山避世翁，居然沮溺古人風。老來一出爲身計，不滿先生一笑中。」

襄鄂百咏

又云：向在鄂渚，正值己未透渡之變。至辛酉閏十一月二十一日解圍，嘗作《鄂渚百咏》以記一時之事，多歸功於賈老。中間有一首云：「久戍胡兒已念家，將軍何不奏胡笳。今朝忽報嚴圍解，白雪紛紛亦散花。」賈見「散花」之語大怒，捕陳甚急。陳窘甚，求救於趙晦巖，晦巖爲解釋，乃免。

打聚

闤闠瓦市專有不逞之徒，以掀打衣食户爲事，縱告官治之，其禍益甚。五奴輩苦之，切視其所溺何妓，於是假金以償其直【三二】，然後許以嫁之，且俾少俟課錢足日取去。然所逋故爾悠悠，使延引歲月，而不肖子陰墮其計中，反爲外護，雖欲少逞故智，不可得矣。其名曰「打聚」。

家之巽三賢詩

家志行嘗和《三賢堂詩》云：「孤峰落魄一詩人，白傅何曾號直臣。較似眉山敢同傳，并祠浙水恐誣神。人非倫擬終非偶，論貴平和不貴新。争似獨尊元祐學，高堂正笏更垂紳。」又：「誰稱三老作三山，方回曾以香山、眉山、孤山爲三山也。夫子寧居季孟間。駱厩侍人多愧色，鰲頭處士若爲攀。辭章小技應閑事，節義千年真大閑。何似眉山專一壑，九京賢聖盡歡顔。」雖然志行尊坡翁是也，貶二賢，無乃過乎？何不反觀自己，爲德政碑以媚楊髡，受僧賂以作寺記。義方之訓可笑，由徑之歡不慚，奈何！

【三二】於是假金以償其直　「假」字原爲空格，據四庫本補。

四聖水燈

西湖四聖觀前，每至昏後有一燈浮水上，其色青紅，自施食亭南至西陵橋復回。風雨中光愈盛，月明則稍淡，雷電之時，則與電争光閃爍。金一之所居在積慶山巔【三三】，每夕觀之無少差，凡看二十餘年矣。

大辟登科

南康劉以仁嘗手殺其叔，里族買静，不經有司，後竟登寶祐癸丑第，及官長沙令。江古心嘗云：「糊名考校中，諸行百户何所不有？雖盗賊、大辟，亦可登科改秩云。」

黄王不辨

浙之東言語「黄」「王」不辨，自昔而然。王克仁居越，榮邸近屬也，所居嘗獨燬於火，於是鄉人呼爲「王火燒」。同時有黄瑰者，亦越人，嘗爲評事，忽遭臺評，云：「其積惡以遭天譴，至於獨焚其家，鄉人有『黄火燒』之號。」蓋誤以「王」爲「黄」耳。邸報既行，而評事之鄰有李應麟者，爲維揚幕，一見大驚，知有被火之事，亟告假而歸。制使李應山憐之，饋以官楮二萬。及歸，則家無患，乃知爲誤耳。蓋黄無辜而受王之禍，而李

【三三】金一之所居在積慶山巔　「金」原作「余」，據學津本改。按：金應桂，字一之，元代書法家。

無望而得二萬之獲，殊可笑。

押韻語録

劉後村嘗爲吴恕齋作文集序云：「近世貴理學而賤詩賦，間有篇咏，率是語録、講義之押韻者耳。」

演福新碑

家之巽志行爲演福寺作觀音殿碑，所得幾何，乃大駡賈相以示高。殊不知其寺常住贍僧田一萬三千畝，乃賈相所捨也。其碑具銜云「前朝奉大夫秘書省校書郎兼國史編修官實録院檢討官」，殊不知此二兼職，非卿監不可也。意者欲愚庸髡，眩俗眼，以爲榮耳。碑成，打造遍送當路。其後官司打勘，没官田土，則賈相所捨寺中萬三千畝正在數中。省官呼釋髡問之，云：「賈似道既捨許多田與寺中，不知寺中呼之爲何稱？」曰：「大檀越也。」曰：「寺中亦感激他否？」曰：「大衆仰食於此田，安得不感激？」曰：「既是如此，何乃刻碑毁駡邪？」髡無以應之。以此知公論在人心，無間於南北也。

喜行古禮

吴中一富家子粗識字而騃，然其性僻，專喜行古禮。闢大堂以祀夫子，凡朔望二丁，必大集里中士人以行禮。凡俎豆衣冠之具，及祭饌牲酒，莫不精腆。每一行禮，必有重費不靳也。然其人初無識解，不過所存如此，亦可尚也。

龍畏神火

乙未歲五月，宜興近湖之地，忽有二龍交鬥，俱墜於湖。其長無際，頃刻大風駕水，高丈餘而至。即有火塊大如十間屋者十餘，自天而墜，二龍隨即而升。蓋天恐其爲禍，驅神火逐之，使少緩。須臾，則百里之内皆爲巨壑矣。余向者舟經德清之桃園，其稻田皆焦黑，凡數十畝。遂艤舟問其里人，云：「昨午有大龍自天而墜下【三四】，隨即爲地火所燒而飛去。」蓋龍之所畏者火耳。

不葬父妨子

或謂停父母之喪久而不葬者，則其子孫每歲縮小。近見錢達可、康自修二子之事皆然，此其異也。姚子敬云。

【三四】昨午有大龍自天而墜下　「午」原作「于」，據稗海本、學津本、四庫本改。

多景紅羅纏頭

張于湖知京口，王宣子代之。多景樓落成，于湖爲大書樓扁，公庫送銀二百兩爲潤筆。于湖却之，但需紅羅百匹。於是大宴合樂，酒酣，于湖賦詞，命妓合唱，甚歡，遂以紅羅百匹犒之。

韓平原姓王

王宣子嘗爲太學博士，適一婢有孕而不容於内，出之女儈之家【三五】。韓平原之父同鄉，與之同朝，無子，聞王氏有孕婢在外，遂明告而納之。未幾得男，即平原也。

烏銀江珧

承平時，貴家以烏銀爲江珧殼，外具細紋而色似真。每宴集，則以此贉珧柱以供客，可謂富貴之極也。胡存齋。

金紫銀青

廣西諸洞産生金，洞丁皆能淘取。其碎粒如蚯蚓泥，大者如甜瓜子，故世名「瓜子

【三五】出之女儈之家　「儈」原作「僧」，據學津本改。

金」。其碎者如麥片，則名「麩皮金」。金色深紫，比之尋常金，色復加二等，此金之絶品也。銀之品有紋如羅甲者，有松紋者，有中窪而郭高者，皆爲精銀，其絶品則色青。故官品有「金紫銀青」之目，蓋金至於紫、銀至於青，爲絶品也。張敬堂。

烏賊得名

世號墨魚爲「烏賊」，何爲獨得賊名？蓋其腹中之墨可寫僞契券，宛然如新，過半年則淡然如無字。故狡者專以此爲騙詐之謀，故謚曰「賊」云。

天雨豆米

至元丙申三月十八日，永嘉天雨黑米，粒小而多，飯可食。陳本齋云。泉州雨紅豆，亦可爲飯，其色如丹砂，前未見也。徐容齋云。乙未歲，江西歉甚，時天亦雨米，貧者得濟，富家所雨則雪也，此又異甚。胡存齋云。

朱宣慰詩

日觀僧子温善作墨蒲萄，時書詩文句於上，或有可喜者。嘗在朱宣慰家作畫，訖，遂寫一詩在上云：「昔有朱買臣，今有朱宣慰。兩個擔柴夫，并皆金紫貴。」朱老欣然曰：

「朱清果是賣蘆柴出身，和尚説得我著。」遂饋贐資五錠酬之。

杏仁有毒

松雪云：「杏仁有大毒，須煮令極熟，中心無白爲度，方可食用，生則能殺人。凡煮杏仁汁，若飲犬猫，立死。」

章宗效徽宗

金章宗之母，乃徽宗某公主之女也。故章宗凡嗜好書劄，悉效宣和，字畫尤爲逼真。金國之典章文物，惟明昌爲盛。

茯苓益松

凡所砍大松，根下枯而紅潤者，其下必有茯苓，蓋得茯苓所養故耳。人能服餌，豈無奇功！

虎引彪渡水

諺云：「虎生三子，必有一彪。」彪最獷惡，能食虎子也。余聞獵人云：「凡虎將三子渡水，慮先往則子爲彪所食，則必先負彪以往彼岸，既而挈一子次至，則復挈彪以還，還則又挈一子往焉，最後始挈彪以去。蓋極意關防，惟恐食其子故也。」

擦紙

凡擦紙，必用黄蜀葵梗葉新擣，方可以擦，無則占粘不可以揭。如無黄葵，則用楊桃藤、槿葉、野蒲萄皆可，但取其不粘也。

冬至前造酒

凡造酒，令冬至前最佳，勝於臘中，蓋氣未動故也。今造鹽菜者，亦必於冬至前，則可以久留矣。此説極有理。李静仙。

壬日扦種

芒種後壬日入梅。壬日所種花草，雖至難活者亦皆活，申日亦可。

白蠟

江浙之地，舊無白蠟。十餘年間，有道人自淮間帶白蠟蟲子來求售，狀如小芡實，價以升計。其法以盆桎樹，桎字未詳。樹葉類茱萸葉，生水傍可扦而活，三年成大樹。每以芒種前，以黄草布作小囊，貯蟲子十餘枚，遍挂之樹間。至五月，則每一子中出蟲數百，細若蟣蠓，遺白糞於枝梗間，此即白蠟，則不復見矣。至八月中，始剥而取之，用沸湯煎之，即成蠟矣。其法如煎黄蠟同。又遺子於樹枝間，初甚細，至來春則漸大，二、三月仍收其子如前法，散育之。或聞細葉冬青樹亦可用。其利甚博，與育蠶之利相上下。白蠟之價，比黄蠟常高數倍也。

別集上

汴梁雜事

羅壽可丙申再游汴梁，書所見梗概。汴學曰文學、武廟，即昔時太學、武學舊址。文廟居汴水南，面城背河，柳堤蓮池，尚有璧水遺意。「太學」與「首善閣」五大字石刻，皆蔡京奉敕書。先聖之右爲孟，左爲顔，作一字位置，不可曉，北方學校皆然。先聖、先師各有片石，鐫宋初名臣所爲贊，獨先聖，太祖御製也。講堂曰「明善」，藏書閣曰「稽古」。古碑數種，如宋初翰苑題名，開封教授題名。《九經》石板堆積如山，一行篆字，一行真字。又有大金登科題名，女真進士題名，其字類漢篆而不可識【一】。司天臺太歲殿，徽宗草書「九曜之殿」。舊開封府有府尹題名，起建隆元年居潤，繼而晉王、荆王而下皆在焉。獨包孝肅公姓名爲人所指，指痕甚深。樓閣最高而見存者：相國寺資聖閣、朝元宮閣、登雲樓。資聖閣雄麗，五簷滴水，廬山五百銅羅漢在焉，國初曹翰所取者也。朝元宮閣即舊日上清儲祥宮移至，岧嶢半空。登雲樓俗呼爲「八大王樓」，又稱「譚一作潭。樓」，蓋初爲燕王元儼所居，後爲巨璫譚積有之，其奇峻雄麗，皆非東南所有也。朝元宮

校勘記

【一】其字類漢篆而不可識　「篆」字原缺，據稗海本、學津本補。

殿前有大石香鼎二，製作高雅。聞熙春閣前元有十餘座【二】，徽宗每宴熙春，則用此燒香於閣下，香烟蟠結凡數里，有臨春、結綺之意也。朝元宫虚皇臺亦上清移來，下有青石礎二，刻畫龍鳳團花，極工巧，舊時是朱温椒蘭殿舊物。臺上有拜石，方廣二丈許，光瑩如璧玉，四畔刻龍鳳，雲霧環繞。内留品字三方素地，云是宣、政内醮時，徽廟立於中，林靈素、王文則居兩傍也。汴之外城，周世宗時所築，神宗又展拓，其高際天，堅壯雄偉。南關外有太祖講武池，周美成《汴都賦》形容盡矣。梁王鼓吹臺、徽宗龍德宫舊基尚在。開封府衙後有蠟梅一株，以爲奇，遂創梅花堂。北人言河北惟懷孟州號「小江南」，得太行障其後，故寒稍殺，地暖，故有梅，且山水清遠似江南云。南門外有五岳觀、太乙宫、岳帝殿，極雄壯華麗。宫連跨小樓殿，極天下之巧，俗呼爲「暖障」。聞汴有大殿九閒一作間。者五，相國、太乙、景德、五岳，盡雕鏤，窮極華侈，塑像皆大金時所作，絶妙。徽宗定鼎碑，瘦金書，舊皇城内民家因築墻掘地取土，忽見碑石穹甚，其上雙龍，龜趺昂首，甚精工，即瘦金碑也。四方聞之，皆捐金求取，其家遂專其利。蔡京題額「政和定鼎之碑」。或云九鼎金人未嘗遷，亦只在土中或水中耳。如資聖閣、登雲樓覆壓歲久，今其地低陷甚多。曾記佛書言，山河大地凡爲城邑、宫闕、樓觀、塔廟，亦是緣業深重所致。光教寺在汴城東北角，俗呼爲「上方寺」，琉璃塔十三層，鐵普賢獅子像甚高大。座下有井，以銅波斯蓋之，泉味甘，謂通海潮。旁有五百羅漢殿，又云五百菩薩像，皆是漆胎，莊嚴金碧【三】，窮極精

【二】聞熙春閣前元有十餘座　「前元」原作「朝元宫」，按：上文已記朝元宫，此處不當重言，因據稗海本改。

【三】莊嚴金碧　「莊嚴」原作「裝麗」，據稗海本、學津本改。

好。《普賢洞記》石碑甚雅，金皇統四年四月一日，奉議大夫行臺吏部郎中飛騎尉施宜生撰并書，所謂方人者也。後爲金相，字步驟東坡。寺入門先經藏殿，藏殿極工巧，四隅不動，其中運轉經卷無倫次，皆唐人書也，極精妙。太廟街近城，有古觀音寺，北齊施主姓名碑。佛殿開寶皇后命孫德元畫西方净土，極奇古精妙，僅存半壁。僧崇化大師爲之讚，書亦有法。相國寺佛殿後壁，有咸平四年翰林高待詔畫大天王，尤雄偉。殿外有石刻，東坡題名云：「蘇子瞻、子由、孫子發、秦少游同來觀晉卿墨竹，申先生亦來，元祐三年八月五日，老申一百一歲。」又片石刻坡翁草書《哨遍》，石色皆如玄玉。寶相寺俗呼爲「大佛寺」，有五百羅漢塑像，甚奇古。又嘪水石龍，鐫刻甚精，皆故宫物也。

蟛蜞餛飩

《軒渠録》載，有人以糟蟹、鐵子同薦酒者，或笑曰：「則是家中没物事，然此二味作一處，怎生喫？」衆以爲笑。近傳溆浦富家楊氏嘗宴客作蟛蜞餛飩，真可作對也。

包宏齋桃符

包宏齋恢致仕後，歸作園於南城，題桃符云：「日短暫居猶旅舍，夜長宜就作祠堂。」年八十七薨。

南風損藕

近聞亭皋蕩户云：「每歲夏月，南風少則好藕。曬荷葉遇雨，所著處皆成黑點。藏荷葉則須密室，見風則蛀損，不堪用矣。」

燈檠去蟲

桃樹生小蟲，滿枝黑如蟻，俗名硏蟲。雖用桐油洒之，亦不盡去。其法乃用多年竹燈檠掛壁間者，掛之樹間，則紛紛然墜下，此物理有不可曉者。戴祖禹得之老圃云。

魚苗

江州等處水濱産魚苗，地主至於夏，皆取之出售，以此爲利。販子輳集，多至建昌，次至福建、衢、婺。其法作竹器似桶，以竹絲爲之，内糊以漆紙。貯魚種於中，細若針芒，戢戢莫知其數。著水不多，但陸路而行，每遇陂塘，必汲新水，日换數度。别有小籃，製度如前，加其上以盛養魚之具。又有口圓底尖如罩籬之狀，覆之以布，納器中，去其水之盈者。以小碗又擇其稍大而黑鱗者則去之，不去則傷其衆，故去之。終日奔馳，夜亦不得息，或欲少憩，則專以一人時加動摇。蓋水不定則魚洋洋然無異江湖，反是則水定魚死，亦可謂勤矣。至家，用大布兜於廣水中，以竹掛其四角，布之四邊出水面尺餘，盡縱苗魚於布兜中。其魚苗時見風波微動，則爲陣順水旋轉而游戲焉。養之一月半月，不覺漸大而貨之。或曰：初養之際，以油炒糠飼之，後并不育子。

同里虎

近歲平江虎丘有虎十餘據之，同里葉氏墓舍在焉。其一大享堂，虎專爲食息之地，凡人獸之骨交藉於地，蛇骨亦有之。聞虎之飢，則兼果實皆啖，不特獸也。其堂下大泥潭，虎飽則展轉於中。傍居之人熟窺之，凡食男子必自勢起，婦人必自乳起，獨不食婦人之陰。或有遇之者，當作勢與之敵，而旋退引至曲路，即可避去，蓋虎不行曲路故也。

陶裴雙縊

丙申歲九月九日，紀家橋河北茶肆陶氏女，與裴叔咏第六子合著衣裳，投雙繯於梁間。且先設二神位，仍題自己及此婦姓名，炷香然燭，酒果羹飯，燭然未及寸而殂矣。嘗記淳熙間，王氏子與陶女名師兒共溺西湖，有人作「長橋月、短橋月」，正其事也，至載之《周平園日記》。何前後盛情之事，皆生於陶氏門中邪？近至元二十七年大水，湖州府儀鳳橋下有新生死小兒棄於水中者，兩手四臂四足，面相向抱持，胸脅相連，一男一女，丐者取以示人而乞錢。疑皆此輩所幻也，怪哉！

因庸堂

謝府有因庸堂，穆陵御書二字，蓋出《崧高》之詩云：「因是謝人，以作爾庸。」注云：「謝乃周之南國也。」此詩美宣王能建國，褒賞申伯，於此取義，固佳。然於兩句中各取一字，亦太穿鑿矣。

德壽買市

隆興間，德壽宮與六宮并於中瓦相對，令修内司染坊，設著位觀，孝宗冬月正月孟享回，且就看燈買市。簾前堆垛見錢數萬貫，宣押市食歌叫，直一貫者犒之二貫。時尚有京師流寓經紀人，如李婆婆魚羹、南瓦張家圓子之類。

天狗墜

丙申十一月十七日冬至，是夜三鼓，有大聲如發火砲，震動可畏，鷄犬皆鳴。次日，金一山自山中來，云：「山中之聲尤可畏，野雉皆鳴【四】。」或云天狗墜故也。

【四】野雉皆鳴　「野」字原缺，據稗海本、學津本補。

丁酉異星

丁酉正月初二日乙丑夜二鼓，天井巷張家金銀鋪遺漏。是夕，天中有物如雲氣【五】，赤色，其大如箕而微長，或謂其大星，余目昏，視之不見。疑此雲氣爲火氣所爍而然，凝然不動，殊爲可異，不知何物也。

彗星改元

是歲二月，忽有傳夜後西北角有星光芒曳尾者。余不之信，數夕起觀，皆無所見。一夕，於西邊見大星，光芒正在胃、昴間，然考之則太白耳，益疑小人妄傳。繼而有自吴來者，云：「船中見之甚的，類景定彗星，而尾短僅數尺耳。」余終未之信也。及三月十七日，詔書到杭，改元大德。有云「星芒示變，天象儆予」，始信前者爲信然也。

和劑藥局

和劑惠民藥局，當時製藥有官，監造有官，監門又有官。藥成【六】，分之内外，凡七十局。出售則又各有監官，皆以選人經任者爲之，謂之京局官，皆爲異時朝士之儲，悉屬之太府寺。其藥價比之時直損三之一，每歲糜户部緡錢數十萬，朝廷舉以償之。祖宗初制，

【五】天中有物如雲氣　「物」字原缺，據稗海本補。

【六】藥成　「藥」字上原衍「藥」字，據四庫本删。

可謂仁矣。然弊出百端，往往爲諸吏藥生盜竊，至以樟腦易片腦，台附易川附，囊橐爲姦，朝廷莫之知，亦不能革也。凡一劑成，則又皆爲朝士及有力者所得，所謂惠民者，元未嘗分毫及民也。獨暑藥、臘藥分賜大臣及邊帥者，雖隸御藥，其實劑局爲之。稍精緻若至寶丹、紫雪膏之類，固非人間所可辨也。若夫和劑局方，乃當時精集諸家名方，凡經幾名醫之手，至提領以從官内臣參校，可謂精矣。然其間差訛者亦自不少，且以牛黄清心丸一方言之，凡用藥二十九味，其間藥味寒熱訛雜，殊不可曉。嘗見一名醫云：「此方止是前八味至蒲黄而止，自乾山藥以後凡二十一味，乃補虚門中山芋丸，當時不知緣何誤寫在此方之後，因循不曾改正。」余因其説而攷之【七】，信然。凡此之類，必多有之，信乎！誤注《本草》，非細故也。

葛天民賞雪

葛天民字無懷，後爲僧，名義銛，字朴翁。其後返初服，居西湖上，一時所交皆勝士。有二侍姬，一曰如夢，一曰如幻。一日，天大雪，方擁爐煎茶，忽有皂衣者闖户，將大璫張知省之命，（即水張太尉也。）招之至總宜園，清坐高談竟日。雪甚寒劇【八】，且覺腹餒甚，亦不設杯酒，直至晚，一揖而散。天民大恚，步歸，以爲無故爲閹人所辱。至家，則見庭户間羅列奩篚數十，紅布囊亦數十，凡楮幣、薪米、酒殽，甚至香茶適用之物，無所不具。蓋此璫

【七】余因其説而攷之　「攷」原作「改」，據稗海本、四庫本改。

【八】雪甚寒劇　「雪」原作「既」，據稗海本、學津本改。

故令先怒而後喜，戲之耳。

彭晉叟

彭晉叟，福州侯官人，亦有學，文亦奇，受業京庠，每試多居首選。胡穎爲浙西憲政，尚猛厲，物情不安，彭因僞作臺章以脅之。有尼僧爲之表裏，使以藁示之曰：「得之臺中，行且止矣。」胡懼，就致禱，約以獲免當以數萬爲謝。已而，月課不及，胡遂作臺長，江古心書歷述所聞以謝之。古心下京府名捕，時政放堂試，賦題出「王言如絲」，彭爲首冠，破云：「王妙心緯，言關化機，於未布以先謹，如有絲之至微。」揭曉之際，彭已寘理，乃以次名代之。獄成，黥隸貴州，久之宛轉自如，得至静江。適當詔歲入貢闈，爲編欄，遇都吏一子於場中，日授三卷，得預薦送。吏深德之，未有以報，乃爲之謀曰：「經翰潘公諟，汝鄉人也，盍往歸之？」彭以呈面爲難，又命之作劄，「吾當爲通」。潘見其辭藻粲然，亟令來見，深愛其才，而革面無策，爲之重嘆曰：「吾當思一策以處。」既數日，乃曰：「得其説矣。」使具戎服，介之經帥府。時姚橘洲希得領桂管，因從容爲地，且令修一儷語爲贄。彭退思數日，未能措詞，乃往見潘求教。潘爲之思有頃，拊髀曰：「吾已得一聯矣，曰：『失邯鄲之步，爲吾黨羞；借荆州之階，以軍禮見。』」使緒成之，且爲點定，約日導之以前。橘洲庭見之，彭趨進八拜如彝，乃以贄上。橘洲覰之喜甚，詳詢始末，留之書院，授以《文選》，使分類之，以觀其能否。未幾，書成，橘洲益喜，使諸子師之。資身之計漸裕，旋得勇爵，納妾有家，繼得兩子。橘洲入爲文昌，兼夕拜，使與俱行，繳駁之章多出其手。復出入無間，輒登市樓，恣肆無忌，爲人指目，聞於當路。於是逮治填配，押回元隸所，橘洲亦以此去國。彭後與黎峒通，爲具舟楫，盡室以行，莫知所之。

唐堯封

唐仲友之父侍御堯封，孝廟時以禮部侍郎大司成除侍御，有直聲。嘗論錢尚書禮，左遷小龍場。及去國，同朝送之，館學爲空。孝宗知之，嘆曰：「遂爲唐氏百年口實。」初入言路，錢迎問第一人，答以「方思之」。歸語仲友，仲友曰：「大人失言，當云此行正爲公來也。」

林喬

林喬，泉州人，頗有記問。初游京庠，淳祐丙午，宗學時芹齋與太學禔身齋争妓魏華，喬挾府學諸僕爲助，遂成大哄。押往信州聽讀，因與時貴游從賡唱，放浪狎邪，題詩於茶肆云：「斗州無頓閑身處，時向梅花走一遭。」士論薄之。旋登徐元杰之門，後元杰死，徐徑畈、李斛峰皆以應用之往來。既而元杰家爲伐柯一村豪家，爲接脚婿。其幼子寓城中，有地占爲菜園，與趙温州崇機鄰。守皆有月饋，其門如市，數年得自便。寶祐癸丑，買福州待補，作申如名納卷，題出「言行樞機動天地」，遂中魁選。欲參學，爲人所攻而止。久之，上書特補保義郎，領錢億萬，往謀北事，時景定初也。繼又赴有官漕試，得薦登第，隨被論駁，經營復得官戎議之類。還寓信州，朱浚爲守，不往見，且語詆之。朱怒，捃摭其罪【九】，押回本貫。與蒲舶交，借地作屋。王茂悦爲舶使，蒲八官人者漏舶事發，林受其白金八百錠，許爲言之。既而王罷去，蒲并攻之，且奪其所借地。乃往從元杰之子直諒，以清潭和買吏屋，且任和糴。既而直諒得憲節，林隨以行。後以詞訴爲徐帥擇齋明叔所治，押往五年摧鋒軍寨，拘鎖而殂，時咸淳末年也。或言後改名爲天同，字景鄭云。

李夢庚

李夢庚者，襄陽人，善文，不偶，歸而治生。其子能文而不肖，數盜用父財，父欲殺之，宗黨勸止，使其子拜且謝。或告以父已負劍，子甚恐，拜方起而劍欲及，亟走避，閉門，劍入門者幾寸。其子後魁浙漕薦，襄帥以書抵漕，潛説友曰【一〇】：「今歲漕魁乃夢庚之子也。其論尾之語曾見之否？其語曰：『世豈有棄鯀而不用其子者哉？』」聞者莫不大噱云。」

【九】捃摭其罪　「捃」原作「据」，據稗海本、學津本改。

【一〇】潛説友曰　「潛」原作「漕」，據本集「潛説友」條改。

陳憍如尊者

王臞軒清舉到省，道經建陽，謁夢蓋竹廟。夢至王者居，有五百人列坐，而虚其四。臞軒未至，有呼者曰：「官人位在此。」王既坐，舉首見席端乃一僧，王負氣怒甚，左右曰：「此陳憍如尊者。」遂寤。及廷唱，大魁乃吴潛也。

史浩傳贊

尤木石焴修《四朝國史》【一二】，高、孝、光、寧。其贊史浩略云：「其在太子家號爲智囊，又其當國，多引天下知名之士，朱熹其首也。」然其意以爲知名之士皆天所與，蔽而不揚，則是違天，而不問其道之行與否也。因此忤穆陵意，得譴去國，蓋專爲張魏公地耳。後改，俾别爲贊云：「獨用兵一事與時賢異，豈非欲先報本而後機會歟？」

唐震黄震

唐震、黄震，撫州、信州，俱是二千之石，皆爲九百之頭。唐嘗爲桐川倅，以本廳縻費，取辦於吏，欲從州郡具申省部罷本職。守倅皆謂言曹廢置，當出朝廷，不從之，且爲於窠名量撥爲助，遂止。唐後知饒州，北兵之來，官軍與群盗交亂，唐以北兵輒出禦之，遂死於

【一二】尤木石焴修四朝國史　「尤木石焴」原作「兀术石焴」，據錢大昕《十駕齋養新録》卷一四改。

難。黄後持使節，幸存於鄞云。

男不授女狀

林靖之共甫初筮越之民曹，常直議舍，同幕東萊吕延年後仲在焉。有婦人來投牒，吏無在者，林欲前受之，吕自後止之曰：「男女授受不親。」林竦然而止，每稱以誨子孫云。

沈次卿

沈次卿者，吴興人，待制之後，常登趙節齋之門。趙尹京，使提督十三酒庫，課以增羡而人不怨咨【一二】。常言比較自有捷法，既不害物，自可沮勸。其法使拍户於本府入錢給由，詣諸庫打酒，仍使自擇所向。遇比較，則萃諸庫而視其所售之多寡，取其殿最之尤者，加之賞罰。誡令不煩，激厲自倍，真不易之良法也。

陳預知

陳預知者，有術。陳叔方作邑時，扣以事，陳令於心無事時入静室，坐一二日却見問。節齋如其説，而後召之。陳使隨意寫詩文一兩句而緘之，然後疏己所推爲驗。節齋所書「陽春布德澤」，以「王度日清夷」爲對，陳出視之不差。因語節齋曰：「君官職皆已前

【一二】課以增羡而人不怨咨　「不」字原缺，據學津本補。

定，但遇事只可做五分。」節齋每用其說以自警也。

牧羊子

湖州卜者牧羊子，識章文莊於未遇時。及仕再筮，皆不許其得禄，果連丁艱。既而曰：「今可仕矣，且不在外。」遂由掌故以致兩地。又嘗語醫者李亙父曰「君當飯於省中【一三】」，鄉人傳以爲笑。後文莊貴，常招之胗脉，留與共飯於省閣，因舉舊話一笑。

何生五行

平陽縣八丈村有何生者，雖爲傭而能談五行，當詔歲設肆城中。有士人以女命來扣，云：「有孕方可免災。」問：「弄璋邪？弄瓦邪？」答云：「也弄璋，也弄瓦。」不知爲何等語而去。後果孿生二子，一男一女也。

戴生星術

番禺戴生以術遊臨安，時陳聖觀爲常博，戴許以必當言路。未幾，安邊所主字鄭應先語及戴術，云渠謂常博必當言路，且與吾鄉象郭閶爲代，只候其他，徐即見。既而張志立自小坡出爲右史，守永嘉，而陳文龍冠象論。浙西憲洪畏去職時，臺長陳伯大求去甚力，

【一三】君當飯於省中　「飯」原作「飲」，據稗海本、學津本及下文改。

郭與陳堅即皆序升，代之爲小坡，而聖觀與徐卿孫并命爲察，實代郭云。

括蒼趙墓

趙節齋之父國公祖墓在括蒼青田，以地本一蜀人所定，約三年復來。已而，見者皆言其中有水，當謀改厝。啓之未畢，而前人至，見之曰：「水自有之，無害也。」既啓穴，水緑色，以盞勺飲，極甘。撓之數四，一金魚躍出，擊殺之。又撓之，有二魚，復擊其尾縱之，曰：「當出三天子，今只作一半。」遂復掩之，後乃生景獻太子。

陰陽忌樂

王伋云：「陰陽家無他，惟忌、樂二字而已。樂惟樂其純陽純陰，忌惟忌其生旺庫墓，此水法也。謂如子午向，午水甲水皆可向，即純陽；艮震山，庚辛水流即純陰。」

懸棺葬

孔應得云：「朱晦庵之葬用懸棺法，術家云『斯文不墜』。可謂好奇。」

郭閶

郭閶，號方泉，廣州人，少頡頏場屋。其父與廖瑩中之父有交好【一四】，兩家之子同筆研。得第後，試邑平江，事吕文德，數以事忤之，而亦以受知符代授以書與其子師夔。師夔時在從班，蓋命之薦於時相也。郭還里二年，漫以書達之師夔，旋外補，繼而如京干堂間。廖在翹館，聞之，使人通意，郭不爲汲汲，而廖挽之不置。未幾，除省門，充辛未省闈考官，旋入言路。廖有所屬，往往不能曲意徇之，寖不樂之。又虚名實用一疏，爲陳宜中、劉黻所不平，達於賈相，大費分解。夙有上氣之疾，嘔血而死。

王蓋伏法

王蓋，縣丞，福州長溪人。嘉定初，宦遊京、湖。時方經虜患，殺人至多，積骸如山，數層之下復加搜索，擊以鐵槌乃去。有未絶者，夜見炳燭呵殿而來，以爲虜也，懼甚，屏息窺之。旋聞按籍呼名，死者輒起應之，應已復仆。次至其人，亦起應之。則又聞有言云：「此人未當此死。」乃舉籍唱曰：「二十年後，當於辰州伏法。」既得免，投僧舍爲行者。適郡倅眉山家坤翁來游寺中，喜其淳厚而文，曰：「肯從我乎？」欣然而就，家人亦愛之。家有女，適史植齋季温之子【一五】，使從之以往，遂居史。已而史得辰州，欲以自隨，

【一四】其父與廖瑩中之父有交好　「交」字原缺，據稗海本、學津本補。

【一五】適史植齋季温之子　「季」原作「李」，據稗海本改。

王猛憶前事，具白辭行。史曰：「吾爲郡守，豈不能庇汝？」乃勉從之。至郡踰年，史幼女戲後圃，爲蛇繞，王因擊蛇，併女斃焉。史怒，竟致之法，距前神言恰二十年。

埋藏會

桐州祠山，新安雲嵐，皆有埋藏會，或以爲異。康植守廣德，不以爲信，至用郡印印其封，翌日發視，無有焉。或以見異，恐未必然。余按《周禮》「以貍沉祭山林川澤」注：「祭山林曰貍，川澤曰沉。」然則尚矣。

東遷道人

丙子，北師自蘇入杭，道由東遷。有道人結茅岸傍，備水飲以施行者，化緣募鑄觀音銅像。積久成，相好端嚴，晨夕奉事。聞師至，嘆曰：「一死無恨，所惜此像兵火不保耳。」夜夢大士告曰：「吾何所慮，恐汝不免。蓋汝前生曾殺人，今來者正宿冤也。明日有三騎過山，其前二人衣紅、後一人衣白者是已。汝可迎之以請死，無所逃也。」至期所見無異，其人詫曰：「人皆避匿，獨爾敢耳！」執之至庵，索其撒花【一六】。具以夢告，且曰：「我若厚藏，豈不能爲性命計？」其人感悟，遽釋之，且有所贈，曰：「吾與汝解冤結。」竟以獲免。

【一六】索其撒花　「撒」原作「散」，據稗海本、學津本改。

屠門受祭

戴良齋云：「昔有宦家過屠門，見幼稚而愛之，抱以爲子，戒抱者使勿言。既長，且承序矣。嘗因祀先，恍惚見受享者皆佩刀正坐，而裹章服者列位其傍，愕然以語抱者，抱者始告以實【一七】。自是當祀必先祀其所生，而後祀其所爲後者，云：『命後者，不可不知也。』」

【一七】愕然以語抱者抱者始告以實　兩「抱」字原皆作「保」，據稗海本、學津本改。

陳公振立子

止安陳公振字震亨，居吳門，無子。有同姓昌世者，爲人端慤，每加敬愛，因延之家塾，常從容與言命繼之事，且托之訪歷。久未有所啓，問之，以難其人爲對，則曰：「得如子者乃佳。」昌世皇恐不敢當。又久之，問如初，昌世謝，未敢輕有所進。乃曰：「如此則無出於子矣。」昌世固辭不敢，强之再三，乃勉承命。後因語及曩嘗夢謁家廟，覺有拜於後者，顧視則昌世也，此意遂決。昌世以其澤入仕，嘗倅三衢，攝郡，於公帑纖毫無所取。穆陵聞之，擢爲郎，淳祐間也。

梅津食籮

尹梅津煥無子，螟蛉羅、石二姓名，一越人爲之語曰：「梅津一生辛勤，只辦得食籮一擔【一八】。」

鬱鬯大毒

明堂所用鬱鬯，凡三十斤，取之信州。吏云：「實未嘗用，用之大毒，能殺人。」蓋文具久矣。

陳仲潛健啖

永嘉平陽陳仲潛健啖過人，仕至邑宰。偶臨安，會北使至，亦健啖，求爲敵者。使與館伴，陳聞而自衒，因獲充選。食已，復索，乃各以半豚進。使者辭不能容，陳獨大嚼，由是得湘陰庾節。使還，不爲生計，每飯必肉數斤，未幾，所畜一空。其妻告以飢，愁中吐出一蟲，如小龜，金色，遂殂。

【一八】只辦得食籮一擔　「辦」原作「辨」，據稗海本、四庫本改。

范吕不合

范文正始與吕文靖不合而去，文靖晚以西事復召用之。文正遺吕書，以郭、李爲喻，共濟國事，視古廉、藺、寇、賈，真無慊矣。而忠宣乃謂無之，吕太史所輯《文鑑》特載此書，而文正集中無之，蓋忠宣所删也。父子之間，可謂兩盡。近世倪祖常刻《齊齋集》，内有《昆命元龜説》，專爲史彌遠，而以集遺宅之，此猶出於不審也。陳石齋力修與陳叔方争軍賞於都堂省，拂袖徑出，以此去國，終焉。而其子皋謨乃以行實屬之，節齋叙此一節，指爲中風，且有「以微罪行」之語。皋謨以呈其從兄，應辰、應桃之子也，以爲不然。節齋恐其不用也，徑取而刻之以出，此豈特不審而已哉！蓋敵惠敵怨不在後嗣，然自當視其事之輕重、理之是非，不可一概論也。

施武子被劾

施宿字武子，湖州長興人。父元之，紹興張榜，乾道間爲左司諫。宿晚爲淮東倉曹，時有故舊在言路，因書遺以番葡萄。歸院相會，出以薦酒。有問，知所自，憾其不已致也。劾之，無以蔽罪。宿嘗以其父所注坡詩刻之，倉司有所識。傅穉字漢孺，湖州人。窮乏相投，善歐書，遂俾書之，鋟板以賙其歸。因摭此事，坐以贓私。其女適章農卿良朋云。

二章清貧

章文莊參政與其兄宗卿，雖世家五馬，而清貧自若。少依鄉校【一九】，沈丞相該之家學相連，章日過其門。沈氏少年與客坐於廳事，時方嚴冬，二章衣不掩脛，沈哂之曰：「此人會著及時衣。」客儆之曰：「二章才學，鄉曲所推，不可忽也。」章亦微聞之。既而兄弟聯登第，駸駸通顯。沈氏之屋，適有出售者，宗卿首買之以居焉。宗卿滑稽善謔，與同舍聚話，吴棣調之曰：「鳥覆翼之。」翼之，宗卿字也。章若不聞，他語自若，良久，忽語衆曰：「頃與衆人會語正洽，俄聞惡臭，罔知所自。時舍弟達之亦在焉，久乃覺其自達之也。」退而誚之曰：「吾弟！吾弟！衆皆在此説話，吾弟却在此放屁！」衆爲一笑。

卿宰小鬼

何小山既貴，里居有卿宰，初上來見。一覩刺字，曰「小鬼」耳，遣吏謝之。後以佃家來訴鄰鳧之擾，有狀至邑宰，判云：「作高田塍多著水，鴨踏苗頭自理會。朝中自有大官人，何必執狀問小鬼。」

【一九】少依鄉校　「鄉」原作「卿」，據稗海本、學津本改。

劉漫塘

劉宰字平國，號漫塘，潤之金壇人。早有經世志，以微疾不樂出。或言其面黚點，不能應詔，起者再，力辭以免。嘗大書其印曆，以示終身不起，云：「怪矣面容，無食肉相；介然褊性，無容物量。智淺而慮不周，材疏而用則曠。不返初服，輒啓榮望。豈特一不可七不堪，正恐一不成萬有喪。故俯以自適，超然自放。衣敝袍，可無三褫之辱；飯蔬食，何用八珍之餉？隱几覺來，杖藜獨往。或從田家瓦盆之飲，或和漁父滄浪之唱。顧盼而花鳥呈伎，言笑而川谷傳響。優游歲月，逍遥天壤。道逢扁舟而去者，語之曰：『汝非霸越之人乎？陶天下之中，從子致富，亟去毋亂吾樂。』遇籃輿而來者，揖之曰：『汝非不肯見督郵者乎？有要於路者，藉得錢送酒家，固不若高卧北窗，日傲羲皇之上也。』」又嘗發明靖節意云：「士大夫既作縣，棄官而歸，率自托於陶元亮，其説以不見督郵爲高，以解印綬不顧五斗米爲廉。愚以爲此士大夫有血氣者之常，元亮非爲血氣所使者，其胸中必有見。《論語》載「子在川上」一章，秦、漢以來學者所未喻，獨程門以爲論道體，其説蓋本於元亮。元亮謂寘彼不舍，安此自富，惜其寄情於酒而爲學有作輟也。不然，總角聞道，白首未成，所欲成者何事？脂我名車，策我良驥，千里雖遥，孰敢不至，所欲至者何所？惟其用功深，見道明，知世道之難，而時事蓋不可爲，故欲翻然而歸。其發於督郵之來，特不欲爲苟去云耳。世遂以爲誠然，真癡人之前難説夢也。」

陳宜中父

陳宜中之先爲吏，每以利物爲心，日計所及，以錢投大缶中，一錢爲一事，久而不可勝計，人多德之。嘗負官錢在圄，屬其孫往貸於葛宣義。葛居外沙，資累鉅萬，宿夢黑龍繞其廳柱，覺而異之，夙興未頮，徑至彷徨，若有所伺，家人呼之不顧。果有小兒來，年可十許歲，問爲誰，曰：「陳某孫。」又問來故，以實對。又問所需幾何，曰：「百千。」如數付之。陳既出，詣葛謝，葛曰：「汝肯以此子見與否？」陳曰：「寒賤下吏，勢分遼絶，非所敢聞。」葛勉使就學，許以捐助，未幾，以長女許之。既而陳遊上庠，上書攻丁大全，南遷數年【二〇】，賈相牢籠，置之倫魁。陳在南日，葛以往江心寺設水陸供，盡室以往，獨長女居守。葛巨富，是夕寇夜至，遂席捲以去，長女亦被獲以往。至是尋盟，乃以幼女歸之。因陳後以文昌出守七閩，遇巧節，諸吏各有所獻。陳妻忽識一柈，似其家物，審是果也。因語陳，陳乃召吏，扣所從來，云海巡所遺也。亟發兵圍其寨，盡俘諸校【二一】，寘於理，悉得其情，正葛寇也。事已，各以次伏誅，無漏網者。葛女已有二子，初猶隱不言，其妹爲言委曲，執手相哭，乃斃其二雛焉。

【二〇】南遷數年　「遷」原作「還」，據稗海本、學津本改。

【二一】盡俘諸校　「俘」原作「殍」，據學津本改。

劉朔齋再娶

魏鶴山之女，初適安子文家，既寡，謀再適人。鄉人以其兼二氏之撰，争欲得之，而卒歸於朔齋。以故不得者嫉之，朔齋以是多嘖言。晚喪偶於建寧。王茂悦槱自臺歸霅，繼而朔齋亦以口語歸，王幹之近郊。既而皆有伉儷之慽，語相泣也。王告别，歸舟得疾，竟至不起。王，劉所愛也。劉歸吴中，未幾，亦逝。二人皆蜀之雋人，識者無不惜之，時戊辰、己巳之間也。衢按：朔齋名震孫。

朔齋小姬

嘉熙丁酉，朔齋守湖，趙毋墮爲鼎倅。既得湖守，爲朔齋交代，劉頗不樂。會劉得史督之辟，是時其父端友適自蜀來，正所由也，不容不就。劉欲卜居於湖，擬郡教場地爲基地，乃别相地以遷之，得廣化寺後空地。後得宅於蘇，不復來，斯場隨廢。蔡達夫節守湖日，創安定書院，用其地爲之云。朔齋在吴日，有小妓善舞撲蝴蝶者，朔齋喜而納之矣。鄭潤父霖來守蘇，蓋舊遊也。因燕集扣其人，知在劉處，亟命逮之。隸輩承風，徑入堂奥，竄取以去，劉大不能堪。未幾，鄭殂，劉復取之以歸。時淳祐己酉也。衢按：毋墮，名希𡌴，宋宗室。

成均浴堂

賈似道之爲相也，學舍纖悉，無不知之。雷宜中長成均也，直舍浴堂久圮，遂一新之。或書其壁云：「碌碌盆盎中，忽見古罍洗。」雷未之見也。一日見賈，語次忽云「碌碌盆盎中」【二二】，雷恍然不知所答，深用自疑。久之，入浴堂見之，乃悟云。

【二二】碌碌盆盎中　「盎」原作「央」，據稗海本、學津本、四庫本及上文改。

潛説友

潛説友，縉雲人，甲辰得第，咸淳庚午尹京，凡四年。後因誤捕賈公私秫事去，語之同傳者吴元真。踰年起家守吴，聞北師至，計無所出。適時宰欲以金銀往舒城犒軍，會舒已下，不得進，寄吴門郡庫。潛因移爲撒花用，偕表同往。北師既退，自以全城爲功。未幾，朝廷知其事，遂罷去，文天祥實代之。後從二王入閩，二王入廣，留守閩中，更反覆隨之向背，末乃復爲北守。所共事王積翁因衆軍支米不得，王以言激之曰「潛意也」，遂罹剖腹之酷，王復作文以祭之。潛與趙裕庵同邑，初甚相好，後浸不相能。潛既南向，裕庵之子翚與其子交惡，至聚衆角鬥。翚以女妻之唆都，因拉裕庵入閩，以其常帥彼也。還至三衢而殂，翚後得南劍同知云。

王積翁

王積翁留耕，參政伯大之姪也。嘗宰富陽有聲，後覲北，留連甚久，遂自詭宣諭日本，遂命爲奉使，以兵送之。至温陵，有任大公者，家有四舶，王盡拘用之。使行，又於途中鞭之。有誶語，王頗聞之，至骸山，即髑髏山。以好語、官職誘之，且付以空頭總管文帖，且作大茶飯享之。任亦領略，亦作酒以報。衆使醉飽，任縱兵盡殺之，靡有孑遺。王竄匿於柁樓下，任叱之曰：「奉使何在？」猶佯笑曰：「在此。」出則叩頭乞命。任顧其徒，鞭而擠之於水，席卷所有寶物、貨財而去。取所乘舟斷其首尾，使若倭舟然。後有水手四人逃回永嘉，北朝爲之立廟賜謚焉。

王厚齋形拘

王厚齋應麟爲右史、兩制時，劉黻在言路。嘗論之云：「識局於形，志奪於藝【二三】；惟務諛説以釣爵位，遂使文體日就委靡。遍歷華要，津津立坳矣。命下之日唧唧，人識吾皇用人如鑑衡【二四】，故爲而常。」一通譜嬪御之人云云。

【二三】志奪於藝　「志」原作「忠」，據稗海本改。

【二四】人識吾皇用人如鑑衡　「皇」字下原衍「甫」字，據稗海本删。

安劉

安劉字景周，一字子陽，四明人。嘉熙丁亥，太學解試魁，戊戌周榜，初任柳州教授。及瓜憚行，使人以身代往。既而其人卒於官，郡以實言，久之乃往。歸投賈於維揚，爲作委曲，使言者拈出而加以譴罰，於是死灰復然。自是寖加朝武，出守括蒼，未得入館，丞秘省，得宜春以出，旋又劾去。未幾，郡亦不守矣。安素與同郡孫願質友【二五】，孫無恙時，常祝其族子中以不合遠之，命更一子，殂，出子乃復謀歸。安患之，未有以絶其來。其人仕至信州李曹，會農寺有逋券四千緡，正在秋廳，安以爲奇貨，囑承吏使迫之，自投於井而死。時弁濼爲卿，張汝諧爲丞，以此并免。未幾，弁、張皆殂。

俞浙

俞浙字季淵，上虞縣人。舊多游鄞學，以長上自居，與同舍不相能，至或歐擊，爲衆所攻，誓於禮殿而去。使弟鄞教，職員多故舊，遇之如束濕，衆怒而哄，碎其座，俞遂棄官去。素出王丞相爚之門，王爲禱時相，治其爲首者。太常丞爲之代，久之不敢上。俞改吉教，乃得往。俞善治財，數吏爲所迫死。後入爲言官，所疏多至數十人，不久去國。常爲章全部端子館客。

【二五】安素與同郡孫願質友　「友」字原爲空格，據四庫本補。

【二六】所抄邸狀甚整　「所」字下原衍「以」字，據稗海本、學津本刪。

黃國

黃華父，其先建寧人，父居吳興。早游京學，本習詞賦兼《春秋》。采時事，所抄邸狀甚整【二六】，其造請不避寒暑，以故多聞，枚舉往事，歷歷如指諸掌，於時日無所差誤。甲辰攻史嵩之，以預扣閽，與時宰謝方叔游從。既以鄉舉登庚戌第，旋得京教，繼入史館爲校勘，遷太博。中遭嘖言，指其他無所長，但能多收朝報耳。晚得南康，未上而勘召主宗正名藉，造朝未及闕，而臺評及之，數月分祿。華父熟於典故，又好談命，知人甲子。或於廣坐舉正班次，往往呼吏從己所見，引却龜列。一日，遇六院序學官之上，責吏使正之然後止。爲六院者，跼蹐而退，以故多不樂者。

方回

方回字萬里，號虛谷，徽人也。其父南遊，殂於廣中，回，廣婢所生，故其命名及字如此。魏明己遇爲守，愛而異遇之。忽與倡家有訟，遂俱至於庭，魏見之甚駭，而方力求自直，魏爲主張而敬則衰矣。後以別頭登第，爲池陽提領茶鹽所幹官。居與大家并，其家實寡婦主人，回以博遊其家，且道其長，呂師夔亦往焉，旋以言去。喜作詩，以放肆爲高，有云：「菊花與汝作生日，螃蟹喚吾入醉鄉。」又與伯機爲壽云：「諸公未許子爲政，萬事無如髯絶倫。」「糟薑三盞酒，柏燭一甌茶。」又自壽詩云：「把酒從來不可期，吾降今日少人知。」有輕薄子聯之云：「但看建德安民榜，即是虚翁德政碑。」又《竹杖》云：「跳上岸頭須記取，秀州門外鴨餛飩。」《甲午元日》云：「端平甲午臣八歲，甲午今年又一周。六十八年多少事，幾人已死一人留。」其處鄉專以騙脅爲事，鄉曲無不被其害者，怨之切齒，遂一向寓杭之三橋旅樓而不敢歸。老而益貪淫，凡遇妓則跪之，略無羞恥之心。有二婢曰周勝雪、劉玉榴，方酷愛之，而二婢實不樂也。既而方遊金陵，寄二婢於其母周姬之家，恣開杜陵之門，勝雪者竟爲豪客挾去。方歸，惟悵惋而已。遂作二詩云：「鸚鵡籠開緑索寬，一宵飛去爲誰歡。早知黠嫗心腸別【二七】，肯作佳人面目看。忍著衣裳辜舊主，便塗脂粉事新官。丈夫能舉登科甲，可得妖雛膽不寒。」「一牝猶嫌將兩雄，趨新背舊片時中。陟忘前主能爲叛，作事他人更不忠。玉碗空亡無易馬，絳桃猶在未隨風。何須苦問沙吒利，自是紅顔薄老翁。」自刻之梓，揭之通衢，無不笑者。既而復得一小婢曰半細，曲意奉之。每出至親友間，必以荷葉包飲食、肴核於袖中，歸而遺之。一日，遇客於途，正揖間，荷包墜地，視之，乃半鴨耳。路人無不大笑，而方略不爲恥。每夕與小婢好合，不避左右。一夕痛合，床脚摇拽有聲，遂撼落壁土。適鄰居有北客病卧壁下，遂爲土所壓。次日訴於官，方爲追逮到官，朋友間遂爲勸和，始免。未幾，此婢滿，求歸母家，拳拳不忍捨，以善價取之以歸。時年登古希之歲，適牟獻之與之同庚，其子成文與乃

【二七】早知黠嫗心腸別　「嫗」原作「賊」，據稗海本、學津本改。

翁爲慶，且徵友朋之詩。仇仁近有句云：「姓名不入六臣傳，容貌堪傳九老碑。」且作方句云：「老尚留樊素，貧休比范丹。」方嘗有句云：「今生窮似范丹【二八】。」於是方大怒，褒牟而貶己，遂摭六臣之語，以此比今上爲朱温，必欲告官殺之。諸友皆爲謝過，不從。仇遂謀之北客侯正卿，正卿訪之，徐扣曰：「聞仇仁近得罪於虛谷，何邪？」方曰：「此子無禮，遂比今上爲朱温，即當告官殺之。」侯曰：「仇亦止言六臣，未嘗云比上於朱温也。今比上爲朱温者，執事也。告之官，則執事反得大罪矣。」方色變，侯遂索其詩之元本，手碎之乃已。先是，回爲庶官時，嘗賦《梅花百咏》以諛賈相，遂得朝除。及賈之貶，方時爲安吉倅，慮禍及己，遂反鋒上十可斬之疏，以掩其迹。時賈已死矣，識者薄其爲人。有士人嘗和其韻，有云：「百詩已被梅花笑，十斬空餘諫草存。」所謂十可斬者，蓋指賈之倖、詐、貪、淫、褊、驕、吝、專、謬、忍十事也，以此遂得知嚴州。未幾，北軍至，回倡言死封疆之説甚壯。及北軍至，忽不知其所在，人皆以爲必踐初言死矣。遍尋訪之不獲，乃迎降於三十里外，韃帽氈裘，跨馬而還，有自得之色，郡人無不唾之。遂得總管之命，遍括富室金銀數十萬兩，皆入私橐。有老吏見其無恥不才，極惡之。及來杭，復見其跪起於北妓之前，口稱小人，食猥妓殘杯餘炙。遂疏爲方回十一可斬之説，極可笑。大略云：「在嚴日，虐斂投拜之銀數十萬兩，專資無藝之用，及其後則鬻於人，各有定價。市井小人求詩序者，酬以五錢，必欲得錢入懷，然後漫爲數語。市井之人見其語草草，不樂，遂以序還，

【二八】今生窮似范丹　「今生」原作「今年」，據稗海本、學津本改。

索錢，幾至揮拳，此貪也。寓杭之三橋旅舍，與婢宣淫，摵落壁土，爲鄰人訟於官，淫也。一人譽之，則自視天下爲無人，大言無當，以前輩自居，驕也。一人毁之，則呼號憤怒，略無涵養，褊也。在嚴日，事皆獨斷以招賂，不謀之同寅，專也。有鄉人以死亡告急者，數日略不之顧，吝也。凡與人言，率多妄誕，詐也。回有乞斬似道之疏以沽名，及北兵之來，則外爲迎拒之説，而遠出投拜，是傲倖也。昔受前朝高官美職，今乃動輒非罵以亡宋稱之，是可忍也，孰不可忍也？年已七旬，不歸田野，乃棄其妻子，留連杭邸，買少艾之妾，歌酒自娱。至於拜張、朱二宣慰以求保解，日出市中買果殺以悦其婢，每見猥妓，必跪以進酒，略不知人間羞恥事，此非老謬者乎！使似道有知，將大笑於地下矣。」其説甚詳，姑書大略如此。

衡嶽借兵

衡嶽廟之四門，皆有侍郎神，惟北門主兵，最靈驗。朝廷每有軍旅之事，則前期差官致祭，用盤上食，開北門，然亦不敢全開，以尺寸計兵數。或云其主司乃張子亮也，張爲湘南運判，死於官。丁卯、戊辰之間，南北之兵未釋，朝廷降旨以借陰兵。神許啓門三寸，臬使遂全門大啓之。兵出既多，旋以捷告，而廟旁數里民居皆罹風災，壞屋近千家。最後有聲若雷震者，民喜曰「神歸矣」，果遂帖息。後使按行，民有愬者，乃厚給之。

北客詩

北客有咏前朝詩云：「當日陳橋驛裏時，欺他寡婦與孤兒。誰知三百餘年後，寡婦孤兒亦被欺。」又咏汴京青城云：「萬里風霜空綠樹，百年興廢又青城。」蓋大金之亡，亦聚其諸王於青城而殺之。白敬甫。

須溪月詩

劉會孟嘗作《月詩》，六言，云：「霓裳聲裏一攧，如今是第幾輪。赤壁黄樓都在，古今多少愁人。」爲人所訐【二九】，幾殆。

菊子

朱斗山云：「凡菊之佳品，候其枯，斲取帶花枝，置籬下。至明年收燈後，以肥膏地。至二月即以枯花撒之，蓋花中自有細子，候其茁，至社日，乃一一分種。」

回回無閏月

回回俗每歲無閏月，亦無大小盡。相承以每月歲首數三百六十日，則爲一年。乙酉

【二九】爲人所訐　「訐」原作「評」，據稗海本、學津本、四庫本改。

歲以正月十二日爲歲首，大慶賀。可與此説非也。回回之歷，歲月但以見新月爲一月之首，每歲則以把齋滿日爲慶賀，謂之開齋節。如把正月，則一并三年皆把正月。次年則退把十二月【三〇】，又三年。周而復始，凡三十六年，則一周也，皆例退。凡把齋月，但見新月則把起，次月見新月則開齋，此非用古之禮，乃夷俗也，何足尚哉！

亂𢿣二字

治亂之亂當作亂，從𤔔從乙。郎段切，治也，治之也。煩𢿣之𢿣當作𢿣，從𤔔從攴。音同前，煩也。并見《説文》乙部、攴部。

兩王醫師

王醫師有二：王繼先，高祖朝國醫，後以德壽宫進藥罔效，安置福州。王涇亦繼先同時，相先後應奉，後以德壽疾進凉藥大漸，杖脊黥海上，後得歸。所謂御胗王承宣者是也。

髯閹

《周益公日記》云：「楊存中，人號爲『髯閹』，以其多髯而善逢迎也。」《王梅溪集》載劉共甫云：「范伯達嘗目存中爲『髯閹』，謂形則髯，其所爲則閹也。」

【三〇】次年則退把十二月「年」原作「月」，據稗海本、學津本改。

胡服間色

茶褐、黑、緑諸品間色，本皆胡服，自開燕山，始有至東都者。《攻媿夫人行狀》。

天市垣

伯機云：「揚州分野正直天市垣，所以兩浙之地市易浩繁，非他處之比。」此説甚新。又術者云：「近世乃下元甲子用事，正直天市垣，所以人多好市井牟利之事。」

石行

德祐國將亡之際，福王府假山石一峰高二丈，忽行出廳事而仆，其所乘大舟若牛鳴者三。全子用。

世修降表

李世修，蜀人，慥堂熊仲之子，爲江陰僉判。北軍之來，因斬使而得知軍事，後乃自修降表以降。豈世修降表之裔乎？

社公珠

近時社公多爲回回所買。或言其腦中有珠，過二十以後則在膝，必鑿之。過三十以往，則無之矣。此妄傳也，縱有之，回客焉敢殺人而取珠乎！

賀知章倚史勢

近者鑑湖天長觀有道士爲僧，獻楊總攝所【三一】，云：「照得賀知章者，本是小人，倚托史越王聲勢，將寺改爲道觀，今欲乞復元寺施行。」楊髡遂從其請，真可發笑也。

尼站

臨平明因尼寺【三二】，大刹也。往來僧官每至必呼尼之少艾者供寢，寺中苦之。於是專作一寮，貯尼之嘗有違濫者，以供不時之需，名曰「尼站」。

升遐玉圭

國朝典故：凡人主升遐，玉帶則取之霍山，玉圭則取之文宣王，向後復送還之。不知起於何時。

【三一】獻楊總攝所　「楊」原作「於」，據稗海本、學津本及下文改。

【三二】臨平明因尼寺　「明因尼寺」原作「明因寺尼」，據《志雅堂雜鈔·仙佛》改。

椒蘭殿赤草

洛陽椒蘭殿故基之前，傳是朱温弑昭宗處，尋丈間生草皆赤色，謂其冤血所染而然也。

燕用

汴梁宋時宫殿，凡樓觀、棟宇、窗户，往往題「燕用」二字，意必當時人匠姓名耳。及金海陵修燕都，擇汴宫窗户刻鏤工巧以往，始知興廢皆定數，此即先兆也。

薦

《尚書》竄四凶，或問云：「鯀有汩陳五行之罪，共工觸不周而折天柱，三苗有不率教之罪，特不知驩兜以何罪而同罰？」或解曰：「帝曰：『疇咨若予采。』驩兜曰：『都！共工方鳩僝功。』帝曰：『吁！静言庸違，象恭滔天。』」然則驩兜有所薦非才之罪，故與之同罰耳。師道云葉亦愚常用，不知出何書。

大仙筆詩

客有降仙者，余心疑其捧箕者自爲之。因命題《賦筆》，且令作七言律詩，頃刻輒就，云：「兔出山中骨欲仙，何人拔穎纏尖圓。拙夫堪笑堆成冢，豪客曾同掃似椽。窗下玉蜍涵夜月，几間雪繭涌春泉。當時定遠成何事，輕擲毛錐恐未然。」縱使人爲，其速亦不可及也。辛卯春。

蒙古江西政

蒙古歹之在江西省也，每下學，則命士人坐講而立聽，又出鈔、帛、酒、米，命士人群試。劉會孟命題出《周南賦》，韻脚云：「言化之自北而南也，聞韶賦不圖爲樂，至於斯也。」蒙之死，會孟作祭文十六字云：「公來何暮，公逝何速，嗚呼哀哉，江西無福！」

火蝎

北方毒螫，有所謂火蝎者，比之常蝎極小，其毒甚酷。常有客人數輩，夏月小憩磐石，忽覺髀間奇痛徹心，不可忍，遂急起索之，則石面光瑩，初無他物。僅行數步，則通身腫潰而殂。其同行異之，意石之下必有異，遂起視之。見一蝎極小而色黑，一人以竹杖擊之，竹皆爆裂，而執竹之手亦腫潰，不旋踵而死。近得杜真人持咒驅，此害稍息。

倪氏窖藏

倪文節爲吾鄉一代名流，常與秀邸爲鄰，頗有侵越地界之争。常爲之語云：「住場好，不如肚腸好；墳地好，不如心地好。」蓋有爲而發也。或議其有窖藏之僻，然余未敢以爲信。既而子孫有分析窖藏不平之訟，頗爲前人之辱，余始疑而終未敢以爲信也。後納一婢，乃自其孫所來，備言其事，云：「一日驟雨，堂屋舍漏，水壅不泄，遂呼圬者整之。得大篋於簷溜中礨下，視之，皆黄白也。或窖於墻壁間，凡數處。以此興訟【三三】，數年不已，盡爲刻木輩所有，正不救子孫之貧也。悲夫！」

【三三】以此興訟　「訟」原作「詞」，據稗海本、學津本改。

燕子城銅印

伯機云：「長安中，有耕者得陶器於古墓中，形如卧繭，口與足出繭腹之上下，其色黝黑，匀細若石，光潤如玉，呼爲『繭瓶』。大者容數斗，小者僅容數合，養花成實。或云：『三代、秦以前物，若漢物，則苟簡不足觀也。』又保定府之西有易州，即郭藥師起兵處，在易水北、州東南有故城，土人號曰『燕子城』。有人耕於城中，得小銅印數十枚，一好事者購得趙雲之印一鈕，不盈寸，篆十字，極精好。伯機得一印於焦達卿處，古文二字，莫有識者。其最可怪者，或一鍤土凡得數枚，莫知其所以然也。」

祖傑

温州樂清縣僧祖傑，自號斗崖，楊髡之黨也。無義之財極豐，遂結托北人，住永嘉之江心寺，大刹也。爲退居號春雨庵，華麗之甚。有富民俞生，充里正，不堪科役，投之爲僧，名如思。有三子，其二亦爲僧於雁蕩。本州總管者與之至密，托其訪尋美人。傑既得之，以其有色，遂留而蓄之。未幾有孕，衆口藉藉，遂令如思之長子在家者娶之爲妻，然亦時往尋盟。俞生者不堪鄰人嘲誚，遂挈其妻往玉環地名。以避之。傑聞之大怒，遂俾人伐其墳木以尋釁。俞訟於官，反受杖，遂訴之廉司。傑又遣人以弓刀寘其家，而首其藏軍器。俞又受杖，遂訴之行省。傑復行賂，押下本縣，遂得甘心焉，復受杖。意將往北求直，傑知之，遣悍僕數十，擒其一家以來，二子爲僧者亦不免。用舟載之僻處，盡溺之，至刳婦人之孕以觀男女，於是其家無遺焉。雁蕩主首真藏叟者不平，越境擒二僧殺之，遂發其事於官。州縣皆受其賂，莫敢誰何。有印僧録者，素與傑有隙，詳知其事，遂挺身出，告官司，則以不干己却之。既而遺印鈔二十錠，令寢其事，而印遂以賂首，於是官始疑焉。忽平江録事司移文至永嘉，云據俞如思一家七人經本司陳告事官司，益疑以爲其人未嘗死矣。然平江與永嘉無相干，而録事司無牒他州之理，益疑之。及遣人會問於平江，則元無此牒，此傑所爲，欲覆而彰耳，姑移文巡檢司追捕一行人。巡檢乃色目人也，夜夢數十人皆帶血訴泣，及曉而移文已至，爲之悚然。即欲出門，而傑之黨已至，把盞而賂之。甫開樽，而瓶忽有聲如裂帛，巡檢恐而却之。及至地所，寂無一人，鄰里恐累而皆逃去，獨有一犬在焉。諸卒擬烹之，而犬無驚懼之狀，遂共逐之。至一破屋，嘷吠不止。屋山有草數束，試探之，則三子在焉，皆惡黨也。擒問不待捶楚，皆一招即伏辜。始設計招傑，凡兩月餘始到官，悍然不伏供對，蓋其中有僧普通及陳轎番者未出官。普已賫重貨入燕求援，以此未能成獄。凡數月，印僧日夕號訴不已，方自縣中取上州獄。是日，解囚上州之際，陳轎番出覘，於是成擒，問之即承。及引出對，則尚悍拒，及呼陳證之，傑面色如土。陳曰：「此事我已供了，奈何推托？」於是始伏，自書供招，極其詳悉，若有附而書者。其事雖得其情，已行申省，而受其賂者，尚玩視不忍行。旁觀不平，惟恐其漏網也，乃撰爲戲文，以廣其事。後衆言難掩，遂斃之於獄，越五日而赦至。夏若水時爲路官，其弟若木備言其事。

楊髡發陵

乙酉楊髡發陵之事，起於天衣寺僧福聞號西山者【三四】，成於剡僧演福寺允澤號雲夢者。初，天衣乃魏惠憲王墳寺【三五】，聞欲媚楊髡，遂獻其寺。繼又發魏王之家，多得金玉，以此遽起發陵之想，澤一力贊成之。遂俾泰寧寺僧宗愷、宗允等詐稱楊侍郎、汪安

【三四】起於天衣寺僧福聞號西山者　「衣」原作「長」，據稗海本及《元史》卷一三改。下文同。

【三五】天衣乃魏惠憲王墳寺　「魏惠憲王墳寺」原作「魏憲靖王墳」，嘉泰《會稽志》卷六：「魏惠憲王墳在山陰法華山。王諱愷，孝宗第二子也。」「王薨，有旨宜於紹興善地權厝，遂厝於天衣寺之法堂，遣使輟祭，且視窆焉。」據改。

撫侵占寺地爲名，出給文書，詳見前集。將帶河西僧及凶黨如沈照磨之徒，部領人夫發掘。時有宋陵使中官羅銑者，猶守陵不去，與之極力争執，爲澤率凶徒痛箠，脅之以刃，令人擁而逐之。銑力敵不能，猶拒地大哭。遂先發寧宗、理宗、度宗、楊后四陵，劫取寶玉極多。獨理宗之陵所藏尤厚，啓棺之初，有白氣竟天，蓋寶氣也。帝王之陵，乃天人也，豈無神靈守之？理宗之尸如生，其下皆藉以錦，錦之下則承以竹絲細簟，一小廝攫取，擲地有聲，視之，乃金絲所成也。或謂含珠有夜明者，遂倒懸其尸樹間，瀝取水銀，如此三日夜，竟失其首。或謂西番僧回回，其俗以得帝王髑髏可以厭勝，致巨富，故盗去耳。事竟，羅銑買棺製衣收斂，大慟垂絶，鄉里皆爲之感泣。是夕，聞四山皆有哭聲，凡旬日不絶。至十一月，復發掘徽、欽、高、孝、光五帝陵，孟、韋、吴、謝四后陵。徽、欽二陵皆空無一物，徽陵有朽木一段，欽陵有木燈檠一枚而已。高宗之陵，骨髮盡化，略無寸骸，止有錫器數件，端硯一隻。爲澤所得。孝宗陵亦蜕化無餘，止有頂骨小片，内有玉瓶爐一副及古銅鬲一隻。亦爲澤取。嘗聞有道之士能蜕骨而仙，未聞併骨而蜕化者，蓋天人也。若光、寧諸后，儼然如生，羅陵使亦如前棺斂，後悉從火化，可謂忠且義矣！惜未知其名，當與唐張承業同傳否？後之作《宋史》者，當覽此以入忠臣之傳。金錢以萬計，爲尸氣所蝕，如銅鐵，以故諸凶棄而不取，往往爲村民所得，間有得猫睛金剛石異寶者。獨一村翁於孟后陵得一髻，其髮長六尺餘，其色紺碧，髻根有短金釵，遂取以歸。以其爲帝后之遺物，庋置聖堂中奉事之，自此家道漸豐。其後，凡得金錢之家，非病即死，翁恐甚，遂送之龍洞中。聞此翁今爲富家矣。方移理宗尸時，允澤在旁以足蹴其首，以示無懼。隨覺奇痛一點起於足心，自此苦足疾，凡數年，以致潰爛雙股，墮落十指而死。天衣聞僧者既得志，且富不義之財，復倚楊髡之勢，豪奪鄉人之産，後爲鄉夫二十餘輩俱俟道間，屠而臠之。當時刑法不明，以罪不加衆而決之，各受杖而已。

二僧入冥

乙未歲，余還霅省墓，杼山聞寶積僧云：「去歲菁山普明寺僧茂都事者，病傷寒，死二日復甦。言初至大官府，冠裳數人據坐大殿，有一僧立廡下，竊窺之，則徑山高雲峰也。欲扣其所以，摇手云：『我爲人所累至此。』忽枷至一僧，則其徒也。即具鐵床，熾火炙之，叫號穢臭不可聞。主者呼雲峰，問其事如何，答曰：『彼受此痛，若某有預，必言矣。』主者曰：『當是時是誰押字？』則無以對。繼又枷至一僧，骨肉皆零落，則資福寺主守觀象先也。方欲問之，忽有黄巾武士直造殿上，問某事何爲久不行遣，或云問景僧録事。主者皆悚然而起，立命吏索案。案卷盈庭，點檢名字，一吏就旁書之，凡四十二人，主者遂署於後。甫畢，此紙即化爲火飛去，即有大青石枷四十二具陳於庭下，各標姓名於上。頃刻追至二僧，乃靈隱、齡悦二都事，即就枷之。繼而又有一人自外巡廡而入，各點姓名，見茂云：『汝安得至此？』遂令擁出至門，一跌而寤。」然其所見四十二人，是時皆無恙。至次年，死者凡十數人，固已異矣。至丁酉七月，演福主僧允澤號雲夢者，以雙足墮指潰爛，病亟，日夕號呼，瞑目即有所覩。其親族兄長在左右視其疾，一日，忽令其兄設四十九解禮懺，自疏平生十大罪以謝過，發陵亦一事。泣謂其兄曰：「適至陰司，見平日作過諸僧皆在，各帶青石大枷，獨有二枷尚空，已各書名於上矣，其一則下天竺瑞都事也。」其時瑞故無恙。扣其一枷爲何人，則潸然墮淚曰：「吾恐不可免也。」是夕澤殂。越一日，瑞都事亦殂。其冥中所見，大率與甲午歲茂僧入冥所覩皆吻合，蓋可謂怪。天理果報之事，未有昭昭如此事者，故書之以警世云。

別集下

天籟

風之吹萬不同，天籟也。禽鳥啁啫，亦天地自然之聲，作樂者當於此取則焉。所謂「聽風聽水作霓裳」，近之矣。以《簫韶》九成，鳳凰來儀，擊石拊石，百獸率舞，蓋以我自然之聲，感彼自然之應，所謂同聲相應者也。

陳紹大改名

陳紹大，台之仙居人，初名詔。宋淳祐丙申嘗魁漕闈，後游上庠，欲改名。或有言增損偏旁可也，昔先聖本名兵，已乃去其下二筆，遂易今名登第。及問其語所本，則不能知，所謂異聞也。

銀花

高疏寮，一代名人，或有議其家庭有未能盡善者。其父嘗作《蘭亭博義叙》，疏寮後易爲《蘭亭考》，且輒改翁之文，陳直齋嘗指其過焉。近得炳如親書與其妾銀花一紙，爲之駭然，漫書於此，云：「慶元庚申正月，余尚在翰苑，初五日得成何氏女，爲奉侍湯藥。又善小唱嘌唱，凡唱得五百餘曲，又善雙韻，彈得賺五六十套。以初九日來余家，時元宵將近，點燈會客，又連日大雪，余因記劉夢得詩『銀花垂院榜，翠羽撼條鈴』、王禹玉《和賈直孺内翰》詩『銀花無奈冷，瑶草又還芳』、蘇味道《元宵》詩『火樹銀花合，星橋鐵鎖開』、《群仙録》『姚君上昇之日，天雨銀花，繽紛滿地』、宋之問《雪中應制》『瓊章定少千人和，銀樹先舒六出花』，遂名之曰『銀花』。余喪偶二十七年，兒女自幼至長大，恐疏遠他，照管不到，更不再娶，亦不蓄妾婢，至此始有銀花，至今只有一人耳。余既老，不喜聲色，家務盡付之子，身旁一文不蓄，雖三五文亦就宅庫支。全不飲酒，待客致饋之類，一切不管。銀花專心供應湯藥，收拾緘護，檢視早晚點心，二膳亦多自烹飪，妙於調胹。縫補、漿洗、烘焙替换衣服，時其寒煖之節，夜亦如之。余衰老，多小小痰嗽，或不得睡，即徑起在地扇風爐，趣湯瓶，煎點湯藥以進。亦頗識字，助余看書檢閲，能對書劄。時余六十七歲矣，同往新安，供事二年，登城亭，覽溪山，日日陪侍，余甚適也。既同歸越，入新宅次家，親族以元宵壽予七十。時銀花年限已滿，其母在前，告某云：『我且一意奉侍内翰，亦不願加身錢。』舊約逐月與米一斛，亦不願時時來請。余甚嘉其廉謹，且方盛年，肯在七十多病老翁身傍，日夕擔負大公徒，此世間最難事。其淑静之美，雖士大夫家賢女有所不及也。丙寅春，余告以：『你服事我又三年矣，備極勤勞。我以面前洗漱等銀器約百來兩，欲悉與你。』對以不願得也。時其母來，余遂約以每年與錢百千，以代加年之直，亦不肯逐年請也。積至今年，凡八百千。余身旁無分文，用取於宅庫，常有推托牽掣，不應余求。自丙寅年，欲免令庵莊糶租穀六百石，是歲積兩年租米未糶，見管五六十石，庵僧梵頭執法云：『知府與恭人商量，欲以此穀變錢，添置解庫一所。』繼而知府來面說：『且要穀子錢作庫本，若要錢用，但來支用，不知要錢幾何？』余云：『用得千緡。』答云：『無不可者。』而宅庫常言缺支用，拒而不從。又二年，遂令莊中糶穀五百石，得官會一千八十貫，除還八年逐年身錢之外，餘二百八十貫，還房卧錢，係知府曾存有批子。支三百千，係丙寅春所許，令填上項錢。余謂服事七十七歲老人，凡十一年，余亦忝從官，又是知府之父，又家計盡是筆耕有之，知府未曾置及此也。況十一年間看承謹細，不曾有病伏枕【二】，姑以千緡爲奩具之資，亦未爲過。但即未辦，候日後親支給。銀花素有盼盼燕子樓之志，而勢亦不容留。余勉其親，亦遲遲至今。今因其歸，先書此爲照。銀花自到宅，即不曾與宅庫有分文交涉，及妄有支用。遇寒暑，本房買些衣著及染物，余判單子付宅庫正行支破，銀花即無分毫干預。他日或有忌嫉之輩，輒妄有興詞，仰將此示之。若遇明正官司，必鑒其事情，察余衷素，且憫余叨叨於垂盡之時，豈得已哉！嘉定庚午八月丙辰押。」達識如樂天，亦有不能忘情之句，愛之難割也如此。浮圖三宿

【二】不曾有病伏枕　「枕」原作「狀」，據稗海本、學津本改。

桑下者，有以夫。余年及炳如之歲，室中散花之人空也，幸無此項罣礙耳。

褚承亮不就試

金人天會中，皇子郎君破真定，拘境内進士，立試場。褚承亮字茂先，宣和中已擢第，至此匿不出。軍中知其才，遂押赴安國寺對策，大抵以徽宗無道、欽宗失信爲問。舉人承風旨，極行詆毁。茂先詣主文劉侍中，云：「君、父之過，豈臣、子所宜言邪？」即揖而出。劉爲變色。後數日，復召茂先，問：「願附榜乎？」茂先堅不從。是時所考者七十二人，遂自號「七十二賢」。狀元許必仕至郎中官，一日出左掖門，墮馬，適與石硼遇，碎首而死，餘無一顯者。茂先後年七十餘，謚爲「玄真先生」。劉侍中名彦産，遼咸雍中狀元，怨宋人海上之盟，故發此問。此北人元遺山《續夷堅志》所載，其好惡之公如此，叛臣賊子亦可知所懼矣。

鳳凰見

金泰和四年六月，磁州武安縣南鼓山北石聖臺鳳凰見。鳳從東南來，衆鳥周圍之，大者近内，小者在外，以萬萬計。地在屯區村，村民懼爲官司所擾，謀逐去之，驅牛數十頭，擊柝從之。牛未至二里，即有鷙鳥振翼而起，翼長丈餘，下擊二水牯，肉盡見骨，水牯即死。於是衆始報官。鳳凰高丈餘，尾作鯉魚狀，而色殷，九子差小，翼其傍。鳳爲日影所照，則有二大鳥更迭盤旋庇蔭之，至日入則下。留三日，乃從西北摩空而上，縣中三日無鳥雀。鳳去後，人視其處，有鯉魚重五六十斤者，食餘尚有數頭。臺旁禽鳥糞兩溝皆滿，小禽不敢飛動，餓死者不可勝計。村民疑臺下有異，私掘之三尺餘，石罅中直插金劍一，取不能盡，擊折得其半，以火煅，欲分之，劍見火，化金蟬散飛而去。

武城蝗

戊戌七月，武城蝗自北來，蔽映天日。有崔四者，行田而仆，其子尋訪，但見蝗聚如堆阜，撥視之，見其父卧地上，爲蝗所埋。鬚髮皆被嚙盡，衣服碎爲篩網，一時頃方甦。晉天福中，蝗食猪。平原一小兒爲蝗所食，吮血，惟餘空皮裹骨耳。

綿上火禁

綿上火禁，升平時禁七日，喪亂以來猶三日。相傳火禁不嚴，則有風雹之變。社長輩至日就人家以鷄翎掠竈灰，鷄羽稍焦卷，則罰香紙錢。有疾及老者不能冷食，就介公廟卜乞小火，吉則燃木炭，取不烟；不吉則死不敢用火。或以食暴日中，或埋食器於羊馬糞窖中，其嚴如此。戊戌歲，賈莊數少年以禁火日飲酒社樹下，用柳木取火温酒，至四月，風雹大作，有如束箱柳根者在其中，數日乃消。又云火禁中，雖冷食無致病者。

旱魃

金貞祐初，洛陽大旱。登封西吉成村有旱魃爲虐，父老云：「旱魃至，必有火光，即魃也。」少年輩入昏凭高望之，果見火光入農家，以大棓擊之，火焰散亂，有聲如馳。古人說旱魃長三尺，其行如風，未聞有聲也。

買地券

今人造墓，必用買地券，以梓木爲之，朱書云「用錢九萬九千九百九十九文，買到某地」云云。此村巫風俗如此，殊爲可笑。及觀元遺山《續夷堅志》載曲陽燕川青陽垻有人起墓，得鐵券，刻金字云：「敕葬忠臣王處存，賜錢九萬九千九百九十九貫九百九十九文。」此唐哀宗之時，然則此事由來久矣。已上六事并見《續夷堅志》。

泰山如坐

泰山如坐，嵩山如卧，華山如立。趙德正云。

平分四時

周歲十二月平分四時，余欲以二、三月爲春，四、五、六、七月爲夏，以八、九月爲秋，十、十一、十二并來年正月爲冬。何以言之？春生正月物未生，夏暑七月暑未退，秋涼九月與八月同，冬寒正月與十二月同，故也。此説但據寒温而言，非謂氣候也，亦自有理。余則欲以二、三、四月爲春，五、六、七月爲夏，八、九、十月爲秋，十一、十二、來年正月爲冬，如此始得寒温之正耳。

必世後仁【二】

子曰：「必世而後仁。」蓋言天下大亂，人失其性，凶惡不可告詔。三十年後此輩老死殆盡，後生可教，而漸成美俗。已上北人楊弘道事言補。

畫扇不入内

客語云：「紫紗衫、畫扇，畫花、竹者不禁。不得入内。今年宰相皆是紫羅衫褙，不許攜扇以入客次。自有畫扇，特不許攜出耳。」

【二】必世後仁　原作「後世必仁」，據學津本改。

權知舉

祖宗朝知貢舉者，禮部長貳乃云「知舉」。餘官雖在禮部貳之上，皆稱「權知舉」，蓋知舉乃禮部職也。今不復然。

一彪

虜中謂一聚馬爲彪，或三百匹，五百匹。

咸陽六岡

咸陽有六岡，如乾之六爻，故曰咸陽。唐時宫殿皆在九岡上，而作太清宫於九五岡上，百官府皆在九四岡上。

卯酉克損目

凡人損目者，命多是卯酉克，蓋卯酉者，日月之門户，所爲光明也。卯爲子所刑擊，酉乃自刑，必有此疾。

守口如瓶

富鄭公有「守口如瓶」「防意如城」之語，見《梁武懺》六卷，不知本出何經。

德壽賞月

德壽宫有橋，乃中秋賞月之所。橋用吴璘所進階石甃之，瑩徹如玉，以金釘校。橋下皆千葉白蓮花，御几御榻，至於瓶爐酒器，皆用水精爲之。水南岸皆宫女童奏清樂，水北岸皆教坊樂工，吹笛者至二百人。康伯可云。

汴京宫殿

京師有八卦殿，八門各有樹木、山石，無一相類。石皆嵌空，石座亦穿空，與石竅相通。上欲有所往，與所幸美人自一門出，宫人仙衣，壯士扶輪，一聲水壁歷，則仙樂競奏雲霄間，石竅間腦麝烟起如霧。大門省玉虚館階前以玉石甃之，殿上椽柱一色，皆金也，炫耀奪目。每上元，上必先於此館三官殿燒香。禁中錦莊前有射垜，太祖始受禪，即暫坐於此，有茅茨不剪之風。虜中一夕失火盡焚，惟錦莊如故。又庫前有葦林，初受禪時，用葦爲火把，棄擲成林。後大内焚葦，雖燒盡，復繁茂云。

宦者服藥

凡宦官初閹，名曰「服藥」，則以名字申兵部。看命則看服藥日時，全不用始生日時，故常擇善良日時乃腐。

空談實效

周平原云：「學問須觀其效，如祖宗時尚詩賦，後來以不如經義，然熙、豐以來用經義取士，何如祖宗時得人？又如元符後尚伊川之學，輕鄙王氏，然元符以後何如熙、豐？今劉子澄輩至云：『韓魏公、歐陽公及其祖元公之屬，惜不遇伊川，使見之，學問功業當不止此。』不知諸公乃就實行中做也。又言：『聖如孔子，必以言與行相配言之，故雖孔門高弟，尚有聽言觀行之説。』今諸公却言自有真知，具此知者，所行自然無失，恐無此理。今之學者，但是議論中理會太深切，不加意於實行，只如人學安定先生，有何差錯？若學伊川、喻子才、仲彌性之徒，豈不誤事？張南軒亦爲人誤耳。」

周莫論張説

周必大子充，莫濟子齊，坐繳張説樞密之命，皆投閑。張説乃露章薦之，兩人皆得郡國，周得建寧，莫得温。莫意欲往，周遷延不進。喻子才有書言激實生患，故東漢有士大夫之禍，蓋必以温爲是，建爲非。汪聖錫報云：「東漢之患生於激，西漢之患生於養，方今患在養，不患在激也。」已上并客語，不知何人作也。

假尸還魂

建康有陳道人，常與仵作行人往來，飲酒甚狎。仵問道人將何爲？因曰：「吾欲得一十七八健壯男子尸。」一夕，忽有劉太尉鞭死小童，仵輿致之。道人作湯，浴其尸，加自己之衣巾，作趺坐於一榻上。道人亦結趺其前。至明，道人尸化而童尸生矣。又，金大定中，宛平縣張孝善男名合得，病死復活，云是良卿王建男喜兒，蓋是假尸還魂者。部擬付王建爲子，世宗曰：「若然，則吾恐姦詐小人競生詐僞，有亂人倫。既身是合得，止合付合得家。」前一段王山有云，後一段《世宗實録》云。

兩世王

有兩世王者，真定人，前身爲吃李八。方八九歲時，一媪至門，呼爲己媳婦。媪六十餘矣，怪怒問兒，言：「我不識汝。」「我李八也。」斥呼媪小名無差。同至所居，指磨盤下，得銀釧與之。至十四五後，始不復記前事。其人常在燕京。又，真定有王䮛，曾病入冥，有逮者呼之曰「王陵」，赳曰：「非也。」逮曰：「汝前生實王陵也。」赳不省，遂以器盛王，撼之，令省前身。赳被撼，方省曰：「我果陵也。」引至一大城，城中有一囚，閉其中，身與城等。王訝，逮者曰：「此白起也，罪大身亦大，俾證坑趙卒事。」赳曰：「吾初建言分趙屯耳，坑出公意。」起無言，以頭觸城，哭曰：「此證又須千萬年。」赳乃甦，言其事。

象油

燕京昔有一雄象，甚大，凡傷死數人。官吏欲殺之，不得已，乃明其罪。象遂弭帖就殺，凡得象油四十八大甕。

狗蚤頌

侯峰和尚《狗蚤頌》云：「摸不著時尋不見，十二時中遶身轉。若還離得這衆生，除是不過一縫線。」亦有旨意。

物外平章

或作散經，名《物外平章》，云：「堯舜禹湯文武，一人一堆黄土；皋夔稷卨伊周，一人一個髑髏。大抵四五千年，著甚來由發顛。假饒四海九州都是你底，逐日不過喫得升半米。日夜官宦女子守定，終久斷送你這潑命。説甚公侯將相，只是這般模樣。管甚宣葬敕葬，精魂已成魍魎。姓名標在青史，却干俺咱甚事。世事總無緊要，物外只供一笑。」此語亦可發一笑也。

德祐表詔

德祐之亡也，奉表等文，皆無肯任其責者。閩人劉裒然毅然自詭，遂以豐儲倉所檢察除太常丞翰林，權宜使之秉筆焉。其表云：「正月日，宋國主臣謹百拜奉表于大元尊兄皇帝陛下：臣昨嘗專遣侍郎柳岳、正言洪雷震捧表馳詣闕庭，敬伸卑悃，伏計已徹聖聽。臣眇然幼沖，遭家多難。權臣似道背盟誤國，臣不及知，至勤興師問罪，宗社阽危，生靈可念。臣與太皇日夕憂懼，非不欲遷避以求苟全，實以百萬生靈之命寄臣一身。今天命有歸，臣將焉往？惟是世傳之鎮寶，臣不敢愛，謹奉太皇命戒，痛自貶損，削去帝號，併以兩浙、福建、江東西、湖南北、二廣、兩淮、四川見存州郡，謹謹悉奉上於聖朝，爲宗社生靈祈哀請命。伏望聖明垂慈，念祖母、太皇耄及卧病數載，臣煢煢在疚，情有足矜。不忍臣三百餘載宗社遽至墜絕，曲賜裁處，特與存全。實拜皇帝陛下再生之賜，則趙氏子孫世世有賴，不敢弭忘。臣無任瞻天望聖激切屏營之至！」既而丞相吴堅奏云：「北朝丞相説兩浙、福建、四川、二廣、湖南北、兩淮見在州軍，今已歸附，合行下各郡等處，取收附狀，庶免大軍前去，荼毒生靈。」取聖旨批答云：「藝祖創業，高宗中興，亦艱難矣。今權臣誤國，至於此極，尚忍言之哉！以小事大，勢亦宜然。朝廷所以歸附，爲宗社計，爲百萬生靈計，所有州郡宜各體此，取依准狀，及須知册申。仍令學士院降詔書，敕某處守臣等。朕自基丕緒，遭時多艱，權臣似道誤國背盟，至勤大元興師問罪，已入京城。有詔許存留宗社，不害生靈，謹奉太皇命戒，舉國内屬。今根本已拔，其餘州郡，縱欲拒守，民何辜焉。詔書到日，其即歸附，庶生靈免罹荼毒，宗社不至泯絶。故兹詔示，想宜知悉。」時丙子二月也。裒然既隨入北，死於燕京。繼此行省奉表稱賀，求能爲表文者，有士人陸威中，亦閩人，欣然承命。其中一聯云：「《禹貢》之别九州，冀爲中國；《春秋》之大一統，宋亦稱臣。」自負得意。時行省在舊秘書省，威中候報於省前茶肆中，假寐案間。既呼之，則死已，可畏哉！

景炎詔

景炎末造，狼狽海上，固無暇文物典章矣。然詔語亦或有可觀者。有云：「雖鳥獸之迹，不無交中國之時；然馬牛其風，何常及南海之遠。」又云：「今南方已定，兵甲已足，豈今年不戰，來年不征？」不知爲何人筆也。

鷄冠血

《北里志》：張住住與龐佛奴有私，乃髡雄鷄冠取丹物，托鄰媪以聘陳小鳳。然則今世閭巷有爲僞者，其來久矣。

葯州園館

廖葯州湖邊之宅，有世禄堂、在勤堂、懼齋、習説齋、光禄觀相莊、花香竹色紅紫莊【三】、芳菲逕、心太平、愛君子。門桃符題云：「喜有寬閑爲小隱，粗將止足報明時。」「直將雲影天光裏，便作柳邊花下看。」「桃花流水之曲，緑陰芳草之間。」二小亭。

亭名

牟存齋桂亭曰「天香第一」，趙春谷梅亭曰「東風第一」，賈秋壑梅亭曰「第一春」。

史嵩之始末

淳祐初年，喬行簡拜辨章，李宗勉爲左相，史嵩之督視荆、襄，就拜右揆。既而二公皆去位，嵩之獨運權。癸卯，長至雷，三學生上書攻之。明年，徐霖伏闕上書，疏其罪。是歲

【三】花香竹色紅紫莊　「莊」原作「粧」，據稗海本、學津本改。

仲冬，嵩之父彌忠殂於家，不即奔喪，公論沸騰。未幾，御筆嵩之復起右丞相，於是三學士復上書，將作監徐元杰、少監史季温、右史韓祥皆有疏，言其不可。於是范鍾拜左，杜範拜右，盡逐嵩之之黨金淵、濮斗南、劉晉之、鄭起潛等。當時又爲詩誚之者曰：「嵩之乃父病將殂，多少憸人盡獻諛。元晉甘心持溺器，鄭。良臣無恥扇風爐。施。起潛秉燭封行李，鄭。一薦隨司出帝都。陳。天下好人皆史黨，不知趙鼎有誰扶。」嵩之之從弟宅之，衛王之長子也，與之素不咸，遂入劄聲其惡，且云：「先臣彌遠晚年有愛妾顧氏，爲嵩之强取以去。乞令慶元府押顧氏還本宅，以禮遣嫁，仍乞置嵩之於晉朱挺之典。」及丙午冬，終喪，御筆史嵩之候服闋日，除職，與宮觀。於是臺臣章琰、李昂英及學校皆有書疏交攻之。御筆始有史嵩之特除觀文殿大學士，許令休致。時劉克莊權中書舍人，當草制，繳奏云：「照得史嵩之前丞相既非職名，又非階位，不知合於何官職下，許令休致？」議者乃以克莊欲陰爲嵩之之地，章、李二臺臣因再攻嵩之，併克莊劾去之。克莊自辨云：「臘月二十二夜，丞相傳旨草制，次日具稿，又次日被論，竟莫知爲何罪也？罷制中有云：『朕聞在昔求忠臣於孝子之門，人謂斯何，豈天下有無父之國？』又云：『宇宙雖廣，有粟得而食諸；霜露既濡，啜泣何嗟及矣。』又云：『罪臣猶知之，卿勿廢省循之義，退天之道也，朕樂聞止足之言。』然竟別命詞焉。」未幾，章琰、李昂英與在外差遣趙汝騰，首上封事，學校又上書乞留二臣，并不報。且內批云：「如學校紛紛不已，元降免解旨揮，更不施行。」於是京庠再上書云云，太傅李伯玉亦上疏力争，李韶亦言，上意終不回。於是陳、韓、與篙皆不能自安，屢丐祠。李韶作批答云：「朕臨御以來，未嘗罪一言者，今爲卿去二臺諫以留卿，前未有是也。人言紛紛，非出朕意。」於是韶亦奉祠而去。明年三月，忽有京學賓賢齋朱振者獨上一書，以薦嵩之。於是臺臣周坦、葉大有、陳求魯、陳垓備論其無忌憚而罪之。

嵩之起復

嵩之之起復也，匠監徐元杰攻之甚力，遂除起居舍人、國子祭酒，仍攝行西掖。未幾，暴亡，或以爲嵩之毒之而死。俾其妻申省，以爲口鼻拆裂，血流而腹脹，色變青黑，兩臂皆起黑泡，面如斗大，其形似鬼，欲乞朝廷主盟，與之伸冤。侍御鄭寀率臺諫共爲一疏，少司成陳振孫、察官江萬里并有疏。遂將醫官、人從、厨子置獄，令鄭寀督之，竟不得其情，止以十數輩斷遣而已。徐霖上書力抵寀不能明此獄之冤，不報，竟去。寀奏疏乞留霖，亦不報。先是，侍御史劉漢弼盡掃嵩之之黨，至此亦以暴疾亡，或者亦謂嵩之有力，然皆無實迹也。朝廷遂各賜田五頃，楮幣五千貫，以旌其直。黄濤之試館職也，對策歷數史嵩之之惡，至是除宗正少卿，於對疏乃言元杰止是中暑之證，非中毒也。於是僉議攻之，而元杰之子直諒投匭扣閽，力辨此説，濤遂被劾云。

徐霖

徐霖字景説，號徑畈，三衢人，爲南省第一人。首伏闕詆史嵩之，不報。嵩之謂人曰：「朝廷大比，所費不知其幾，合天下士僅得一省元，乃是狂生，可以爲世道嘆。」於是虚名頓增。未幾，有徐元杰之獄，上書攻鄭寀不明此冤，徑去國。寀上疏留之，於是傳旨俾宰執留之，又令左司尹焕面留，又令姚希得傳旨勉諭，毅然不從而去。往往沽激太過，人亦薄之。其居衢也，於所居畫諸葛武侯像，終日與之對坐，論天下事。諸閹畏其吻，競致金帛，皆受之。其回字有云：「承惠兼金束帛，足見尊賢崇道之意。」趙汝騰時爲從官，上疏力薦，至比之爲范文正公，屢有召命，皆不就。及除著作郎，則翻然而來，舉止顛怪，妄自尊大。凡士子之來受教，皆拜庭下，霖危坐受之，不發一語，瞑目坐移時，豁然而起。有黠者俟其瞑目，亦效之，俟其躍然而起，亦起從之。霖曰：「汝已得道矣。」夏月，京府命工搭蓋松棚，適一匠者相服破綻，見其二子，霖竟牒天府云：「某人受役而不主一，合從重撻。」隨行一童，廳吏或以果餌與之，霖適見，併廳吏解天府，謂某吏壞其太極，都城無不傳以爲笑。甚至乘醉而入經筵，自稱爲宗師，及兼宰士，則妄有更改。未幾，輪對，竟論乞劾罷臺諫，於是御筆有云：「徐霖以庶官而論臺諫、京尹，要朕必行，事關紀綱，前所未有。昨以去余晦爲是，今乃疏蔡杭爲奸，言及朝士，親填姓名，懷情不一，首鼠兩端，可與在外差遣。」尚遲回不去，趙汝騰往視，趣其出關。蓋霖之無忌憚，皆汝騰成其狂，至目汝騰爲太宗師，己爲小宗師，遞相汲引。霖既去，汝騰亦不自安，遂自補外。未幾，察官蕭泰來數其十二狂【四】，不可治郡，於是聲名掃地矣。

史宅之

史宅之字子仁，號雲麓，彌遠之子也。穆陵念其擁立之功，思以政地處之，然思不立奇功，無以壓人望。會殿步司獄蘆蕩以爲可以開爲良田，裨國餉。時宅之爲都司，遂創括田之議，一應天下沙田、圍田圩、没官田等併行撥隸本所，名「田事所」。仍辟官分往江、浙諸郡，打量圍築【五】。時淳祐丁未，鄭清之專當國時也，遂以宅之爲提領官，右司趙與膺爲參詳官，計院汪之埜爲檢閲，趙與旹、謝獻子并爲主管文字，諸郡又各差朝士，分任其事。怨嗟滿道，死於非命者甚衆。分司安吉州権轄毛遇順毅然不就；分司嘉禾奏院王疇刻剥太過，刑罰慘酷，詞訴紛然，隨即汰去。行之期年，有擾無補。朝廷亦知其不可行，乃以趙與膺爲浙西憲司嘉禾提領江浙田事，陳綺爲淮西餉置司會陵提領江淮田事，宅之遂除副樞。於是劉垣【六】、趙汝騰、黄自然皆力陳其不可，皆以罪去。後一年，宅之終於位，趙與膺死於嘉禾，王疇、盛如杞次第皆殂。其後應於官田，遂併歸安邊所，令都司提領焉。

【四】察官蕭泰來數其十二狂　「其」字原缺，據稗海本、學津本補。

【五】打量圍築　「築」原作「等」，據稗海本、學津本改。

【六】於是劉垣　「垣」原作「坦」，據稗海本、學津本改。

鄭清之

鄭清之字德源，號青山，又號安晚，爲穆陵之舊學。端平初相，聲譽翕然。及淳祐再相，已耄及之，政事多出其姪孫太原之手，公論不與。况所汲引如周坦、陳垓、蔡榮輩，皆小人，黄自然嘗入疏論之。既而豐儲倉門趙崇雋上書，歷陳其昏繆貪污之過，亦解綬而去。未幾，察官潘凱遂劾之，吴燧亦劾其黨，朝廷遂奪二察言職。夕堂董槐亦入疏求去，蓋潘、吴二豸，皆董所薦也。潘疏有云：「馬天驥竭浙東鹽本百萬而得遷。」天驥遂申省辨白，清之欲差官覈實，程元鳳以爲不可以外官鈐制臺諫，其議遂寢。時牟子才家居，亦疏攻鄭而留二察，不報。辛亥冬，祈雪，得雷電大作，而清之薨於位，恩數極厚。明年，傅端林彬之按太原公受賄賂竊取相權，凡所以誤故相者，皆太原之罪，乞罷其閤職，勒守故相之墓【七】，上從之。初，青山之重來也，有作詩譏之云：「一劄未離丹禁地，扁舟已自到江干。先生自號爲安晚，晚節胡爲不自安。」及其薨也，又有詩云：「光範門前雪尺圍，火雲燒盡晚風吹【八】。堪嗟淳祐重來日，不似端平初相時。里巷誰爲司馬哭，番夷肯爲孔明悲？青山化作黄金塢，可惜角巾歸去遲。」

【七】勒守故相之墓　「勒」原作「勤」，據稗海本、學津本、四庫本改。

【八】火雲燒盡晚風吹　「盡」原作「蓋」，據稗海本、學津本改。

衛王惜名器

史衛王挾擁立之功，專持國柄，然愛惜名器，不妄與人，亦其所長。嗣秀王師彌既爲嗣王，遂賜玉帶。其弟師貢亦已建節開府矣，亦覬望横玉圍腰之寵，屢有營求，皆不許。其後媚寵於史親幸之姬，必欲得之。史知其意，命取所有玉帶，於内擇其最佳者與之。姬喜，亟報之，殊不知非出君賜，又無閤門許令服繫關子，安可自擅服繫？其吝惜名器皆此類，亦可尚也。

閻寺

淳祐庚戌之春，創新寺於西湖之積慶山，改九里松舊路，輪奐極其靡麗。至壬子之夏始畢工，穆陵宸翰賜名顯慈集慶教寺，命講師思誠爲開山教主。既而給賜貴妃閻氏爲功德院，且賜山園田畝爲數頗多。建造之初，内司分遣吏卒市木於郡縣，旁緣爲奸，望青採斲，鞭笞追逮，鷄犬爲之不寧。雖勳臣舊輔之墓，皆不得而自保。或作詩諷之曰：「合抱長材卧壑深，于今惟恨不空林。誰知廣厦千斤斧，斲盡人間孝子心。」其後恩數加隆，雖御前五山亦所不逮。一日，忽於法堂鼓上有大字一聯，云：「净慈、靈隱、三天竺，不及閻妃兩片皮。」於是行下天府緝捕，歲餘，終不得其人。

余晦

余晦字養明，四明人，小有才。趙與𥲅之罷京尹，晦實繼之，此壬子四月也。後一月，上庠士人與市人有競，以不能奉學舍之意。既而齋生有斃於齋中者，遂命總轄輩入齋看驗，遂肆諸生之怒。時祭酒蔡杭入奏，三學捲堂伏闕上書，直攻晦爲僕。及晦轎出，將白堂，則諸生攔截於路，欲行打辱。於是晦即絶江以避之，遂以理少罷職，而杭亦除宗少而去。京庠復上書留蔡，而太博黄邦彦、武博、戴良齋復劾晦而留杭，皆不報。未幾，晦知鄂州，杭以二卿召。或有詩獻蔡云：「九曲灣頭是釣灘，先生何事放漁竿。長江流水滔滔去，落日西風陣陣寒。好把丹心裨聖主，休將素節換高官。想於獻納論思際，應説今來蜀道難。」後杭徑除僉樞，或有譏之云：「不因同舍之捲堂，安得先生之過府。」

余玠

淳祐辛丑，余玠義夫卒於渝州【九】，權司程逢辰不能任其事，朝廷加意擇帥。久之，乃以余晦除司農少卿，爲四川宣諭使。七月入蜀，八月除權刑部侍郎、四川安撫制置使兼知重慶府，又兼四川總領。十二月方入夔、峽交印，明年正月始開藩於重慶，既而又兼夔路轉運屯田。然晦才望既薄，局面又生，蜀士軍民皆不安之。未幾，築紫金城，激叛苦行。

【九】余玠義夫卒於渝州 「義」原作「毅」，據《宋史》卷四一六《余玠傳》及《宋季三朝政要》卷二改。

隘南永忠以隆慶降，王惟忠失閬州，甘閏以沔州叛，敗政日甚。未幾，虜兵又入，議者紛然。宗正簿趙崇璠首上封事言之，副端吴燧、蜀人趙至皆有疏。六月，御筆李曾伯以資政殿學士節制四川邊面，召回程逢辰。既而余晦召赴行在，蒲澤之除軍器監，暫充四川制置，權司護印。黄應鳳太常丞成都運判，叶助權司，候蒲澤之自大獲山回日，仍舊。公議以爲不可使荆、湖、渝制西蜀，於是胡大昌、牟子才、潘凱、鄭發、程元鳳各有論列，參政董槐則請行以任蜀事。蔡杭亦請以沿邊任使，人雖壯其志，而哂其無能爲也。三學各有伏闕書攻丞相謝方叔。未幾，李曾伯除四川宣撫使兼荆、湖制置大使，進司夔路，又賜曾伯同進士出身。牟子才、吴燧、胡大昌、陳大方、丁大全皆有疏，疏王惟忠罪狀，乞正典刑。而廟堂亦欲以此掩誤用余晦之失，遂攝惟忠赴大理獄，伏鑕東市。併籍余玠家資三千萬以犒師，治其子如孫之罪，皆陳大方輩作成之也。八月，除蒲澤之四川制置副使兼宣撫判官，以吕文德權知江陵，總統邊事，於是蜀事略定矣。

王惟忠

王惟忠，四明人，其爲閫帥也，與余晦爲同里，薄其爲人，每見之，言語間，晦深銜之。及敗績，棄城而遁，晦遂甘心焉。既申乞鐫降，又令其黨陳大方、丁大全力攻之，必欲寘之死地。廟堂亦欲掩誤用帥之羞，遂興大獄，日輪臺官入寺鞫之。評事鄭疇、理丞曾壄則欲引赦貸命，旋即劾去。甲寅十月二十五日，本寺出犯由榜云：「勘到王惟忠頂冒補官，任知閬州利西安撫府日【一〇】，喪師庇叛、遣援遲緩等罪，准省劄，奉聖旨，王惟忠處斬，仍傳檄西蜀。」或者以其罪不至死，冤之。後二年，陳大方白晝有覩，恐甚，遂設醮以謝過，青詞有云：「閬帥暴尸於都市，幽魂銜怨於冥途。蒞職柏臺，盡出同寮之議；并居梓里，初無纖隙之疑。」未幾暴卒。繼即余晦患瘰癧繞項，墮首而死，可畏哉！

李伯玉

李伯玉字純甫，乙未殿試第三人，議論端慤，出處不苟。當史嵩之柄國時，爲太學博士，上疏援章、李二臺官，以此大得聲譽。未幾，爲陳劾去。壬子，以小著召兼右司，以蕭泰來附謝丞相，傷殘善類，繼彈高斯得，伯玉乃援神宗朝張商英故事，有都司可以按臺臣之條，歷數泰來之過，封章以劾之。穆陵大怒，乃降御筆云：「國家置御史，所以糾正官邪；置宰屬，所以俾贊機務。御史乃天子耳目之官，宰掾不過一大有司耳【一一】，未聞以庶寮而劾糾御史者。近有以都司而按大有，言徐霖也。今伯玉以都司而按泰來，陰懷朋比之私，蔑視紀綱之地，是所以輕臺諫，乃所以輕朝廷也。今伯玉且復援張商英事，以文其過，且郭磊卿以正言而按李遇英，吴當可、翁甫以博士而按别之傑【一二】，以其職事之關繫也。若都司可以按臺諫，則臺諫反將聽命於都司矣，朝綱不幾紊亂乎？李伯玉可降兩

【一〇】任知閬州利西安撫府日　「利」原作「判」，據稗海本改。

【一一】宰掾不過一大有司耳　「掾」原作「椽」，據稗海本、學津本、四庫本改。

【一二】翁甫以博士而按别之傑　「别」原作「劉」，據《宋史》卷四一九《别之傑傳》改。

官，放罷。」既而臺臣程元鳳、劉元龍上疏劾之，御批「李伯玉僭劾御史，以快己私，擅改憲章，以文己過，肆爲欺誕，浸紊紀綱，既得罪於祖宗，已難逃於黜罰」云云。明年，蕭泰來除左史，牟子才亦作右史，潘凱除都丞，并有疏辭免，以爲恥與噲伍，泰來遂除職與郡。侍郎孫夢觀又繳新命【一三】，察官丁大全則奏罷其祠禄，而同援伯玉，不肯與之書降官録黄。其後牟子才譔詞命云：「國家設御史以糾官邪，非使之爲營私謀利計也。蕭泰來昨居彈劾之任，而黷貨背義，醜正黨邪，靡所不至。爾以都曹，能白其姦，雖有體統關係之法，然英詞勁氣，靡拂救正，略不少挫，此可以觀汝之所存矣。姑屈兩階，以振臺綱，而汝之心，則朕所鑒也。尚少安之，以俟叙復。」又明年七月，姚希得引對，直指趙汝騰爲君子之宗，蕭泰來爲小人之宗，諸公多爲之言叙復者。八月，伯玉與宮觀。又明年，叙復元官。景定間，除禮部尚書、侍讀，入政地矣。甫入修門，一疾而卒。伯玉初號畏齋，又號斛峰。

僞號

淳祐甲寅五月，禁中獲僞號人，乃是玉津園火工包四。勘供係賃到有請人潘實敕號。繼於潘實家搜出敕入宮門假印板一面，遂正典刑，其子潘三亦杖死。凡黥決者四十八人。於是盡易敕號，内宮門號八角樣，禁衛號銀錠樣，殿門號四如意樣，每歲一易，各立樣式，

【一三】侍郎孫夢觀又繳新命　「侍」字原爲空格，據《宋史》卷四二四《孫夢觀傳》改。

承襲爲例。

馬光祖

馬光祖字華父，號裕齋，吏事强敏，風力甚著，前後麾節，皆有可觀。乙卯尹京，内引一劄云：「自後宣諭旨揮，容臣覆奏；戚里請托，容臣繳進。」下車之後，披剔弊蠹，風采一新，時號「名尹」。未幾，有倉部郎中師應極之子，夜飲於市，碎其酒家器。詰朝，尹車過門，泣訴其事。光祖即償所直，追逮一行作鬧僕從，仍牒問師倉郎。蓋光祖時領版曹，以倉部爲所屬，故牒問，殊不思京師無牒問朝士之理。師乃時相之私人，乃執縛持牒之卒，恣肆凌辱，又率諸曹郎官白堂，乞正體統。朝廷遂劄漕司，追出被打酒家，反加黥配，應極之子帖然無它。於是光祖威風頓挫，百事退縮。初，顔帥尹京之時，遇三學應有訟牒，必申國子監俟報，方與施行，學舍已不能堪。及光祖尹京，又創爲一議，應學舍詞訟，須先經本監用印保明，方許經有司。學舍尤怒之，作爲小詩曰：「幾年貪帥毒神京，虎視國家三學生。休道新除京尹好，敢將書鋪待司成。」未幾，察官朱應元劾李昂英，太學作書譏之，有云「何不移其劾昂英者劾光祖」等語，光祖愈不安。既而辟客參議薛垣以踪迹詭秘罷【一四】，於是光祖力丐外任，出守留都焉。尹京號爲難治者，蓋以廣大之區，奸宄百弊，上則有應奉之勞，次則有貴戚干政、他司撓權之患，此其所以難也。余則曰：不

【一四】既而辟客參議薛垣以踪迹詭秘罷　「垣」原作「坦」，據稗海本、學津本改。

然。自淳熙以來，尹京幾人其得罪而去者？未始不由學校，可指而數也。然則學校之横，又有出於數者之外矣。

胥吏識義理

嘉定間，宇文紹節爲樞密，樓鑰爲參政。宇文卧病，王醫師涇投藥而斃，史直翁帥宰執往祭之，命南宫舍人李師普爲文，末句曰：「云誰過歟？醫師之罪。」相府書吏張日新寫至於此，執白衛王曰：「既是誤投藥劑，豈可謂之醫師？只當改作庸醫之罪。」衛王首肯之。又，嘉定初，玉堂草休兵之詔，有曰：「國勢漸尊，兵威已振。」日新時在學士院爲筆吏，仍兼衛王府書司，密白衛王曰：「國勢漸尊之語，恐貽笑於夷狄，不當，素以爲弱也。」衛王是其説，遂道意於當筆者，改曰：「國勢尊隆，兵威振勵。」蓋吏胥亦有識義理，文字之不可不檢點也如此。《容齋隨筆》所載一事亦然。

沈夏

沈夏，德清人，壽皇朝爲版曹貳卿。一日登對，上問版曹財用幾何，合催者幾何，所用幾何，虧羨幾何，夏一一奏對訖，於所佩夾袋中取小册進呈，無毫髮差。上大喜，次日問宰臣曰：「侍郎有過政府例否？」梁克家奏云：「陛下用人，何以例爲？」遂特除僉書樞密院事。

史嵩之致仕

丙申之春，御筆史嵩之退安晚節已逾十年，可特授觀文殿大學士，依舊金紫光禄大夫、求國公致仕，仍盡與宰執恩數。令學士院降詔，仍免宣鎖。越二日，奏事右相董槐公云：「四川屢捷，頗爲可喜。」僉樞蔡杭隨奏云：「大奸復出，深爲可慮。」又云：「近降嵩之旨揮，外間謂宰臣欲爲汲引，以報私恩。」上曰：「此乃還其致仕恩數耳。」參政程元鳳奏云：「臣曩在經筵，亦嘗親聞聖訓及此，聖意雖堅，天下未必盡知。兼致仕二字，豈能縶縛之使不出？」越一日，董槐上疏辨明蔡樞之奏，欲乞於嵩之致仕旨揮之下，明示以不復圖任之意，庶可白孤踪，釋群疑。所有上項制可未敢施行。御批：「史嵩之復職，不過酬以宰臣謝事之恩數耳。且其一閑十三年，中外未嘗任使，何緣今日用之？仍令致仕旨揮甚明，正示天下以决不復用之意。而予之職名，則休致之典備矣，豈有他哉！斷自朕衷，非由啓擬，卿其安之。」林存當制，有云：「高尚不事王侯，朕每加於雅志；忠愛不忘畎畝，爾毋有於遐心。」公論復以爲未然，太學生上書攻董相及鄧泳、李仲熊，併攻林存。董相再奏，謂：「嵩之予致仕恩數，臣見凡前執政之罷斥者，皆有之，不復執奏。今則皆歸罪於用事之人，伏望姑寢前命。」御筆云：「史嵩之復職，非由卿請，惟朕知之。

學舍有言，但慮其復出耳，豈校其職名哉！其人決不再用，其職亦不可奪，所請既不悖理，其安之。」正言邵澤劾姚希得，又於希得董試之時，捕其館人，以贓黥決，其人乃已黥之人故也。未幾，内批史玠卿理卿，并與合入幹官差遣。既而嵩之又陳請任相位日進書賞【一五】，時留夢炎爲國史，復申省以其邀求經修經進之賞，將來列銜，某決不敢預僉，乞罷免職事。嵩之躁進，始終不静，真是可厭，而朝廷用事，豈學校一一能把持乎！

度宗誕育

景定三年壬戌，度宗在東宫。閏九月二十九日亥時，降生皇孫，賜名焯，封崇國公，一作封崇國政資國公。是年十一月薨。度宗登極，追封廣王，謚冲善。景定五年甲子，度宗在東宫。七月初三日未時，皇太子妃全氏降生皇孫，以慧星出現，避殿免賀。度宗即位，改稱皇子，賜名釪。咸淳四年戊辰閏正月初六日午時，淑妃楊氏降生皇子，辛未賜名顯，甲戌七月進封吉王。是歲十月一日，順安郡修容夫人俞氏誕生皇子，五年十二月，賜名憲，封益國公。六年六月十二日薨，追封謚冲定。咸淳五年己巳六月初十日，淑妃楊氏再誕生皇子，二十三日薨，賜名鍠，封岐王，謚冲靖。咸淳辛未九月二十八日，全后誕生皇子，癸酉十一月賜名顯，封嘉國公。甲戌七月，度宗遺詔即帝位。咸淳壬申正月十二日，修容俞氏誕生皇子，甲戌七月進封信王。凡七子。

【一五】既而嵩之又陳請任相位日進書賞 「進」原作「連」，據四庫本改。

鈿屏十事

王檣字茂悦，號會溪。初知彬州，就除福建市舶。其歸也，爲螺鈿卓面屏風十副，圖賈相盛事十項，各係之以贊，以獻之。賈大喜，每燕客必設於堂焉。行將有要除，而茂悦殂矣。

度宗即位　南郊慶成　鄂渚守城

月峽斷橋　鹿磯奏捷　草坪决戰

安南獻象　建獻嘉禾　川獻嘉禾

淮擒孛化

已上十事，製作極精。

襄陽始末

襄陽遭端平甲午叛軍之禍，悉煨於火。直至淳祐辛亥，李曾伯爲江陵制帥，始行修復。時賈似道開兩淮制閫【一六】，心忌其功，嘗密奏於朝，謂「孤壘綿遠，無關屏障。」至開慶透渡之際，穆陵猶憶此語，欲棄襄陽而保鄂，而似道乃謂「在今則不可棄矣」。先是，蜀將劉整號爲驍勇，庚申保蜀，整之功居多。吕文德爲策應大使，武臣俞興爲蜀帥、朱

【一六】時賈似道開兩淮制閫　「開」原作「閑」，據稗海本、學津本改。

禩孫爲蜀帥【一七】，既第其功，則以整爲第一。整恃才桀傲，兩閫皆不喜之，乃降爲下等定功。整不平【一八】，遂詬問禩孫其故，朱云：「自所目擊，豈敢高下其手？但扣之制密房，索本司元申一觀，則可知矣。」整如其説，始知爲制策二司降而下之，意大不平，大出怨詈之語。俞興聞之，以制劄呼之稟議，將欲殺之。整知不可免，叛謀遂決。遂領麾下親兵數千人，投北獻策，謂攻蜀不若攻襄，無襄則無淮，無淮則江南可唾手下也。遂爲鄉導，併力築堡斷江，爲必取之計。此咸淳丙寅、丁卯歲也。俞興父子致禍之罪莫逃，遂俱遭貶謫。先是，興既死，丙辰歲俞大忠爲荆、湖諮議，領舟師援蜀，陷殺名將楊政，因争財又殺馬忠，遂遭臺評，追削官爵，勒令自劾。大忠乃捐重賄，得勳臣經營内批，遂作勘會，面奉玉音。俞大忠利其財而陷楊政於死，且盡掩其功，欺罔朝廷，罪不容誅。然遺楊政而獲捷者，俞興也，姑以其父之功，特從末減，將白沙冒賞官資并與遺奪外，特免自劾。於是劉整聞之尤怨，且薄朝廷之受賂焉。襄陽自丁卯受圍，生兵日增，關隘日密，守臣吕文焕雖能堅守，而外絶援兵，又爲築白阿、虎頭二城，復置鬼門關以鍵出入，自是雖音耗亦不可通矣。朝廷雖屢督制府出師救援，而不克進，往往失利不一。既而吕文德病篤，中外爲之憂懼。既而果薨，上遺表，賜謚武忠，遂命其子師夔起復爲湖、廣總領，知鄂州。賈平章似道入奏云：「臣近得師夔報，其父文德病革不可爲。臣嘗具奏，以爲設如所言，臣當奉命馳驅，以爲搶攘之會，非可以經制宜在廊廟自誘。陛下難言，而臣之志固已決於此矣。昨文

【一七】朱禩孫爲蜀帥　「帥」原作「師」，據稗海本、學津本改。

【一八】整不平　「平」字原缺，據稗海本、學津本補。

德訃至，日爲憂皇，幾失匕箸。繼又再申前請，以爲急其所急，豈非藉是以爲去本朝計【一九】？而陛下決不聽許。臣通夕展轉，念無以易此，儻非臣等勇於一行，決不能寬顧。且荆、襄繹騷，士不解甲者再歲，以文德聲望、智略高出流輩，僅能自保。今一失之，奚所統攝？矧諸名將器略難齊，勢不相下，倉卒謀帥，復難其人。兵權不可一日無所歸，邊務不可一毫有所誤。雖目前暫令夏貴管護，然其使人商度遠計，寢食不安，終不若疾趨其所，處分諸事，則隨機以應，不至差池，是則臣報陛下之職分也。臣非不知，曩在兵間，備嘗險阻，困瘁成疾，祇謀謝事，寧堪自取顛覆。誠以難平者事，所徇者國，皆不知其他。臣亦豈不知本朝故事，無以平章而巡邊者，然唐裴度以平章出使山東，似有足援用。拜疏以請，恭聽矜俞。」御筆云：「朕以涼菲云云，師相豈可一日而輕去朝廷？雖跬步之近，不可捨去，請勿重陳。」似道再奏云云：「連夕展轉不寐，良以驛置一往復，率半月餘，曾不若身履其處，機應於速之爲善。再念今之荆、湖，莫急於襄中，寇環吾疆，惟隙是乘，隕星之變非小故，未可死諸葛走生仲達。況今士不解甲，與之尺寸力爭，閲新歲則跨歷三載，事有適值，必生戎心，詎容以疆埸小小交兵視之哉？因念疇昔分閫荆、湖，先帝必欲寵臣以樞筦【二〇】，命臣復襄，臣回奏不敢輕易後繼。臣爲閫者，奉將相意，慕復襄之美名，萃江、岳之重屯以實之，江面單露，卒成己未之禍。先帝每記臣言，必欲棄襄以全鄂，臣則以爲不可。非故自相矛盾，蓋襄既復，則城池、米粟、甲兵委難以資虜。臣在軍極力留勁兵

【一九】豈非藉是以爲去本朝計　「是」字下原衍「去」字，據稗海本、學津本删。

【二〇】先帝必欲寵臣以樞筦　「筦」原作「莞」，據稗海本、學津本、四庫本改。

以守襄，襄幸以全。今又十一年矣，以吕文德運掉備竭志慮，憂恚以至於死。今閫雖暫有所付，而臣與受其責。若使臣制於此，脱有出於意料之外，其可以非己所以自解？無情議論，必指臣爲準矢之的矣，云云。」又御筆極力勉留。再上章，欲權帶職巡視，以三月爲期。上復不允。此後襄圍小小捷奏，於是此議遂緩。明年元日，以兩淮制帥李庭芝爲荆、湖制置大使，兼夔路策應大使兼知江陵府。命范文虎提御前精兵八千餘人，往荆、襄應援，一戰而敗，文虎僅以身免。至明年，蜀江泛溢，漂溺堡壘，至五、六月間，圍稍解。制府乘此機以布帛、鹽、錢、米之類，遣兵防護而入。夏貴亦遣兵擔運粟米數千石，呼延德亦運柴薪、布帛以往。未幾，夏軍大敗，喪舟數百，危急如初。御筆遂督荆、湖制閫移屯舊郢州，范文虎以下重兵皆屯新郢治上均州河口，扼其要津。當時從官中有言於朝，謂昔神堯以一旅之師取河北，今朝廷竭天下財力，以援一州而不能，於是賈相大怒。至咸淳八年壬申春，警報尤急，似道復有視師之請。蓋李庭芝避事悠緩，而范文虎以殿巖自居，頗有不受節制之意。故臺臣雖有章言之，宣示二人，然無益也。壬申歲，又檄沿江副閫孫虎臣及湖副帥高世傑之師，順流而下夾攻。適值江水暴漲，乘勢衝突堡寨及萬人敵，打透鹿門，連船運入衣襖、布帛、米鹽、糧草。進發生兵，遂自樊城，後取安陽河，轉均州江而還郢上。七月，據荆閫申大略云：「襄、樊受圍，跨越五載，水陸路梗，援兵莫通。遂於去冬劄知均州劉懋等，打造戰艦，間探賊兵，措置戰守。又調總管張順、路鈐張貴【二二】，提兵前往均

【二二】路鈐張貴　「鈐」原作「鈴」，據稗海本、學津本改。下同。

州，地名中水路，創立硬寨，建造樓船。自中水路至襄城，止一百二十餘里，節節皆是堡團，軍船屯泊。將士從龍虎口硬打下去，本司重立賞格。張順候立功回，特授轉右武大夫、環衛官、正任御前都統制，犒銀五百兩，界會一萬貫，紵絲十匹。張貴以下，次第立賞。又準平章鈞翰，除制司賞格外，更與不次陞擢。及移文范察使添調間探，司部官劉儀【二二】、盛聰等於四月二十日到均州鄧寨，添造船隻。大使司委知郡范天順等與二張部官同進。六月十三日，據張貴等申，昨於五月二十二日探得漢水已生，次日將船隻拖拽到團山下稍泊。二十四日，以大使司賞格撫諭將士，一應船隻并拖拽至高頭港口，蒙范殿帥、劉路鈐等般運衣襖等物，結成方陣。至一更三點，張貴等舉火爲號，出江極力鏖戰，與賊舟手刃相接。至磨洪灘已上，賊船布滿江内。張貴又以紅燈爲號，撫諭頭目混戰，與賊亂殺，火砲、藥箭射死北兵及墜水者，不計其數。二十五日天明，已抵襄陽，船隻等物至府，軍民踴躍，皆説『賊圍數年，未嘗有許多軍需物件進入』。至此本是萬全，緣當夜四更以來，南風大作，吹奔北岸，於内總管張順所帶火砲，并已發盡，人馬力竭，身中三鎗六箭，就陣殁於王事。張貴等既送軍需等物入城，次日即欲打出，與夏節使兵船相應。緣江水陸落，又蒙安撫吕察使留貴等人船在城，添加戰守，外以路梗不通，至七月方據申到。」九月以來，漢水漸涸，北兵得計不可前矣。夏、孫、高兵船但守地分，范殿帥之軍又與制府牴牾，莫能併力，坐視而已。朝廷乃先解殿帥總統之權，陳伯大劾范文虎，罷黜。十一月，

【二二】司部官劉儀　「儀」字原缺，據《宋史》卷四六《度宗本紀》補。

荆閫李庭芝奏：「襄圍不解，客主易位，重營複壁，繁布如林，遮山障江，包絡無罅，曠歲持久，臣實有罪。且謂昔之滸、黄，今之襄、樊，皆古今非常之變。天每以非常之人擬之，豈區區庸夫所克勝任，云云。帥臣徇國，一念上通於天，其懇懇欲以身臨之者【一三】，亦察愚臣之不可專仗也。若稽南渡之初時，則以張浚、趙鼎自行都建督府，盡護諸將運掉之勢，一時之勢合，帥臣大勛茂德，威震華夷。少超常度，參用舊弼，以臂使指，一新觀瞻，云云。」御筆令侍從兩省集議，然卒無定論。賈平章回奏曰：「若辦此事，非臣捐軀勇往，終未能遂。然縱使臣行，亦後時矣，恐無益於襄陽之存亡，尚可使江南無虞，而不至内地之震駭也。庭芝欲臣建督於荆之謀，要不過姑爲是説，督既建矣，設有警動，臣欲安坐於此，得乎？臣今爲是行也，則諸閫皆受節度，云云。若推至來年春夏之交，則調一大將統三萬兵船直擣潁、亳，又調一大將統二萬兵直擣山東，則襄圍之賊，皆河南北、山東之人，必將自顧其父母妻子，相率離叛。如是，則襄圍不解，臣未之信。倘陛下不容臣跬步離左右，縱有奇謀秘計，一無所施，且當以擇相爲急，云云。」然亦卒不行也。癸酉正月，蜀閫捷報以昝萬壽收復成都，繼又收復眉州。二月，以朱禩孫爲四川制置安撫大使，兩淮制司又奏浮光之捷。忽數日平章疏奏【一四】，力請行邊，乃云：「所聞日異，且言始得朱禩孫申言，虜有直擣内地之議，禩孫危之，謂非築京城重内勢不可。又收吕文焕二月三日蠟書，謂樊之力已不可支，再於襄城臨江一面植木栅立硬寨，誓以死守。但六年被圍，一旦前功盡

【一三】其懇懇欲以身臨之者　「懇」原作「⿰忄貌」，據稗海本、四庫本改。

【一四】忽數日平章疏奏　「忽」原作「忍」，據稗海本、學津本、四庫本改。

廢，實有難言者。浮光廢壘築爲家基，去冬逆整與六安叛將，恐是焦與。一意窺江，乞檢照累年所奏，容臣一出臨邊，即賜處分。」御筆又令集議，然皆悠悠之談，御筆終於不從行邊之請。調阮思聰策援邊淮，就令相視平江城壁，差官修浚。三月，賈平章又奏：「忽得李庭芝連日書，乃知襄帥吕文焕爲虜誘脅，竟以城降。臣一聞，戰眩顛沛，幾於無生。不謂事不可期，力無所措，乃至此極！容臣自刎，以報國恩。」御筆則決於不許，旋降御筆批別置機速房，亦建督於京之意。繼而學校紛紛上書，皆瀾翻不急之語，甚而謂「咸陽之焰未息，而山東盜起；六士之駕未出，而澼、黄透渡」，可謂劫持之語。獨郭昌子一書，頗有可采，所言江、漢道里，亦頗詳盡。且畫六策以獻：一曰分遊擊以屯南岸，二曰重歸峽以扼要衝，三曰備昌漢以固上流，四曰調精兵以護漢江，五曰備下流以絶窺伺，六曰飭隘口以備要害。又有十六策，以爲守備之要，其末併及濟邸之事。平章召見，扣其顛末，補之以官，且令入機速房，以備諮訪。繼而宰執奏事上前，平章復陳行邊之請。上曰：「斷是不可。」上又曰：「諸生之書，只得留中，如下詔求言，亦有未可。」賈奏云：「端平荆、襄之失，繼以諸郡，是時皆不曾降詔，惟開慶有之。今幸未至此，更容臣討論以聞。」上曰：「且鎮以静，不須得行。」四月，内批李庭芝召赴行在，汪立信荆、湖制置使知江陵府，印應雷兩淮制置使知楊州，李應春知岳州，錢直將知江州，翟貴知鄂州，江陵都統程文亮副之，趙孟知郢州，陳起知浮光。既而黄萬石召赴行在，趙溍沿江制置使知建康府，趙孟奎淮東總領，孟之縉知太平州，趣召葉夢鼎赴闕。荆、湖制司申武功大夫、帶右領衛將軍范天順，乃同張順、張貴運送軍需衣襖等物前進襄陽，留存在城守禦，立功尤多。城降之際，時在所守地，仰天大呼曰：「好漢誰肯降賊，死時也做大宋忠義鬼。」於二月二十七日就地分屋内自縊身死。右武大夫、湖北總管司馬統制牛富【二五】，亦係續遣前往襄城戰禦，轉調過樊城，任責東北最緊地分。今年正月十一日，賊攻樊城，牛富拒敵死戰至二更，以身中鎗刀，不能支持，爲賊所得，義不受辱，就戰樓内觸柱，數四不死，遂投身赴火而歿。欲乞贈卹，奉聖旨，范天順特贈静江軍馬承宣使，特與三承信郎，支銀五百兩，十八界會二萬貫，白田三百畝。庚申，范文虎差知安慶府，阮思聰知池州，李雷應知鄂州【二六】，以爲防江計。察官陳文龍上疏云云，且曰：「夫當人言汹湧，所幸衆言紛紛，古今所恃以立國於天地間者，獨有此一脉。言脉猶活，國脉其有瘳乎！欲行求言，皆謬論也。」既而免言職。未幾，又有上書乞師相臨邊者，御批「并不能從」云。

機速房

咸淳癸酉三月，御筆以師相固請行邊不已，照張浚、趙鼎舊例，別置機速房。凡急切邊事，先行後奏，賞罰支用亦如之。其常程則密院行移，無建督於京之名，而有其實，奚不可？内重其勢，外禦其侮，庶不失爲挽留也，師相其勿辭。賈遂毅然祗承，條具以聞，辟屬

【二五】湖北總管司馬統制牛富　「牛」原作「朱」，據《宋史》卷四六《度宗本紀》、同書卷四五〇《忠義傳》改。下同。

【二六】李雷應知鄂州　「李雷應」原作「李應雷」，據《宋史》卷四七《瀛國公本紀》改。

官二員，右司許自、檢詳家鉉翁，制領十員，使臣九十員。於封樁庫作料，科撥激賞第一料金五百兩，銀一萬兩，關子五萬貫，十八界會二十萬。行遣提點文字沈因、張夢龍、徐良弼、沈大發，書寫文字王景陽、張國珍、張汝楫、吴桂芳，監印陳柯、汪雲、鄭大淵。又添給諸路戍兵生券三分之一，增招車等下軍裝錢，置樞密院都副統制一員，補歸明人官資。凡有上書獻書關涉邊事者，并送本房面問，如有可行者，并與施行。忽有蜀人楊安宇者，獻策奇譎，右司許自扣之，不相投合。許自乃操閩音穢語以爲高，欲乞朝廷竟差許自前往邊郵，操穢語以罵賊退師云云。於是遂將安宇行遣，而機速房之望顧輕矣。且許自乃一不通世務之閩士，僅能作詩文之外，他無所能，而乃令當此選，用之者固謬，而自亦可謂不揣矣。一籌不畫【二七】，坐致危亡，非不幸也。

置士籍

咸淳辛未，正言陳伯大建議，以爲科場之弊極矣，欲自後舉始，行下諸路運司，牒州縣先置士籍。編排保伍，取各家户貫，三代年甲，娶誰氏，兄弟男孫若干之數。其有習舉業者，則各書姓名、所習賦經。子孫若憑所書年甲，如十五以上實能舉業者，自五家至二十五家而百家，百家而里正，許其自召其鄉之貢士，結罪保明，批書舉歷【二八】，然後登士籍。一樣四本，縣、州、漕、部各解其一，仍從縣給印歷，俾各人親書家狀於歷首，以爲字迹

【二七】一籌不畫　「畫」原作「書」，據稗海本、學津本、四庫本改。

【二八】批書舉歷　「歷」原作「曆」，據學津本、四庫本改。下同。

之驗。不許臨期陳狀改易。或有隨侍子弟，合赴曹牒諸色漕試者，各令齎歷先赴縣批鑿，前去各處狀試。每遇唱名後，重行編排保伍取會。如有新進可應舉者，續照前式保明付籍。或有事故服制者，并晝時申聞批鑿。或毀抹，如虛增人名、妄稱舉子，其犯人與里正保伍，并照貢舉條例施行。大意如此。御筆從行，遍牒諸路，昭揭通衢。或撰《沁園春》云：「國步多艱，民心靡定，誠吾隱憂。嘆浙民轉徙，怨寒嗟暑，荆、襄死守，閱歲經秋。虜未易支，人將相食，識者深爲社稷羞。當今亟出陳大諫，箚借留侯。迂闊爲謀，天下士如何可籍收？況君能堯、舜，臣皆稷、契，世逢湯、武，業比伊、周。政不必新，貫仍宜舊，莫與秀才做盡休。吾元老廣四門賢路，一柱中流。」又有詩云：「劉整驚天動地來，襄陽城下哭聲哀。廟堂束手渾無計，只把科場惱秀才。」察院陳文龍上疏，頗有沮抑之意【二九】，遂以理少出臺。自是士之有籍，嚴行天下，或稍有瑕疵，皆不敢有功名之望。士論紛紛，直至賈老潰師之後，臺中首劾置士籍之陳伯大、變七司法之游汶、行公田之劉良貴、沮寬恩之董樸、稱翁應龍爲簡齋先生、寫萬拜申稟之朱浚、欲變類田法之洪起畏焉【三〇】。

宋二十一帝

《長編》所載宋二十一帝，蓋自順、宣、禧三祖及東都九朝，南渡後高、孝、光、寧、理、度、少帝，德祐。并景炎、祥興也。

【二九】頗有沮抑之意　「沮」字原爲空格，據四庫本補。

【三〇】欲變類田法之洪起畏焉　「變」原作「便」，據稗海本、學津本改。

宋十五朝御押

太祖　太祖元押　太宗　太宗○真宗元押　仁宗　英宗○神宗　哲宗　徽宗

欽宗　高宗　孝宗○光宗　寧宗　理宗　度宗

附録

自序

坡翁喜客談，其不能者，强之説鬼。或辭無有，則曰「姑妄言之」，聞者絶倒。洪景盧志《夷堅》，貪多務得，不免妄誕，此皆好奇之過也。余卧病荒閑，來者率野人畸士，放言善謔，醉談笑語，靡所不有。可喜可噩，以警以懼，或獻一時之笑，或起千古之悲，其見紿者固不少，然求一二於千百，當亦有之。暇日萃之成編，其或獨夜遐想，舊朋不來，展卷對之，何異平生之友相與抵掌劇談哉！因竊自嘆曰：「是非真誕之辨，豈惟是哉？信史以來，去取不謬、好惡不私者幾人？而舛僞欺世者總總也。雖然，一時之聞見，本於無心；千載之予奪，狃於私意。以是而言，豈不猶賢於彼哉？」癸辛，蓋余所居里云。弁陽老人周密戲書於道邇齋。

（《津逮秘書》本卷首）

《津逮秘書》本前集毛晉跋

唐宋末諸家小説，多稱某年，蓋祖五柳先生但書甲子之意，以自寓其悲憤云。别有似紀年而寔紀地者，如許用晦《丁卯集》、周草窗《癸辛雜識》之類是也。余向酷嗜是書，可與《芥隱筆記》《南村輟耕録》并傳，苦坊本舛謬。喜閔康侯緘正本見示，亟梓以公同好。載吴興園圃，不愧《洛陽名園記》。讀至趙子固《梅譜》二詩，因取余家所藏子固《四香畫卷》展覽一過，筆筆寫生在阿堵間，所謂「畫中有詩」也，花光、逃禪二老不得專美矣。跋尾有仇遠詩云：「淡墨英英妙寫真，一花一葉一精神。繁香曾入廬山夢，遺佩如行湘水春。小白凝珠還勝雪，輕黄承襪不生塵。老僧懶作浮華想，空谷猶疑見似人。」錢良右詩云：「名卉交加逈絶塵，芳香秀色映清真。歲華相對空山晚，不羡長安桃李春。」今弁陽老人見之，當亦採入集中矣。虞山毛晉識。

（《津逮秘書》本前集卷尾）

《津逮秘書》本後集毛晉跋

余閲陸、王諸家《小名録》，嘆其書闕不具，如兹集烏孫、闢孫之類，一一續補，可以傲董彦遠家子弟矣。宋末文體之變、三學之横，被此老痛言之，真堪醫俗。但恨男娼、過癩穢褻之語，亦并存耳。其游閲古泉一段，不遜陸放翁《閲古泉記》，放翁獨見誚於世，惜哉！虞山毛晉識。

（《津逮秘書》本後集卷尾）

《津逮秘書》本續集毛晉跋

斯集二卷凡二百條，與後集一卷凡七十餘條，皆《稗海》所未刻者。字句之間，雖多本本、飢阢之嫌，向守東坡妄改古人文字之戒，故闕疑耳。其辨論后妃、馮婦，確然可據，以翼經傳。如吴妓徐蘭，採附《虎丘志》「貞娘墓」之後，亦足資少年場劇譚也。虞山毛晉識。

（《津逮秘書》本續集卷尾）

《津逮秘書》本别集毛晉跋

余與康侯閔先生相去二百餘里，鱗羽往來，補亡析疑，如促膝几席間。尚論古人之外，無一旁語。余正訝《秘笈》《稗海》諸書甚多贋鼎，即真者十逸其五，每思拈出有關風雅者，逐一釐正流播，爲古人吐氣。何康老寔獲我心也，如《稗海》渾《齊東野語》入《癸辛雜識》，辨之甚確。余更核之前集，逸去弁陽老人自序，别集誤作後集，俱未列目。兹集卷首載汴梁雜事，下卷又載汴京宫殿，可補周美成、李元叔二賦之闕。楊髠發陵、史嵩之始末，詳於正史。菊花有子一條，惜范、史、劉三公《菊譜》未及爾。虞山毛晉識。

（《津逮秘書》本別集卷尾）

閔元衢跋

勝國周弁陽先生，其先本齊人，繇曾大父中丞公寓湖，遂爲湖人。先生才既高，而不甚顯用，發憤著書，世所膾炙，《癸辛雜識》《齊東野語》是也。《野語》刻於正德間，《雜識》雖列《稗海》，而前集外俱屬《野語》。余向應試留都，道經金、閶，從小肆購抄本，始全，大抵宋南渡後事居多，而我湖文獻，亦藉以有徵。每念與其私諸己，孰若公諸世。適琴川子晉毛君手書相訊，喜而緘致，因語之曰：「不佞嘗閲眉公札洎《六硯齋筆記》，知先生又有《志雅堂雜抄》《浩然齋視聽抄》，意皆可觀，使得一時傳布，詎非藝林快事。昔魏常永昌遇新異則勤訪求，或質買，則期必得以門下，殫精斯道，竊有望焉。迺若鵲華齊魯之山，松雪以先生本齊人，故畫《鵲華秋色卷》贈之。先生之稱四水潛夫，則以我湖有霅溪，合四水爲一也。郎仁寶易四爲泗，謂出山東魯縣，謬矣。至於癸辛街在杭，先生自湖寓之，因以名書，而實非杭人也。否則何以復稱弁陽老人也？」客讀之笑曰：「子亦欲借之爲閭里光耳！而要非虚語也，子晉當有以成子志矣。」時歲在元黓敦牂且月，閔元衢識。

（中華書局《癸辛雜識》，吴企明點校，一九八八年）

馮文昌跋

此我大父抄本，書頭所記及點竄字，皆手迹也。周公謹名密，齊人，寓居吴興。其祖少傅，住郡城天聖寺側，公謹寘業弁山，號弁陽老人，所著書《齊東野語》《癸辛雜志》及《雲烟過眼録》，此陳仲翁題於《雲烟過眼録》中語也。癸巳重九後三日，緝先人之舊業，裝於金華寓齋北窗芙蓉峰下，己亥閏三月江涪築小齋。

（中華書局《癸辛雜識》，吴企明點校，一九八八年）

黄丕烈跋

此舊鈔本《癸辛雜識》，有前、後而無續、别，然就所存者取與《津逮本》相勘，已多勝處。書以舊刻名鈔爲勝，豈不信然？勿以不全忽之。蕘翁記。癸酉歲殘，又見一舊鈔本，前、後、續、别俱全，後集末有吴方山題識，云先得前、後，後得續、别，知向來傳布本有前、後孤行之本也。又檢毛刻跋，亦有後得續、别之語，益信此本亦不全也。甲戌正月三日復翁。

（中華書局《癸辛雜識》，吴企明點校，一九八八年）

韓應陛跋

《癸辛雜識》前、後二集，與《汲古閣本》大略相同，但互有脱誤，當彼此讎校，方全善耳。至續集、别集再抄存附後，更成巨觀矣。

（中華書局《癸辛雜識》，吴企明點校，一九八八年）

《四庫全書總目》提要

《癸辛雜識》前集一卷、後集一卷、續集二卷、别集二卷兩江總督採進本。

宋周密撰。密有《武林舊事》，已著録。是編以作於杭州之癸辛街，因以爲名，與所作《齊東野語》大致相近。然《野語》兼考證舊文，此則辨訂者無多，亦皆非要義。《野語》多記朝廷大政，此則瑣事雜言居十之九，體例殊不相同，故退而列之小説家，從其類也。商維濬《稗海》所刻，以《齊東野語》之半誤作前集，以别集誤作後集，而後集、續集則全闕，又併其自序佚之。後烏程閔元衢於金、閶小肆中購得抄本，毛晉爲刻入《津逮秘書》，始還其原帙。書中楊凝式、僧浄端一條，與《野語》重出，蓋删除未盡；彌陀入冥、劉朔齋再娶二條，并附注衢按云云，蓋閔氏所加；海鰌兆火一條，附注不題名字，核其語意，殆亦閔語也。書中所記頗猥雜，如姨夫眼眶諸條，皆不足以登記載。而遺文佚事，可資考據者實多，究在《輟耕録》之上。所記羅椅、董敬庵、韓秋巖諸人，於宋末講學之弊，言之最悉。其引沈仲固語一條，周平原語一條，尤言言炯戒，有關於世道人心，正未可以小説忽之矣。都穆《南濠詩話》曰：「吴興唐廣，嘗手録《癸辛雜識》，見其中載方萬里穢行之事，意頗不平，是夜夢方來曰：吾舊與周生有隙，故謗我至此，幸爲我暴之云云。」夫是非之公，人心具在。使密果誣衊方回，不應有元一代無一人爲回訟冤，至明而其鬼忽靈者。其説荒唐，殆不足辨。且密爲忠臣，回實叛賊，即使兩人面質，人終信密不信回也，况恍惚夢語乎！

（《四庫全書總目》卷一四一）

田汝成《西湖遊覽志》癸辛街條

癸辛街，相傳楊和王建子第於府側，取癸辛方向，其門巷曰癸辛街。宋季，周密公謹居此，所著有《癸辛雜識》《齊東野語》。

（田汝成《西湖遊覽志》卷十三）

郎瑛《七修類稿·周公謹》

元人周密公謹，居齊之東，作書曰《齊東野語》；後來杭，居癸辛街，書名《癸辛雜識》。泗水出山東魯縣，號泗水潛夫；又嘗居華不注之陽，號弁陽老人；以周子窗前草不除，號草窗。其識號各有意也，記之。

（郎瑛《七修類稿》卷二十八）

錢大昕《十駕齋養新録·癸辛雜識》

周公謹《癸辛雜識》，今世流傳有二本，一爲商氏《稗海》所刻，闕落非足本；一爲毛氏汲古閣本，前集、後集各一卷，續集、别集各二卷，最爲完善。而魯魚亥豕之譌，難以枚舉，其最可笑者，别集上卷兀术石蛸修《四朝國史》，其贊史浩略云云。「兀术石蛸」四字，乃「尤木石熇」之譌。尤熇，理宗朝史官，木石蓋其號。别集載蔡杭事，此西山之孫、九峰之子，《宋史》本紀、表、傳并作蔡抗，予曾見石刻題名，乃是杭字，《雜識》固誤，《宋史》亦未可據。公謹自言：「先君子於紹定四年辛卯出宰富春，九月到任，壬辰歲，予實生於郡齋。」則宋亡之歲，公謹僅四十有五，而書中載大德改元事，其年歲在丁酉，是六十六歲尚無恙也。戴表元序《齊東野語》，述公謹之言云：「我家中丞，自齊遷吴，及今四世。」又云：「大父侍郎公，踐歷六曹，外大父參預文莊章公，出入兩制。」以《湖州府志》考之，章文莊者，良能也；中丞，名秘，公謹之曾祖；至所謂大父侍郎者，志亦未之及也。

（錢大昕《十駕齋養新録》卷十四）

李慈銘《越縵堂讀書記·輟耕録》提要

其記宋六陵事，并載羅有開《唐義士傳》、鄭元祐《林義士傳》及周密《癸辛雜識》所記陵使羅銑事，而不能定其爲誰。明人彭瑋乃采《元史》及《梧溪集》《鐵崖集》諸書以補之，謂唐、林乃同事者。予謂《癸辛雜識》所記，事事牴牾，欽宗梓宫，并未南還，何得有朽木燈檠之事？理宗之頭，被楊髡截爲飲器，楊誅後以賜帝師八思巴，何得云被人盜去？蓋公謹特傳聞之譌詞。

即周記所云羅陵使者，其事或不能盡實；而公謹當時人，又爲杭産，亦必非一無影響而言。羅銑之慟哭不去，買棺收斂，及所云僧聞、僧澤、宗愷、宗允等之凶惡，諸陵寶物之富，皆是實事。其云收斂者，或楊髡僅取諸帝骨，而孟、韋以下諸后骨，皆在所棄，故銑得收之；或銑既棺斂後，楊髡復下令築塔耳。蓋《唐傳》云陵初發時，棄其骨草莽間，則諸凶徒之不屑意可知，唐乃得分散拾之，而銑所斂者，亦唐既易之骨矣。唐不敢易理宗骨，故其頭被截，又與公謹所記不相背也。欽宗陵木燈檠事，殆以徽宗陵朽木事附會連及。則祐陵之朽木一段，亦必是實事。至其年歲，亦當以《唐傳》中所稱戊寅爲然，而周記云乙酉者誤。

（李慈銘《越縵堂讀書記》子部小説家類）

周中孚《鄭堂讀書記》提要

《癸辛雜識》前集一卷、後集一卷、續集二卷、别集二卷津逮秘書本。

宋周密撰，密仕履見雜家類。《四庫全書》著録，錢氏《補元志》雜家類。同倪氏《補元志》，作《雜識》一卷，《新識》四卷，《後識》四卷，《續識》二卷。焦氏《經籍志》又止總作四卷，蓋皆未見其書也。是編前有自序稱：「余卧病荒閑，來者率野人畸士，放言善謔，醉談笑語，靡所不有。可喜可噩，以警以懼，或獻一時之笑，或起千古之悲，其見紿者固不少，然求一二於千百，當亦有之。暇日萃之成編，癸辛蓋余所居寓云。」按：癸辛街在杭州，公謹自湖寓之，因以名書，猶許用晦之稱《丁卯集》，以别墅在潤州丁卯橋而名云爾。其書大致雖與所作《齊東野語》相近，然多記瑣事雜言，不及朝廷大政，故今不與《野語》同入雜家，而入之小説，觀其自序所云，便知兩書體例之各異矣。惟所載遺文佚事，多有裨於考證，究非尋常小説之可比也。間及男娼、過癩諸穢褻者，亦聊以垂戒耳，不足以爲全書之累。各集之末，俱有毛子晉跋。《學津討原》亦收入之，《説郛》僅節録一卷而已。

（周中孚《鄭堂讀書記》卷六十四）

丁丙《善本書室藏書志》提要

《癸辛雜識》前集一卷、續集二卷、別集二卷抱經堂寫校本。

癸辛街者，宋楊和王之府，因屋向得名也。周草窗密寓居此里，遂著是書，與《齊東野語》大致相近。《野語》多記朝廷政事，考證舊文，此則無所辨訂，但記瑣言雜事。前集有自序，盧抱經先生鈔本尾葉識云：「杭人有欲梓是書者，但據汲古毛氏本，友人惜其功力之徒勤也，因屬余校正之。既竣，而刻書之人畏累，中輟矣。」有盧文弨、召弓父二印。

（丁丙《善本書室藏書志》卷二十一）

胡玉縉《四庫全書總目提要補正·癸辛雜識》

《癸辛雜識》前集一卷、後集一卷、續集二卷、別集二卷。

是編以作於杭州之癸辛街，因以爲名。後烏程閔元衢於金、閶小肆中購得鈔本，毛晉爲刻入《津逮秘書》，始還其原帙。

丁氏《藏書志·志雅堂雜鈔》下，引余集跋云：「弁陽翁，濟南人，吴興章文莊爲其外王父，故占籍吴興，又與楊和王有連，故又爲杭人，所居癸辛街，即楊氏瞰碧園也。」又

《癸辛雜識》下云：「癸辛街者，宋楊和王之府，因屋向得名也。」

錢大昕《養新録》云：「毛氏汲古閣本最爲完善，而魯魚亥豕之譌難以枚舉。其最可笑者，別集上卷兀术石蛸修《四朝國史》，其贊史浩略云云，『兀术石蛸』四字乃『尤木石焴』之譌。尤焴，理宗朝史官，木石蓋其號。別集載蔡秔事，此西山之孫，九峰之子，《宋史》本紀、表、傳并作蔡抗，予曾見石刻題名，乃是杭字，《雜識》固誤，《宋史》亦未可據。」鄭翼謹案：杭字仲節，兄模字仲覺，見《福建通志》。《真西山集》有《九峰墓表》，明刻以下并作抗，疑據《宋史》改。

（胡玉縉《四庫全書總目提要補正》卷四十一）

志雅堂雜鈔

◉周　密撰

點校説明

《志雅堂雜鈔》，周密撰。周密生平已見《齊東野語》點校説明。

是書爲周密晚年所作，因所居有志雅堂，故名。《志雅堂雜鈔》爲作者所見所聞之記載，内容博雜，書畫、碑帖、諸玩、寶器、人事、醫藥、陰陽算數、仙佛，「分類疏記，略不經意」（石民瞻《序》），與《癸辛雜識》《雲烟過眼録》互有出入，詳略稍殊。全書凡二百五十餘條，書畫、碑帖、諸玩、寶器占半數以上，此與周氏晚年以鑒賞爲務關係甚大。部分條目分程記日，鋪陳條理，客觀清晰，記年、記月、記日、記事明確且詳細，儼然日記體例。

周密見聞廣博，頗具藝術修養，喜收藏，鑒賞眼光犀利獨到，書中所記畫譜、法帖、藏書、古琴、剪紙、藥方、陶瓷製作技法等，既可將之與相關文獻互證，亦爲瞭解宋代民俗、藝術、文化之珍貴資料，「此雖無當掌故，而南宋風流、錢唐瑣事，亦略得其概焉」（石民瞻《序》）。部分條目記述宋代遺事，有史料價值，「今考是書，如『江上奏功』一條、『祭器銘』一條，據事直書，自可於言外見意」（伍崇曜《跋》）。

是書流傳版本較多，且卷數各異，主要有一卷本、二卷本、八卷本及十卷本。一卷本有《説郛》節鈔本，清王氏十萬卷樓鈔本，鮑廷博知不足齋鈔本。二卷本有清嘉慶余集寫刻本，又有道光榮譽《得月簃叢書》本和伍崇曜《粤雅堂叢書》本。八卷本爲丁丙八千卷樓所藏舊鈔本，鈔録精善，可取處頗多。十卷本爲曹溶《學海類編》本。諸版本内容大體一致，類别次第略有别。

本次整理以《粤雅堂叢書》本爲底本，校以《學海類編》本（簡稱學海本）、《得月簃叢書》本（簡稱得月簃本）以及知不足齋本，并參考八千卷樓所藏舊鈔本（簡稱清鈔本）。叢書集成初編本、遼寧教育出版社鄧子勉校點本、浙江古籍出版社楊瑞《周密集》校點本，點校中也有參考。

目録

卷上

圖畫碑帖

王子慶所藏御書，見者十卷。太祖三卷：其一卷，侍衛親軍都指揮使党進請給旗號，開寶四年九月。凡樞密院官皆只押字，不僉名，不知渡江後如何，合考。又内前打鼓揀亭長行失去放停公憑，乞別給打登聞院鼓也，御筆「不行」。又江南投來人三名，賜衣服，及過西京撰軍名收管，聖旨「點定來」。又三司具糧料奏【一】，後有鹽鐵、度支、户部使印。又内前打鼓長郭珣女阿劉稱夫常韜爲楊光美打死【二】，御筆「不行」，階級有法故也。及將校二人令打鼓人二名各行遣，阿劉逐出營。已上共五件。一卷，御筆批「出遞遷軍頭都虞候指揮使」。又宣徽南院使、義成軍節度使曹彬奏牛羊司失去驅羊人，聖旨令收捉，後有宣徽南院使印。一呈發遣差補十將，御筆云：「我曾與你指揮，問定遠都頭有家累無家累，且發遣鐵騎都頭。」一内前打鼓百姓冉興爲人嗾使打鼓，告官家差役不均，御筆「與臀後十七板」。已上共四件。一卷，忻州定襄縣開門寨歸朝人進馬【三】，各支賜衣服、絹等有差。又代州界投誠四人，各支賜衣服、頭巾、麻鞋、絹等。又偷到契丹馬人，支

校勘記

【一】又三司具糧料奏　「又」原作「文」，據學海本、知不足齋本改。

【二】又内前打鼓長郭珣女阿劉稱夫常韜爲楊光美打死　「女」原作「安」，據知不足齋本改。

【三】忻州定襄縣開門寨歸朝人進馬　「朝」原作「明」，據南京圖書館藏鈔本《雲烟過眼録》改。

賜。一差沈繼祖以下勾當車洞間東廟，送監抛搬石等宣頭，御筆「直住發取旨來」。奉聖旨差張令鐸及防禦團練副使、諸徽將軍、諸司副使、衣庫使、弓箭庫使、甲器庫使、八作使、尚食使、市易使、副酒坊使、宫苑使、閑廄使、右飛龍副使、莊宅使、六宅使、副洛使、如京使、染院使，并供奉官處直承旨，御筆點出各人姓名。已上共三件。真宗一卷，封泰山，禁音樂，御批。仁宗御書飛白六便面，板有小璽及年號。英宗舊名宗實，回監押倚禁私出一幅，及御書《齒藥方》：「生乾地黄，細辛，白芷，不蛀皂角去黑皮并子，各一兩，同入藏瓶内，用黄泥固劑。用炭火五六斤煅，令炭盡，入白僵蠶一錢，甘草二錢，并爲細末。早晚用揩齒，并治出血、動摇等症。」哲宗便面御書「掬水月在手，弄花香滿衣」，中有御押五，賜黄門黄洙，元祐四年五月十四日。欽宗圍城内御筆詔書蠟彈一方。高宗御書「損齋」二大字，并御書《損齋記》，後有左僕射沈該以下聯名并全。又王子慶攜至伯時四卷《天馬圖》，絶妙飛動，有王詵親書所和詩。又《山陰圖》，伯時自書自畫。又《孝經》，又《于闐貢獅子圖》，伯時親跋。又有杜郎中者，攜至伯時著色畫《山居圖》，誤作《輞川圖》，雖好，亦是摹本。

江南後主嘗詔徐鉉以所藏古今法帖入之石，名《昇元帖》，此則在淳化之前，當爲法帖之祖也。

龔聖予云《禊帖》有大業間石本，其後有隋諸臣銜位。然則在智永未藏之先，此帖亦嘗入御府。

廖瑩中群玉號藥洲，邵武人，登科，爲賈師憲平章之客。嘗爲太府丞，知某州，皆以在翹館不赴。於咸淳間嘗命善工翻刻《淳化閣帖》十卷、《絳帖》二十卷，皆逼真，仍用北紙佳墨摹搨，幾與真本并行。又刻《小字帖》十卷、王樠所作《賈氏家廟記》、盧方春所作《秋壑記》《九歌》。

又刻陳簡齋去非、姜堯章、任希夷、盧柳南四家遺墨十三卷，皆精妙。先是，賈師憲用婺州碑工王用和翻刻《定武蘭亭》，凡三年而後成，至酬之以勇爵，絲髮無遺恨，幾與《定武》相亂。又縮爲小字，刻之靈壁石板，於是《群玉蘭亭》遂冠諸帖。世綵堂，蓋其家堂名也。其石後爲泉州蒲壽庚航海載歸閩中，途次被風，墜江中，或謂尚在【四】，特不全耳。

米芾作寶晉齋以藏晉、唐真迹數十軸，其絶精者十軸，其齋扁則隨所至掛之。蜀士劉涇巨濟實與之頡頏，嘗謂：「年禩綿遠，晉代奇迹蓋已略盡，自李唐始爲之著定，以示貴實不貴名。」芾因而非之，嘗遺之詩曰：「唐滿書奩晉不收，都緣自不信雙眸。」蓋因心以達其精鑒之機，所以警策之者至矣。

壬辰九月十六日，因謁費萬户，名拱辰，號北山。莊蓼塘，名肅莊，出張萱《彈琴士女》一卷，明昌御題并前後印【五】，元喬仲山物。戴嵩《戲牛圖》一卷，二牛，宣和御

【四】或謂尚在　「謂」字原缺，據學海本、得月簃本、知不足齋本補。

【五】明昌御題并前後印　「印」原作「即」，據學海本、得月簃本、知不足齋本改。

題，元雪山物，後歸季文份宗允，今歸莊。紙本山水畫一卷，元作范寬，不甚真。唐人《戈船二隻》，作一卷，甚精。徐崇嗣《花卉》二軸。《山居圖》一卷，作伯時，絳色，恐非也。

壬辰臘月朔【六】，楊叔大以右軍帖石本五軸見惠，凡右軍帖皆有之，如《墓田丙舍帖》及《十七帖》之類，皆在焉。第前卷與後無摹勒歲月，莫可考，且墨蠟甚新，意必穆陵朝禁中刻，置内書院壁間者，刊勒皆不甚精，於是卷而還之。

高宗朝手卷，畫前上用乾卦圓印，其下用「希世藏畫」，卷後下用「紹興」印。墨迹無上面卦印，止有「希世」「紹興」印。徽宗朝墨迹，用雙龍印縫，粉青絹，狹簽頭，用泥金題。

癸巳二月二十日，至張受益古齋觀山水【七】。一號李成，雖未知果否，然秀潤可喜，山頭似沐【八】，屋宇、人物皆佳，止此軸好【九】。《桃源圖》三幅，號荆浩，兩軸雖古，未佳。黄筌《獨釣圖》，山峰刻峭。李景元古木雀鷯，惠崇山水，艾宣孔雀二，佳。易元吉《獮猴擇蝨》，東坡有題。俞肖嵓長子臨《倦繡圖》，佳。子俊臨《鼓瑟士女》，不及郭。

二月二日，訪徐子方，出王駙馬水墨《烟江叠嶂圖》，後有坡翁與王唱和各兩詩，王駙馬用押字收附并印記。此元係劉漢卿郎中物，後有王子約中丞跋，余嘗見於王子約竹山園。又出白玉剛印【一〇】，甚方正，其兩邊真字各兩行，細如絲髮，真奇物也。

【六】壬辰臘月朔　「朔」原作「朝」，據學海本改。

【七】至張受益古齋觀山水　「古」字原缺，據學海本、知不足齋本補。按：張受益，號古齋。

【八】山頭似沐　「沐」原作「之」，據學海本改。

【九】止此軸好　「止」原作「上」，據得月簃本改。

【一〇】又出白玉剛印　「剛印」原爲空格，據學海本、知不足齋本補。

三月二十八日，至困學齋，觀郝清臣字。清甫所留四卷張長史《秋深帖》，上有雙龍印，下有宣和印，後上有政和印，後下有宣和别印。孫過庭草書《千文》，用五色紙書，縫各有「珍」字印【一一】，或謂唐太宗印，或謂宋太祖印，中有唐宏文館印。唐摹《蘭亭》，絶好。李伯時《陽關圖》，備盡離别悲泣之狀，薛紹彭家物，後有所題詩及書王右丞一詩，及「河東」并「三鳳後人」等印，又有一印云「□及□」，皆不知爲何人印也。林且翁亦有一絶句在後。聞伯幾云：清甫蕭子雲《出師頌》真迹絶佳，擬以古物鈎易之，爲王子慶所壞。伯幾又自出索靖章草《月儀》一短卷，下有「希世藏」小璽及關右永興軍節度使印，蓋韓氏物。一錦牡丹表首，儼如著色畫成，蓋宣和法錦也。近新收中齋所藏獻之《還期帖》，帖已開裝。玉爐一枚，其文雲龍，蓋思陵舊物也，惜乎經火迫壞了，後歸子方。

四月二十八日，莊肅蓼塘出示周昉《揮扇圖》，高宗御題，元張受益者。張萱《鼓琴士女》，明昌御題，有明昌諸印，曾入賈公家。董元《溪山圖》，高宗御題，元王子慶物。董元著色《山居圖》，高宗御題，元是予得之大璫，後歸許氏者。余作四定與許，許作八定與莊。吴道子《過海天王》，高宗御題。《騎馬》，元喬仲山物。李思訓《巫山神女圖》，明昌御題，榷場物【一二】，曾入秋壑家。以上并手卷。陸晃《捕魚圖》，明昌御題，二漁人全類胡人。關仝山水【一三】，人物皆衣紅。郭忠恕《飛閣晴巒》，宫殿四角皆見，上有御題，正與其家所收喬仲山《飛仙故實》一同。李成山水，不甚真。黄筌《紫葵花》，

【一一】縫各有珍字印　「珍」字原爲空格，據《雲烟過眼録》補。

【一二】榷場物　「物」字原缺，據《雲烟過眼録》補。

【一三】關仝山水　「仝」原作「同」，據學海本、得月簃本、知不足齋本改。

有一雀立花上。又荆浩山水。

癸巳八月十四日，示余以喬仲山求售智永真草《千文》，絶佳，欲鈔七定，上有徽宗御題，政和、宣和印。此項郭祐之謂内有「祐」字，係雙鈎，此米老所謂臨本也，然亦奇物，不易得者。顔書《馬病帖》，欲鈔五定，有高宗題簽頭，「希世」印在前，亦奇物。李思訓《江山漁樂圖》，無神氣，金章宗題，全似徽宗字，有「明昌御覽」等印，本獨幅畫。

癸巳十一月十一夜，趙小山孟林以四川絹幛一幅來觀，乃高宗大字書《古柏行》，字大五寸，後有「御書之寶」璽，其側有「知達州軍州事趙不棄上進」字，古錦沿池絹夾，欲兩定半。

十一月十三日，善之攜彦敬所收趙昌畫折枝卷子來觀，花本八枝，作兩處，今所存鷄冠、木瓜、躑躅、海棠而已。其後有米芾詩及蔡元度、章子厚、林攄、林希、劉原父、駙馬徐兢諸公題名甚多。官印數十，内有太原府尹及中書省【一四】、秘書省、温州、杭州、蘇州觀察使等印甚多。私印有「林希子中秘笈清玩」及徐兢一印，甚佳，「保大」「騎省」「宣和書學博士」及「襄陽漫士」印皆好【一五】。悉用黄絹素書。本楊和王家物也，有「倓」名印，後有周益公題。

十一月十九日，訪伯幾，張受益在焉。觀李成《晴巒叠嶂》横卷，不甚好，上有小璽印。王端琴棋、人物，徽宗御題，平平。湯子昇《鑄鏡圖》，有後主親題，徽宗御題。《琴

【一四】内有太原府尹及中書省　「尹」原作「印」，據學海本、知不足齋本改。

【一五】保大騎省宣和書學博士及襄陽漫士印皆好　「大」字下原衍「官印」二字，據學海本、知不足齋本删。

高故實》，平。盧楞迦《羅漢》，徽宗御題，及有李後主題字花押。董羽《龍》，范寛《雪景》，好。黄筌《飼貓留犢》雙幅，皆司德用寄售者。又有篦刀一把，其鐵皆細紋花，云此乃用銀片細翦及并鐵片細翦如絲髪，然後團打萬槌，乃成自然之花。其刀背水槽窊處皆上垛，用荆砂碾出【一六】，其刀靶如合色烏木，乃鷄舌香木，西域物也。此刀乃大金時水總管所造，上有滲金鐫「水造」二字。一刀所直鈔十定，今無復有此良工也。

二十六日，訪蓼塘，出孫夢卿《松石問禪》一卷，徽宗題，上有天水印，下有宣和印，所畫一僧絶妙。本老游褾背得之提賣籃中者【一七】，其價甚廉，問莊，以二定得之，游恐不止此也。

十二月初三日，又出周昉畫，徽宗御題，向藏張受益處。有張南本《勘書圖》，高宗題。有顧閎中畫《明皇擊梧桐圖》【一八】，類院畫，却自佳，甚長，本喬氏物。周文矩寫《李季蘭》，真。韓滉畫《庶人》，高宗御題，喬氏物。又未背畫葉一册，頭葉御畫，徽宗題，有《應夢鍾馗》。

甲午三月四日【一九】，楊彦德有盧鴻《草堂十志詩》，林彦祥臨伯時本，遺《草堂》《樾館》二詩，所存者八，必盧徵君所賦也。今録於後：

羃翠庭

羃翠庭者，蓋崖巘積陰，林蘿沓翠，其上綿羃，其下深湛，可以王神，可以冥道矣。及

【一六】用荆砂碾出　「荆」原作「刑」，據學海本改。

【一七】本老游褾背得之提賣籃中者　「褾」原作「表」，據清鈔本改。

【一八】有顧閎中畫明皇擊梧桐圖　「擊」原作「學」，據學海本、得月簃本、知不足齋本改。

【一九】甲午三月四日　此句原缺，據學海本補。

喧者游之，則酣謔永日，汨清薄厚。歌曰：「青崖陰，月磵曲，重幽叠邃隱淪躅。草樹綿密翠蒙蘢。當其無，亭在中；當其有，羃翠庭。神可谷，道可冥。有幽人，彈素琴。白玉徽兮緑水音，聽之愔愔澹忘心。」如如野叟林師心書。

洞玄室【二〇】

洞玄室者，蓋因巖作室，析理談玄，室返自然，成斯洞矣【二一】。及邪者居之，則假容竊吟【二二】，妄作虛誕以盜名。歌曰：「嵐氣肅兮巖翠冥，室陰虛，户苔匝，披蕙帳，促蘿筵。談空空兮覈玄玄，蕙帳蘿筵洞玄室。秘而幽，貞且吉，道可廣，人可冥。繹秘思兮草玄經，結幽冥兮存《黄庭》。」江湖散人陳昱書。

期仙磴

期仙磴者，蓋危磴穹窿，迴接雲路，靈仙仿佛若可期。及儒者毀所不見則黜之，蓋疑冰之談，信矣。歌曰：「霏微陰壑兮氣騰虹，迤邐懸磴兮上凌空。青霞杪兮紫雲垂，鸞歌鳳舞吹參差。期仙磴，鴻駕迎兮瑶華贈。山中人，好神仙，想像聞此欲飛烟。鑄玉液，還頹年。」家居道士米友仁書。

滌煩磯

滌煩磯者，蓋窮谷巖崖，發地盤石【二三】，飛流攢激，積漱成渠，澡性滌煩，實爲幽致，可爲知者説，難與俗人言。歌曰：「靈磯盤礡兮奔溜參錯，漱泠風兮鎮冥壑。研苔滋，泉

【二〇】洞玄室　「玄」原作「元」，據知不足齋本改。按：作「元」應係避康熙諱。下同。

【二一】成斯洞矣　「成」字原缺，據學海本補。

【二二】則假容竊吟　「吟」原作「次」，據學海本、得月簃本、知不足齋本改。

【二三】發地盤石　「發地」原缺，據《雲烟過眼録》補。

珠潔，一飲一憩氛想滅。磷漣清淬滌煩磯，靈仙境兮仁智歸。中有琴，徽以玉。峨峨湯湯彈此曲，寄聲知音同所欲。」湧泉治祭酒道士翟耆年書。

雲錦淙

雲錦淙者，蓋激溜攢衝，傾石叢倚，鴻湍疊躍，噴若風雷，詭暉分麗，焕如雲錦，可以瑩發靈矚，幽玩忘歸。及世觀之，則反曰寒泉傷玉趾矣。歌曰：「水攢衝兮石叢聳，焕若雲錦兮噴汹湧。苔駁犖兮草龕緣，芳羃羃兮水濺濺。石攢叢兮雲錦淙，波連珠兮文杏峰。有潔冥者媚此幽。漱靈泉，樂天休，實獲我心夫何求。」冷雲庵釋慈賢書。

金碧潭

金碧潭者，蓋水潔石鮮，光涵金碧，巖葩林蔦，有助芳陰，鑒洞靈虚，道斯勝矣。而世士纏乎利害【二四】，則未暇游之。歌曰：「水碧色，石金光，灧熠熠兮瑩煌煌。泉花映，柳陰臨，紅的的兮翠陰陰。紅翠相鮮金碧潭，霜月洞，烟景涵。有幽人兮好冥絶，炳其輝，凝其潔，悠悠終古長不滅。」無所住净曇書。

倒景臺

倒景臺者，蓋太室南麓，天門右崖，傑峰如臺，氣凌倒景。登路有三處可憩，或曰「三休臺」。可以會馭風之客，皈絶塵之子。超逸興，蕩遐襟，此其所絶也。及世人登焉，則魄散神越，目極心傷矣。歌曰：「天門豁，靈臺聳，傑屹崒兮雲澒湧。窮三休兮曠一

【二四】而世士纏乎利害　「士」原作「生」，據《雲烟過眼録》改。

觀，忽若登昆侖兮期汗漫。仙聳天關倒景臺，凌顥氣，軼囂埃。皎皎之子兮自獨立，雲可朋，霞可吸，曾何榮辱之可及【二五】！」經堂孫焱書。

枕烟庭

枕烟庭者，蓋特峰秀起，意若枕烟，秘庭凝虛，窈如仙會，即揚雄所謂「爰靜神游之庭」是也，可以超絶世紛，永潔精神矣。及機士登焉，則寥閴戃怳，愁懷情累矣。歌曰：「臨泱漭【二六】，背青熒，吐雲烟兮含窈冥。怳欻翕，杳幽靄【二七】，意縹緲兮群仙會。窈冥仙會枕烟庭，竦魂形，凝視聽。聞夫至誠必感兮祈此巔。契灝氣，養丹田，終仿佛兮覯靈仙。」隱岳道人石昭問書。按：《草堂十志》僅見書畫志録中，鴻詩此外亦更無一首流傳。文徵明有寫本，今《全唐詩》亦載此十詩，皆與此句字互異，不知何者爲真本也。

先子《畫史》載：劉子禮以五百千錢置錢氏畫五百軸，初未發緘銓美惡也，既得之後，其間有盧鴻《草堂圖》一卷，已是數百年物矣。頃李伯時曾臨一本，仍自書歌一篇。次則秦少游、朱伯原、先子書也。又其次陳碧虛、仲殊師、參寥子輩繼之，餘亦一時聞人。紹興己未仲春，余舟過蘇臺，石瑩中爲長洲令，得宇文季蒙所藏伯時本，屬林彦祥爲摹，乃亦首自書其篇。瑩中輒俾余書先子所書一篇，餘悉欲得一時名士繼之，嘆其雅尚不凡，因又跋於尾。是月二十七日，米友仁元暉。

《玄居十志》者：草堂，以修身蓄德之府也；樾館，以延賓閲禮之用也；玄室，以談

【二五】曾何榮辱之可及　「及」原作「歹」，據學海本、得月簃本、知不足齋本改。

【二六】臨泱漭　「臨」原作「聽」，據《雲烟過眼録》改。

【二七】杳幽靄　「杳」原作「沓」，據得月簃本、知不足齋本改。

道衆妙之宗也；翠庭，以栖閑谷神之致也【二八】；期仙，以虚湛傲睨之適也；滌煩，以澡性潔己之謂也；錦淙，以沃志日新其德也；碧潭，以端形鏡清其色也；倒景，熙熙春臺之樂也；枕烟，渺渺仙山之興也。十者，蓋天地之成數；志者，即紀述之總名。玄居子道心惟微，幽賞亦異，可謂隱淪之奇絶，今昔所未聞，故修書貽諸好事君子也。

「甘泉、建章空草莽，甲第紛紛誰復數？嵩岳徵君一草堂，却有畫圖傳萬古。巖巒奥勝帶烟霞，曠望幽盤何處所？微茫短幅幾臨摹，便覺市朝如糞土。輞川别業王維畫，君陽山記希聲叙。胡將冰雪污塵囂，規模雖勝非吾侣。」李泰伯。

盧鴻《草堂十志》，今所存者八，而遺其《草堂》《樾館》二紙。據小米所云：林彦祥臨伯時畫而自書其首，則夫二紙者亡之久矣。書手意趣有神游八極氣象，歌語亦清峭凌厲，如酌沆瀣而挹浮邱者。若使親接盧處士風度，應不減識元魯山也。

余友毛復父小築林塘，自拔流俗，娱親養志，丙峰先生日徜徉於其間，天下至樂，無以逾此。而篋笥所珍亦奇古，試矚斯卷，特似錚錚者耳。往輩標矩，藐不可見。慨想刻舟之痕，以求干將、青萍之劍，得無爲癡鬼笑乎？紹定辛卯，復父官左帑且一歲矣，丙峰先生讀書之眼、登山之脚尚如少時，八十六翁見其子騤騤有位於朝，但恐林慚澗愧，草堂勒移，預爲君慮。正月十六日汝陽被褐公徐逸。

王子慶於毘陵得伯時畫《草堂十志》，即元暉跋中所言者，與林彦祥所臨本多不同，

【二八】以栖閑谷神之致也　「閑」原作「聞」，據學海本、得月簃本、知不足齋本改。

人物甚大，前有「奉華」大小印，向曾收入劉娘子位者，後有「閉闗頌酒之裔」一印，此雖用劉伯倫事，然於婦人恐不類耳。今録其書人姓名於後：

羃翠庭，龍眠山人李伯時書。洞玄室，高郵秦觀書。草堂，樂圃居士朱長文書。樾館，吴郡周沔書。內缺永字。期仙磴，襄陽漫士米芾書。滌煩磯，碧虚子陳景元書。雲錦淙，太平閑人仲殊書。金碧潭，參寥子道潛書。倒景臺，静常居士曹輔書。枕烟庭，縉雲胡份書。又有瑞文圖書。甲午三月四日攜來。

胡存齋向有范長壽畫《西域圖》，三丈餘長，徽宗題。又有展子虔《春游圖》，亦徽宗題簽，一片上凡十餘人物，後皆送與張子有。

司德用有山水一幅，甚古，上有五小字云「後凉徐麟筆」。《畫史》中未聞其名，然以余觀之，後凉者，吕光之號，蓋因前有張軌亦稱凉，故以光爲後凉云。當時未必自稱後凉也，如前後漢、前後唐之類。今乃於當時自題爲「後凉」，殊可疑云。甲午九月十一日觀於困學齋。

莊蓼塘新收司德用兩卷，內一楊庭光畫觀音像【二九】，徽宗御題，有宣和、政和印，又有「廣運」及「大定」印，蓋未入明昌之前，曾入宣和御府也【三〇】。單幅横軸，觀音正面坐石上，下臨海岸，有龍女朝禮及一小龍於旁。王詵《長江遠岫》，著色山水，前一帶遠山可喜，後有青緑重山，屋宇甚精，中題杜詩「門泊東吴萬里船」詩四句，用「清白

【二九】內一楊庭光畫觀音像　「楊庭光」原作「楊光庭」，據《宣和畫譜》及《歷代名畫記》卷九改。按：楊庭光與吴道子同時，擅畫釋道人物。下同。

【三〇】曾入宣和御府也　此句原缺，據清鈔本補。

傳家」印，甚俗。或謂前題并詩并蔡京書，恐不然。後有北方一二跋，却有北方數官印：「山東路轉運使印」「安平府印」，又有「定安軍印」。然揆之予所藏董元著色《山居圖》，則大霄壤矣。甲午九月十二日【三一】。

徐子方所收晉卿《烟江叠嶂圖》，後有「元祐戊辰作」及王駙馬花字。李士宏所收王詵《楚江清曉圖》，曾入德壽宮，有「萬壽無疆」印。高宗「御府收附」印，略嘗於畫卷見，然未有此印也。

十二月十四日過泉月家，王芝取至畫【三二】，内有易元吉《猴》二軸，易元吉《群獐》手卷。李成山水雙幅，雪白玉軸，雖未必李成，然自好。黄筌《雕控狐》雙幅，范寬山水手卷，皆佳品。又有李成《寒林》手卷，巨然山水二，關仝《高山懸瀑》，趙幹山水，平平。

省掾高鑄仲器所藏唐人臨《蘭亭》，極瘦而自然，其後高子奇跋云：「此乃馮承素等所臨，亦不明爲何人者。」柳公權小楷書《清净經》，開成五年書於上都照成觀，極佳。東坡書杜少陵驃騎圖詩，後有子由跋。又山谷二絶句。又「前身畫馬江都王」王詵題名，蓋題伯時畫而失其馬焉，此卷亦在可疑之數。易元吉《草蟲》小片，艾宣《鵪鶉》，郭熙仿李成山水雙幅，佳。曹霸肥馬一匹，甚佳。韓滉《漁獵圖》一，平平。己未正月四日。

【三一】甲午九月十二日　「十二日」原缺，據清鈔本補。

【三二】王芝取至畫　「王」原作「玉」，據學海本、知不足齋本改。按：王芝，字子慶，號井西，書中多處述及。

【三三】又在仲甫上高二路　「路」原作「格」，據得月簃本改。

【三四】王愍子則仲甫之敵　「王」原作「某」，據學海本、知不足齋本改。

【三五】琵琶則劉繼安　「劉」字原缺，據學海本、知不足齋本補。

諸玩

東都承平時，大棋則劉仲甫，校唐王積薪尚高二路，號稱「國手」。繼有晉士明，又在仲甫上高二路【三三】。王愍子則仲甫之敵【三四】。琴則海大師及僧梵如，琵琶則劉繼安【三五】、雷中度大使、留大、孟永清。

宣和時嘗造香於睿思東閣，南渡後用其法製之，所謂「東閣雲頭香」是也。馮當世在兩府，使潘谷作墨，銘曰「樞庭東閣」，然則墨亦號「東閣」。

沈草庭云：「以煮酒脚塗靈壁石，其黑如漆，洗之不脱，極妙。」

鹿肉王家有小鼎、小瓶，皆純黑，而花紋皆漫花。漫花者，必是用皮垛上於牀碾出，其黑疑是用漆填法，或别有一等墨染之法使然。蓋其下有綱文甚新，故知其非古物也。更當與識者評之。

伯幾云：「仲山有宣和内府一琴，絶佳，名『冰清』，開成中郭亮製，建中靖國中修。其製作斷文皆非常琴可擬。向用鈔四十定，今雖四百定亦不可得，與『春雷』行輩也。」

琴間指以一與四、二與五、三與六、四與七爲應，凡動第一弦，則第四弦亦應，自然易動，即以羽毛輕纖之物試之，皆然。「此氣之自然感應者也。」子昂云。

葉茂實造墨妙一時，先子爲倅時，自龍游取至廳事，令造之。爲造軟帳烟，尤清遠。

其法：作暖閣，幕以紙帳，約高八九尺，其中用碗貯油炷燈，外密護，取無風，烟直上至頂，其清遠可知。其膠法甚奇，内用紫礦、青皮、木賊草、當歸、腦子之類，皆活膠之藥，蓋膠不活則滯而不清。故老葉墨雖經久，或色差淡，而絶無膠滯之患，勝他人者多矣。時有趙水月伯鹿，亦能用雪齋法，其號爲「超然清芬如在」。祝梅間作小竈輕烟，毛滄洲作手劑。又有林泉東卿者，亦能製墨，汶陽小劑，一點如漆，百年如石，然皆不及老葉。而所謂翁彦卿、王大用者，時不數之也。

乂自彝鼎，元張稱孫家物，杭之常賣駔售之【三六】，沈大整者和庵得之，以爲奇貨。既而董瓚者，所謂「頑石董」，酬以重價，以大銅器數件共準二十五定得之。既而歸之喬仲山運副，聞將轉之顯官云。其製，即局爐三足兩耳者，其花饕餮及圓雷文，亦局製無異，特青緑自内出外，裏以茶褐色【三七】，亦一尤物也。内有上三字款云，然其樣則不古也。庚寅八月廿六日，余因周氏借觀之，教化參政以廿二定得之【三八】。

五指卣，真三代器，董震齋奇物也。後因開元宫火，失其蓋，其底今歸張萬户之子尚書。五指痕出蠟時所印，尊有小字款數十字【三九】。

高彦敬二琴：其一大中年張鉞斫，後無名；其一咸通中金儒製，此琴絶佳，名「鳴玉」，後題「金儒鳴玉」四字，云是白玉軫足，絶奇，下有「高士談家藏寶」字，已爲人削去，尚有迹可見。蓋此琴乃宣和故物，後歸大金，亦爲奇品【四〇】。士談者以與宋通被

【三六】杭之常賣駔售之　「售之」原缺，據清鈔本補。

【三七】裏以茶褐色　「以」原作「似」，據學海本、得月簃本、知不足齋本改。

【三八】教化參政以廿二定得之　「教化」原爲空格，據學海本、知不足齋本補。

【三九】五指……款數十字　此條原缺，據清鈔本補。

【四〇】亦爲奇品　「亦」原作「未」，「品」原作「而」，據學海本、得月簃本、知不足齋本改。

誅，故削其字迹。其色如栗殼而赤，斷文皆隱起如蟬蚹然，真佳物也。聞張受益有一琴，名「懷古」，亦佳物，未及見之。又一古墨，乃蒲序所造，聞在廷珪前。按：士談字子文，又字季默，宣和末爲忻州户曹，仕金爲翰林學士。

張受益家二琴：一曰「懷古」，音清朗可喜，其斷文細如絲髮，作紅栗色，內有「天寶」字。一曰「霜鐘」，不及「懷古」。

銅器最佳者：盥水匜，文藻精妙，色如緑玉，無款，必周器也。商甗，亦碧色可愛，內有款。一細文大壺，頸上有雕戈，一「月」字，甚奇，恐亦三代物。漢朱砂，色如點血【四二】，漢器之最佳者。碧淵明壺，元中齋物也，聞尚有數種，及南唐金銅佛，甚精。以雪作，寒甚，持玩不便，遂歸，李牧適在焉。

余家有火浣布尺餘，乃外祖在泉州日得之里人，後歸予家。每酒邊出示坐客，置之爐火中爲戲，後爲趙孟議借去不還。又蠟沉一株，重二十餘兩，亦白没焉，竄死異域，宜也。其家有長生螺數枚，置醋中則活，此事已載之《野語》矣。又有瑪瑙杯二隻：其一純白，中有金鱔魚一條；一純紅，中有白鮲一條。亦秀邸之物，攫而得之者。又有沉香連三暖閣一副，窗槅皆鏤花精妙，其下替版亦鏤花，板下用抽替，打篆香於內，香氣芬郁，終日不絶，前後皆施錦綺簾幕及掛屏、官窑瓶，妝飾侈靡，舉世未見有其比者，亦攘他人之物獻之福邸焉。

【四二】色如點血　「血」原作「畫」，據學海本、得月簃本、知不足齋本改。

米氏研山，後歸宣和御府，聞今在台州一大家戴氏，極珍秘，不可見矣。大衍庫即廣濟庫出售雜物時，有靈壁小峰，長僅五六寸，高半之，玲瓏秀潤，所謂胡桃皮，沙坡、水道皆有之，山峰之半有圓白小月，瑩然如玉。徽宗御書小字刻於峰旁，云「山高月小，水落石出」，略無琢刻之痕，真奇物也。

九月十日，偕伯幾訪端父理問，出商尊一，曰「父巳」，商器也。昔沈老賣之董瓚者，絶妙。其質如漆，或黄或紅，或緑或青，文藻尤精，十二定買之。敦二，大小相似，皆有款，恐亦三代物。又尊一，無款，恐只漢器，一徑尺，無精神。漢鼎，無蓋，細文。天禄辟邪研滴，皆近博伯幾者。以蠻人騎獅子一，玉博棋一，《瘞鶴銘》二。又《觀音》一軸，細甚，亦佳，恐是唐人畫。向薌林靈壁石，又靈壁立石。「袁氏伯長」漢印。二琴，皆雪白玉軫足，其一「瓊響」，慶曆五年道士衛中正奉聖旨斫，崇寧三年馬希亮奉聖旨重修；其一「秋籟」，唐僧三慧大師物。并秘省坡仙所畫《竹石小壁》一堵，龕而爲屏，既而入大衍庫，歸謝起翁，今始歸廉，聞已爲江右丞索去。又銅鐸二，或以爲三代，恐只漢物。紅桑大阮二面，錦背阮譜七册，必御府物也。

斫琴名手【四二】：唐雷霄、雷威、雷珏、郭亮，皆蜀人。沈鐐、張鉞，皆江南人。蔡睿、僧智仁、衛中正，慶曆中；朱仁濟、馬希仁、馬希亮，崇寧中。并宋人。

南北名琴【四三】：春雷　玉振　流泉并御府，不出，左爲寒玉實腹琴，渾未刻成。　冠石　韻

【四二】斫琴名手　「斫」字原缺，據學海本、得月簃本、知不足齋本補。

【四三】南北名琴　「南」原作「直」，據學海本改。

磬　秋嘯并録到伯幾者。　又有金儒斫鳴玉者，在高彥敬家。　萬壑松郭祐之。　瓊響廉端父。　唐僧三慧大師有琴在廉端父家。　鳴玉高彥敬。　優曇花毛滄洲。　玉壺冰趙玉溪。　閑素紫霞第一琴。　玉鶴　玉雁皆宣和御府，後歸金。　大雅　松雪并趙菊坡。　浮磬趙節齋。　奔雷樊澤卜氏百琴堂第一。　存古吴沂泳齋，今歸張受益。　萬壑松張受益。　秋澗泉楊守齋，今在玉井西家。　玉玲瓏楊伯修。　百衲雷威造，太平興國七年趙仁濟修，進入吴越國王宫，今藏李公略，二十定得之。

賈師憲庚申歲自江上奏功而歸，凡其家從行諸客皆推恩賞。廖瑩中群玉以從戎之勞轉官之外，復特賜黄金百兩。廖遂用之鑄匜盤以爲酒器，且俾楊尚書平舟棟作古篆書【四四】，勒銘於器，云：「皇帝御極之三十七年，國有大功，一相禹胼。曰余瑩中，與隨旆旃。余疐手扶，余後手牽。曰公何之，敵脅是穿。奇勝草坪，受降馬前。公一何勇，敵一何恐。余汔濟南，公飯余共。挹漢倒江，一洗羶潼。彼徒夷矣，公歸余從。内金惟精，上賞惟重。文昌孫子，是寶是用。誰其銘之，史臣楊棟。」余嘗得此銘墨本，因并書之。

按：楊棟字元極，號平舟。

元豐，米芾自號恭門居士，其印文曰「火正後人芾印」，其後并不用之。

謝起翁有銅奩，與予所藏者正同，脚亦如此短，但體甚重，亦佳物也。趙子俊爵三字款，款文突，色褐黑，亦佳物，第一足已折，粘綴於上，爲可惜，雙柱却不好。

癸巳二月二十九日，楊金吾攜孫太古上真一軸來觀，其上山水甚奇古，怪木盤石，福

【四四】 且俾楊尚書平舟棟作古篆書　「古篆書」原作「篆古」，據清鈔本改。

神坐焉，其像甚佳。其側有捧劍一天女，絕佳。下瞰海水，龍神足踏巨鼇，手捧琉璃，方坐上有龜蛇。又有一龍神執爐炷香，山上有小樹數株，甚奇怪。題云「彭山孫知微筆」。

褚雪巘攜銅虎一半來，上有篆字六，云「某處發兵合同」，下有甲至癸十真字各半。又黃古玉[illegible]，如匕首之狀，色甚潤，蓋玉也，而此老謂之雷斧，非也。按：褚名伯秀，杭州天慶觀道士。

張君錫有蒲序墨一笏，甚古，上有數十字，亦佳。

癸巳十月朔，訪焦達卿，出孫過庭草書《書譜》，天真爛漫，奇物也。前有宣和御題，及前後政和、宣和印。

賈師憲丞相祭器銘曰：「惟景定三年正月乙丑，詔太傅丞相賈公似道，奕世勛勞，再造王室。其賜家廟於行都，乃作俎豆，供奉時薦，萬世子孫永保之。」余嘗得其一器，其銘如此。

過鮮于伯幾家，有透光鏡，映日則背花俱見，凡突起之花，其影皆空。昔麻知幾有詩，余嘗賦詩云。其後伯幾又得一面，而霍清夫家亦有二枚。最後見胡存齋一鏡，透影極分明。余因歸取所有鏡映之，或有透光一半，或有透而不甚分明者。蓋凡鏡皆透，特有分明不分明耳。透光鏡止見沈存中《筆談》所言，亦不甚明白，他書無之，亦物理有不可曉者。

爪哇國燈盞形如箕【四五】，銅鑄，上有國王、國后二坐像，旁有一人立於側，龜胸形醜，其側有兩人頭，殊不可曉爲何物，恐非燈盞，其下◯如此。徐子方以五千得之，甚可怪也。橫徑四寸，縱徑約三寸。

胡存齋置到硯山一座，亦靈壁所成，多鐫刻而成，殊見天趣。中爲硯曰□□臺，其後最高一峰成平峰，左曰□□潭，右曰仄翠峰【四六】，及有□□洞，下有銘曰「陽蟠陰結」。按：闕文無從考補。

徐子方言：「向到古内觀堂，有黑漆厨兩面，皆有門龕，高數尺，嵌一石在内【四七】，其南面有南斗六星文隱起石中【四八】，上刻金書云『南斗呈祥』，其陰有北斗七星之文隱起石間，刻曰『北斗降瑞』。過兩年再至杭，過之，則觀堂已化爲佛寺，此石不知何在。」

容齋出銅持硯一，狀如箕，而長近一尺，其上作一倭人坐硯池上，其下後有海獸，類蜼【四九】，四足，以前雙足撫倭人之身，其上作牛與其他【五〇】，皆細花紋，甚精，蓋秦、漢間物也。又有玉硯，長一尺，廣六寸，厚二寸，玉色雖未甚白，而瑩浄可愛，獨受墨處不光，可研磨也。又珊瑚筆格一，亦扶疏可愛，色亦紅潤。又鍍金銅水滴，下有細篆銘數十字，雖近代物，亦佳。

徐浩書《顔真卿刑部尚書誥》大曆十二年所書者，奇物也，係馬德昌所送。又有程運副懷素草《千文》，甚佳，絹上書。

【四五】爪哇國燈盞形如箕　「哇」字上原有「華」字，衍文，據學海本删。

【四六】右曰仄翠峰　「曰」原作「山」，據學海本改。「峰」字原缺，據學海本、得月簃本、知不足齋本補。

【四七】嵌一石在内　「嵌一石」原缺，據清鈔本補。

【四八】其南面有南斗六星文隱起石中　「石」原作「右」，據學海本、得月簃本、知不足齋本改。

【四九】類蜼　「蜼」原作「雖」，據得月簃本改。

【五〇】其上作牛與其他　「牛」原作「半」，據學海本、得月簃本、知不足齋本改。

古伯彝【五一】，藏焦達卿家，正如一大青瓜，色青緑可愛。又兩鼎，内一舉鼎，一鼎款字尤多，在底内。一盤，高足，盤内有大饕餮文，甚佳。

李公略所藏雷威百衲琴，雲和樣瑟，瑟徽製作甚精，内外皆細斷文，其中亦皆用髹漆【五二】，腹之兩傍可容三指，瀏而聲極清壯。腹内兩傍題云：「太平興國七年【五三】，歲次壬午，六月望日，殿前承旨監越州瓷窑務趙仁濟再補修吴越國王百衲雷威琴。」至今壬午，恰三百六十年，儼然如新。

陳公密縝知端州日，聞其富民蓄一硯甚佳，破其家得之。硯面世所謂熨斗樣者，琢一黑龍奮迅之狀，二鸜鵒眼以爲目，每遇陰晦則雲物輒興。公歿後，歸於張詢仲謀，其後歸之御府，祐陵置之宣和殿，爲書符之用。靖康之亂，聞爲中人王殊所匿。近聞北客云：「今御府有佳硯，名蒼龍横沼。」其説正與前所云合，得非即此硯乎？

寶器

國朝典故：人主升遐，皆取太學文宣王圭爲殮【五四】，事定，另造歸之。考之日曆，寧宗朝奉臨安府買到單進青玉一塊，元重九十一斤七兩餘，造文宣王玉圭一面，充應天大圭使用。外餘青玉一塊，重八十七斤，造玉寶劍，并贈一數【五五】。

嘉興華亭市中有小常賣鋪，適有一物，如桶而無底，非木非竹，非鐵非石，既不知其

【五一】古伯彝　「古」原作「右」，據《雲烟過眼録》改。

【五二】其中亦皆用髹漆　「亦」原作「六」，據學海本、得月簃本、知不足齋本改。

【五三】太平興國七年　「太平」原作「大宋」，據清鈔本改。

【五四】皆取太學文宣王圭爲殮　「殮」原作「斂」，據清鈔本改。

【五五】并贈一數　「一」字原爲空格，據學海本、得月簃本、知不足齋本補。

名，亦不知何用。如此者凡數年，過者無一睨之。一日，忽有海船老商見之，駭愕有喜色，撫弄不已。扣其所直，其人亦黠駔，意謂老商必有所用，漫索其直三百緡，商喜，償以三之二，遂取錢付之。駔因扣曰：「某實不識爲何物，今已成買，勢無悔理，幸以告我。」商曰：「此至寶也，其名曰海井。尋常航海必須載淡水以自隨，今但以大器滿貯海水置此井於中，汲之，皆甘泉也。平生聞其名於番賈而未嘗遇，今幸得之。」唐野翁云。按：此與唐氏所記禹定水帶相似，不知傳聞影借，抑果有之乎？

金花定碗，用大蒜汁調金描畫，然後再入窑燒，永不復脱。凡碾工描玉用石榴皮汁，則見水不脱。凡事皆有法也。

董震齋得一小尊，上有五指痕，蓋出蠟時所印者。蓋并尊中有小字款數十字，皆古甚，嘗於《博古圖》考之，名周召公尊，真三代器也。按：此條已見前。

酒醋缸有裂破縫者，先用竹箍定，却於烈日中曬縫，令十分乾，仍用熾炭燒縫上，令熱極，却以好瀝青末滲縫處，令融液入縫内，令滿，更用火略烘塗開【五六】，永不滲漏，勝於油灰多矣。陳叔坊云。

乙丑閏十一月二十一日，至王子慶家，見一鏡，乃徑尺大者，中藏簧，有聲鏗然，亦前所未見。

趙德潤以一鏡來觀，杏葉樣，背有大鐵環【五七】，乃掛鏡也。上有古字銘云：「人有

【五六】更用火略烘塗開　「開」原作「間」，據得月簃本、知不足齋本改。

【五七】背有大鐵環　「鐵」原作「錢」，據學海本、知不足齋本改。

一口，前牛無八角，後牛有口走【五八】。」殊不可曉。下有一牛轉頭，前有草一叢，下篆「辟祟驅邪」，兩傍亦有字，細而考之，銘語蓋「丙午造」三字，其下牛與草必寓年號耳。

前浙漕劉伯益所藏一蒼玉符㊃，長可一尺，闊三寸，厚半寸許，兩傍作雙螭，中碾七篆字云「玄孫似文治水聖」，以爲三代之寶，甚珍之。以余觀之，僞物也。禹雖姒姓，然此非姒姓之姒，又玄孫乃軒轅之孫，何爲曰一孫？且三代之物當作鐘鼎款篆，何爲作小篆？且篆刻皆不工，不足奇也。

伯幾云：「今所謂骨觸犀，乃蛇角也【五九】，以至毒能解毒，故曰蠱毒犀。一刀靶可直數十定。」

宣和殿所藏殷玉鉞，長三尺餘，一段美玉，文藻精甚，三代之寶也。後歸大金。今入大元，每大朝會，必設於外廷。

越人董十六閣門蓄紅瑪瑙石一塊，徑可二寸，搖撼之，則有水聲滑滑然，蓋中空有水在内故也。時欲易余所藏崔白《鵝》雙幅，余不許，後不知流落何處。

理宗朝，張府子弟有獻白玉簫管長三尺者，内府所無，即時補官。其後韓府有獻白玉笙一攢，其薄如鵝管，此神工所爲，非人世所有，尤爲絶世之寶。

龜溪李大卿，韓平原之婿，其妻奩中有白玉出番獅子，高二尺五寸，精妙無比，後不知所在，云歸福邸。

【五八】後牛有口走　「口」原作「一」，據學海本、得月簃本、知不足齋本改。

【五九】乃蛇角也　「蛇」原作「地」，據學海本、得月簃本、知不足齋本改。

癸巳十二月十七日，訪胡存齋，出玉花尊一隻，約高尺四，徑七寸，玉色雖不甚白，然文藻碾法極精妙，聞穆陵禁府之物，在燕得於謝太后，價十七定。至元十四年。又素圓玉碗一隻，亦徑五寸餘，其白有七八分色【六〇】，碾法尤精，亦希世之寶。又玉碗托子一隻，面尺二三徑，玉色差低，足亦外來，有一足兩耳。玉匜一隻，亦尺餘徑，玉色微黄，前後碾兩饕餮，口有緣，亦精。又玉楪一片，亦近數寸徑，腰子樣。此數物皆予前所未覩也。又玉爵一隻，亦高尺許，玉色雖不甚好，然滿身文藻，鋬下有「政和」二小篆字。

甲午歲五月三日，訪張受益，出示一小鼎，文藻甚佳，其色青，視與董氏鼎無大相過，内有[illegible]三字【六一】，奇物也。又有一朱敦，上是兩耳。彝鑪，下連方坐。一觥鑄坐，四周皆作隻牛，而其文皆凸起，朱緑交錯。又一大尊，仿佛如廉氏者，皆奇物也。易元吉畫《猪》手卷，亦秦氏物，前有「尚書儀衛使」官印，上題「潭州散吏易元吉作」，甚佳。又高宗御題袁義《游魚》，後有「封」字半印。又徽宗所摹李昭道《摘瓜圖》吊軸，同是陳月觀物。又邊鸞《葵花》，花心數蜂如活，向是楊駙馬物，後爲尤曾五所得，今歸張。

甲午人日，張受益相訪，因言昔蒙古歹在福建爲左丞時【六二】，有小民一婦人以織麻爲業，每夜浸麻於大水缸中，來日視之，水盡涸，甚怪之。一夕，密伺之，至夜半，有一物來，徑入缸中飲水，其身通明如月，照映里餘。細視，乃一白蜘蛛，如斗米栲栳大。其婦遂以鷄籠罩之，剖其腹，得珠如大彈丸，明照一室。是夕，地分有軍卒見其家光燭天，翌日遂

【六〇】其白有七八分色　「白」原作「色」，據清鈔本改。

【六一】内有[illegible]三字　「[illegible]」原爲空格，據《雲烟過眼録》補。

【六二】因言昔蒙古歹在福建爲左丞時　「歹」原作「公」，可參看《癸辛雜識》續集下「蜘蛛珠」條。

往扣。婦人初以爲無，終不能隱，遂出示之。其卒脅以威，以十五千得之。既而主將千户知其事，遂殺卒取之。如此凡轉數家，最後歸之蒙古歹，前後凡殺十餘人以滅口，遂以所得福王玉枕併進之，遂得江浙平章。禁中亦有一珠，向以三千定得之賈人，方之此珠，不及其半，蓋絶代之寶也。

聞眇張瞎子有聖鐵，凡人佩之，刀兵不能入。嘗以一羊銜而試之，良驗。或謂此鐵佩之，凡刀兵所至，則鐵隨應而歃，未知孰是。或又云此鐵大者僅如豆，破血入之身中，異時遇有刀兵，則此鐵隨即應之，更不可入。按：張眇一目，故杭人稱爲瞎子云。

有人以玉帶一胯求售於胡存齋，其闊二寸，横寸七分，玉色甚潤，厚七分，其中剞入半寸，其地平下，貼地作荔枝一枚，連枝五葉，枝皆剔起，葉皆有脉，飛翻活動，真奇物也。此必宣和所治。

人事

孫承公，狂士，每至一處，賞玩累日，或至半途即返【六三】，與訪戴事相似。

劉貢父書：燕王小子元安年三十餘，不知人事，每食必置糞少許於食中。世傳党進之事似之。

蜀賊李順破後，已正典刑。至景祐中，廣州巡檢陳文樋捕得之，乃真李順也。凡遁三

【六三】或至半途即返　「或」字下原衍「同」字，據學海本删。

十餘年，年已七十餘，復斬之。

張合義爲西京留守，識黄巢於群僧中。後住雪竇【六四】，所謂雪竇禪師，即巢也。

宋之問謫官杭州，遇駱賓王於靈隱寺。

南岳僧見姚泓於封禪寺【六五】，主僧乃巨寇澤州明馬兒也。江州圓通寺僧死後，有雕青於背，云李重進。宣和老内侍遇林靈素於蜀道。李次仲遇姚平仲於廬山。凡此皆桀黠之尤，多能逃命於一時也。

今世以有夫婦人爲「生人婦」，此事出《三國志・魏・杜畿傳》注：「畿在河東録寡婦。是時他郡或有已相配嫁，依書皆録奪，啼哭道路。畿但取寡者，故所送者少。及趙儼代畿，而所送多。文帝問畿：『前君所進何少，今何多也？』畿對曰：『臣前所録皆亡者妻，今儼所進生人婦也。』帝及左右皆失色。」湯岐公亦曾對高宗言此，見《老學庵筆記》。

漢景帝醉，召程姬，姬有所避，而飾唐姬以進。師古注曰：「『有所避』，謂月事也。」

晉王延事母至孝，夏則扇枕，冬則温被。母嘗盛冬思食生魚【六六】，求而不獲，扣冰而哭，忽有一魚躍出冰上【六七】，取以進母。與王祥事相類。

《南史・隱逸傳》：「盧度，字孝章，紹興人，隱居廬陵西昌三顧山。鳥獸隨食屋前，有池養魚，皆名呼之，次第取食。」

【六四】後住雪竇　「住」原作「作」，據學海本、得月簃本、知不足齋本改。

【六五】南岳僧見姚泓於封禪寺　「於」字原爲空格，據清鈔本補。

【六六】母嘗盛冬思食生魚　「食」字原缺，據清鈔本補。

【六七】忽有一魚躍出冰上　「忽」原作「必」，據學海本、得月簃本、知不足齋本改。

陳石泉自北歸，有北人陳參政者餞之，爲《木蘭花慢》云【六八】：「歸人猶未老，喜依舊，著南冠。正雪暗滹沱，雲迷芒碭，夢落邯鄲。鄉心日行萬里，幸此身，生入鬼門關。多少秦烟隴霧，西湖浄洗征衫。燕山從不見吳山，回首一歸難。慨故都離黍【六九】，故家喬木，那忍重看。鈞天紫城何處，問瑶池八駿幾時還？誰在天津橋上，杜鵑聲裏闌干。」

談者以王德用貌類藝祖，宅枕乾岡，作表辨之曰：「貌類藝祖，父母所生；宅枕乾岡，先朝所賜。」

宋元獻初名郊，談者謂：「姓符國號，名應郊天。」仁宗命改名庠。

華谷射覆法：用神字牌六扇，各兩面書曲名十二枝：

好事近子　曲玉管丑　黃鶯兒寅　柳梢青卯　亭前柳辰　怨王孫巳

千秋歲午　木蘭花未　更漏子申　醜奴兒酉　感皇恩戌　夜行船亥

又用機字牌六扇，各兩面，謂如神字牌。子面月下行，則看丑面【七〇】，起於機字丑位後一位，求之即是。

山谷《送張叔和詩》云「我捉養生之四印」，乃謂忍、默、平、直也。所謂：百戰百勝，不如一忍；萬言萬當，不如一默；無可揀擇眼界平，不藏秋毫心地直。

宗門有三印，謂印空、印水、印泥。

嘗記先友施仲山云：「士大夫至晚年，多事偏僻之術。往往無子者，蓋交感之道，必精

【六八】爲木蘭花慢云　「爲」字原缺，據學海本補。

【六九】慨故都離黍　「離」原作「禾」，據學海本、知不足齋本改。

【七〇】則看丑面　「看」原作「有」，據學海本、得月簃本、知不足齋本改。

與氣，然後生育。而偏僻之術多加以繫纜之法，蓋氣不過，所以無子也。」此説極有理。

余兒時游中都市井間，有呈水嬉者，一大木斛滿貯水，以小銅鑼爲節，凡龜、鼈、鮎、鯽各以名呼之，即浮於水面。擲以小面具，如齋郎、耍和尚之類，即戴之而舞，舞竟則沉去，又别呼其一以呈技。是雖教習使然，然龜魚非禽鳥比，不可以威警動，殊爲難能。其後絶響，無繼之者。又有王尹生者善一技，每設一大輪盤，徑五六尺，盤中畫小器具，花鳥人物凡千餘事，每以楮爲小羽箭，或三或五，皆如人意。既而運轉大輪如飛，使客隨意施箭，皆能預定初箭中某物、次箭中某物，無毫釐差忒。或俾其自射，且預命之曰：以初箭中某物、以次箭中某物，如蝦鬚【七一】、蜞脚【七二】、燕翅、魚鬣之類，雖極微渺，無不中，其精妙若此。然亦止其身，他未見有傳其技者。轉眼今四五十年，暇日因戲書之。

嘗聞鄉曲沈子固先生云：道學之黨名，起於元祐，盛於淳熙。其徒甚盛，蟠結其間，假此以惑世者，真可嘘枯吹生。凡治財賦者，則目爲聚斂；開閫捍邊者，則目爲粗才；讀書作文者，則以爲玩物喪志；留心吏事者，則以爲俗吏。蓋其所讀書止《四書》《近思録》《通書》《太極圖》《西銘》及語録之類。自詭爲絶學者，正心、齊家，以至治國、平天下，故爲之説曰：「爲天地立心，爲生民立命，爲前聖繼絶學，爲萬世開太平。」爲州、爲縣、爲監司，必須建立書院或道統諸賢之祠，或刊注《四書》，衍緝《近思》等文，則可

【七一】如蝦鬚 「蝦」原作「花」，據清鈔本改。

【七二】蜞脚 「蜞」原作「旗」，據清鈔本改。

不錯路頭去。下而士子作時文，苟能發明聖賢義藴，亦可不負名教矣。否則立身如温公，文章氣節如東坡，皆非本色也。復有一等僞學之士競趨之，稍有不及，其黨必擠之爲小人，雖時君亦不得爲辨之，其氣焰可畏如此。然所行所言略不相顧，往往皆不近人情之事。馴至淳祐、咸淳，則此弊極矣！是時爲朝士者，必議論憒憒，頭腦冬烘，敝衣菲食，出則以破竹轎，舁之以村夫，高巾破履，人望之知爲道學君子，名達清要旦夕可致也。然其家囊金匱帛，爲市人不爲之事。賈師憲獨持相柄，惟恐有奪其權者，則專用此等之士，列之要路，名爲尊崇道學，其實幸其憒憒不才，不致掣其肘，以是馴致萬事不理，喪身亡國。嗚呼，孰倡僞學之黨甚於典午之清談乎！

醫老張防禦向爲謝太后殿醫官，易命後出入楊駙馬家，言殊好異，人目爲「張風子」。然其人尚義，不徇流俗，其家影堂之上作小閣，奉宋理宗、謝太后神御牌，事之惟謹，以終其身，可謂不忘本者矣。

又楊府九位有掠屋錢人沈喜者，居長生橋。楊和王忌辰或歇忌必設位，書「恩主楊和王」，供事香燭惟謹。人問其故，則云：「某家再世，皆出楊府衣食，其家今雖衰微，然不敢忘。」此亦小人知義者【七三】。今世號爲士大夫者，隨時上下，自以爲巧而得計，視此真可愧死也！

向舊都天街有翦諸色花樣者，極精妙，隨所欲而成。又中瓦有俞敬之者【七四】，每翦

【七三】此亦小人知義者　「小」原作「山」，據學海本、得月簃本、知不足齋本改。

【七四】又中瓦有俞敬之者　「瓦」原作「原」，據學海本、得月簃本、知不足齋本改。

諸家書字，皆專門。其後忽有少年能於衣袖中翦字及花朵之類，更精於人【七五】，於是獨擅一時之譽。今亦不復有此矣。

石林《避暑》載：蔡州道士楊大均善醫，能默誦《素問》《本草》《千金方》，其間藥名、分兩皆不遺一字。因問此有何義理而可以記乎，大均言：「苟通其意，其文理有甚於章句偶儷，一見何可忘也？」余向游紫霞翁門，翁精於琴，善音律，有畫魚周大夫者善歌，間令寫譜參訂，雖一字之誤，必隨正其非【七六】。余嘗扣之云：「五【七七】、凡、工、尺，有何義理而能暗誦如流？且既未按管，安知其誤？」翁笑曰：「君特未究此事耳。其間義理更有甚於文章，不然，安能記之？」其說正與前合，因并識之【七八】。

醫藥

《黃帝》云：「五氣者【七九】，香氣湊脾。」漢以前無燒香者。《楞嚴經》云：「純燒沉水，無令見烟。」此佛家燒香之法也，出《寓簡》。

今世所傳鐵甕中先生交感丹，乃吾鄉俞居易侍郎所傳也。

凡人溺死者，以鴨血灌之即活。張夢符云。

治喉間倉卒之疾，用巴豆，以竹紙滲油令滿，竹撚點燈令著，吹滅之，以烟薰喉間，即吐惡血而消。

【七五】更精於人　「於」原作「其」，據學海本、得月簃本、知不足齋本改。

【七六】必隨正其非　「正」原作「證」，據清鈔本改。

【七七】五　「五」原作「士」，據學海本、得月簃本、知不足齋本改。

【七八】因并識之　此句原缺，據清鈔本補。

【七九】五氣者　「者」字原缺，據學海本補。

蓀壁云：耳暴聾，用全蝎去毒爲末，酒調下，以耳中聞水聲即愈。云是韓平原家傳方。按：金應桂號蓀壁。

枸杞子可以榨油，點燈觀書能益目。

治金瘡及刀斧瘡，用獨殼大栗研爲乾末，傅之，立止【八〇】。或倉卒，用生栗敷之，亦得。

暈船者飲船篙倒溜水，則不暈。

暑天痱子，用王瓜摩之即消。梨子去熱，眼熱、牙疼皆可。

香附子四兩，去黑皮，微炒，片子薑黄湯浸一宿，洗净二兩，甘草一兩，炒，共爲細末，入鹽，點，辟嵐瘴之氣，極妙。治痢用罌粟殼，須隨紅白二色以類治之，佳。

雪村云：決明不必煮，只用江茶泡湯浸數次。

五健丹治血虚、氣虚、頭暈。川椒炮一兩，陽起石火煅紅，研細一兩，鐘乳粉一兩，辰砂一兩，别研極細，沉香半兩，用糯米粉一兩，作濃糊丸如梧子大，每服三十丸，棗湯空心下。

治喉痹并生乳鵝法：用蝦蟆衣、鳳尾草，洗净，擂碎細，入鹽霜、梅肉、煮酒各少許，和再研細，用細布絞汁，以鵝毛掃患處，隨手吐痰即消。

子昂云：齒藥惟玉池散絶妙，云是局方。今局方中無之。臘月以臘水浸白米三兩

【八〇】立止　「止」原作「出」，據學海本、知不足齋本改。

宿，曬乾，碾作粥米。遇暑月泄瀉者，煮食之，良驗。

康侯云：治暑氣在内，小便血淋，用白虎湯加麥門冬煎服【八一】，屢取效。此亦有理。

常東軒挺，晚苦陰汗，有教之用牡蠣粉撲之者，始雖少減，久之至潰腐，至見其睪丸焉。豈非别投以他藥乎？

草庭云：每年桑樹斫下之柴，積令燥，異時燒灰入酒，極有風韻，且有益於人。

治齒痛腫法：用黑豆以酒煮汁，漱之立愈。王修竹云其閨中嘗用之，驗。

近世醫者如吾鄉龐良才兄弟，指下亦自明瞭，最是記方可喜，暗書諸方，雖十餘不誤。今之消息者，不知起於何時，然藥方《千金方》自有按摩之術，如「十段錦」之類是也。唐時有按摩博士。

鄭金臞有杖丹一方，用水蛭爲末，和朴硝少許，以水調敷瘡上，屢施於人，良驗。

范元長云：北方醫書有《宣明論》，内有鼻泓一方，用凉藥者，親見趙清及孫□□者用之，效。蓋鼻淵有寒熱兩症【八二】，即腦溜也，凡腦溜臭者即熱症。

治癰疽惡瘡，初腫起時，以當歸須、黄檗皮、羌活三味爲細末，用生路絲藤擂汁調，傅瘡之四圍，自然收毒氣，聚作小頭即破。切不可併瘡頭傅之，若併傅之，則毒氣四散，不可收矣。

【八一】用白虎湯加麥門冬煎服　「服」字原缺，據清鈔本補。

【八二】蓋鼻淵有寒熱兩症　「症」原作「証」，據清鈔本改。

回回國之西數千里地，産一物極毒，全似人形，如人參之狀，其名「押不盧」。生於地中，深數丈，或從傷其皮，則爌毒之氣著人即死。取之之法：先開大坑，令四旁可容人，然後輕手以皮條結絡之，其皮條之前則繫於大犬之足，既而用杖打犬，犬奔逸，則此物拔起。犬感此氣即斃。然後别埋他土中，經歲後取出，暴乾，别用藥以製治其性。以少許磨酒飲之，即通身麻痹而死，雖刀斧加之不知也，然三日别以少藥投之，即活。蓋古者華陀能刳腸滌臟治疾者，或用此藥也。聞今御藥院中有二枚，此神藥也。白廷玉聞之盧松崖云。

茯苓生於大松之下，尚矣。近歲村民擇苓之小者，其上用老松根一節破之，以苓之繫入其中而緊束之，使脂液濃流於内，然後擇他山土之宜茯苓者，掘深坎瘞之，至兩三年取出，則成大茯苓矣。洞霄山最宜苓，往往村民多盜種，密記之，不使人知，至數年後然後取焉。種者亦多越上人。他日試扣識者，吾山松根似亦可用此也。

人中白者，漩盤内積起白垢也，亦秋石之類，刮取置新瓦上，火逼令乾，温湯調服，治鼻衄如神。《夷堅志》。

徐子方患臂痛，□□孟自江西録至一方，用平胃散加丁香縮砂，服之如湯，謂有奇效。然以用藥言之，恐止去風濕耳。

汪龍溪一帖云【八三】：「去年得下血疾，年半有餘，今春誤食胡桃，復嘔血升餘。」若

【八三】汪龍溪一帖云　「汪」原作「江」，據學海本、得月簃本、知不足齋本改。

然，則胡桃亦不可食。

治卒中不省人事、牙關緊急，只是用蘇合香丸，旋加麝香、當門子一二錢，用好麻油調灌之，無不吐痰而甦者。洪雲若嘗服此，取效，徐子方亦云然。蓋好麻油最化痰，試以麻油滴痰上，痰即化爲水。《百一方》亦載此藥，張月潤亦曾用之，作效。

菝葜煮鳧卵即紅，菝葜，即金剛根也。

史亨甫治便血方：用木香、枳殼二味入猪臟中，用無灰酒煮，令極爛，去臟，以二味爲末作丸。

吴保生言：眼藥有九龍膏方，用冬青葉一栲栳，洗净，投錫器内，用水滿煮，令黑色，及一半起，入宣黄連十兩，洗净剉碎，入冬青水中煎，慢火熬至僅有一盞，膠粘如餳，然後取起，重絹濾過，令極冷，入腦子二錢半，罐子内封藏，每用少許點眼。

又云：痰藥玉屑丸，用南星、半夏各二兩，白礬飛過一兩，爲末，入二砂子二兩，硫黄、硝石，即來復之砂，同和如梧子大，每服五六十丸，薑湯下。

俞老醫云：「醫家怕四子：痁子瘧【八四】，頓子嗽，擲子痢，市子疥【八五】。」或作世子。此皆醫行市語也。

【八四】痁子瘧　「痁」原作「痞」，據學海本、知不足齋本改。

【八五】市子疥　「疥」字原缺，據學海本、知不足齋本補。

卷下

陰陽算術

推閏約法云：「欲知來歲閏，先看至之餘。更查大小盡，決定無差殊。」且如明年當閏，止看今年冬至後零日，謂如今年十一月二十二日冬至，或遇小盡，則餘七日，來歲必閏七月；或遇大盡，則餘八日，來歲則閏八月。他皆仿此【一】。

蔡村中丞墳坐庚向甲，其側坐丁向癸，片地可用。　侍郎墳坐甲向庚。　知軍墳坐乙向辛。　娘子墳坐甲向庚。分金。　知府墳坐卯向酉。　知丞墳坐乙向申。　安人墳坐巽向乾。　庵墓坐卯向酉。　□谷人□家山坐乙向辛，或謂有卯水入，廉貞曹云：「過宮不妨。」

甲戌之春，余病瘧，連日不出。繼聞賈丞相丁母憂而去，在朝京局皆往唁奠，送之江干。同官曾朝陽鳳問余疾，因云及此事，丞相旦夕必再來。余曰：「此公請歸之章凡十餘，今適有此，不復來矣。」曾曰：「江西一術者，其言極神。前日來，嘗扣之，云：『此人不出今年必再來，尚可濯洗一番，然自此以往，凶不可言矣。』」余深以爲不然。至秋，

校勘記

【一】他皆仿此　「他」原作「也」，據學海本、知不足齋本改。

度宗上升，繼而有出師不返之事，果如其言。惜當時不曾扣術者姓名耳。

壬申歲，應山在維揚制閫日，呂少保薦一降仙者，善飲，號曰「李醉」，施州人。凡有所禱，令人自書一紙，實卷之，彼以香一片令自禱自緘，書神并金紙一陌焚於其前爐中，然後索酒痛飲，至四五斗，乃濡墨大書，或草，或畫卦影，或賦詩詞之類，多至數十紙，皆粲然可讀，其答所扣之事多有驗者。一日，應山密書扣襄、樊事，醉後大書十字曰：「上下有朋來，土鼠辭天道【二】。」每字徑尺餘。至甲戌歲，度宗升遐。度宗庚子生，庚子屬土，所謂「土鼠」者也。其後又有一僧名智永者，亦蜀人【三】，亦能降仙。其法乃以白紙一幅，令各自禱叩訖，自緘封，卓立置神几前，繼而筒紙自倒，開而視之，滿紙皆字，所答多有驗者。

鬼谷算，一名隔墻算，其法：先將錢不拘多少，三數數之，凡遇剩一則下七十，二則下百四十；次五數數之，剩一則下二十一，二則下四十二；又七數數之，剩一則下十五，二則下三十。總計其數，然後退一百五，或多則退二百十，之外餘者即是見在錢數也。有一詩隱括云：「三歲孩兒七十稀，五留廿一事尤奇。七度上元重相會，寒食清明便可知。」按：此法取相乘之數也，如三則以五七相乘數倍之，五則以三七相乘之數，七則以三五相乘之數【四】，合之得百零五。

又有一戲名二十八宿者，亦佳法。用二十八文，先於內一文置左，二文置右，令人隨

【二】土鼠辭天道　「辭」原作「醉」，據學海本、得月簃本、知不足齋本改。

【三】亦蜀人　「蜀」原作「留」，據學海本、得月簃本、知不足齋本改。

【四】七則以三五相乘之數　「之」原作「乘」，據得月簃本改。

意移之，兩錢歸兩，一錢歸一，仍高聲呼喝，聽其所喝聲數除十二，之外多則除二十四【五】，餘者一則喝二，即是一邊之數。

又有一分錢法：不拘錢多少，或五或七，任作幾堆。假如九堆，每堆三錢，則以八堆作一堆，其一堆内又以二錢歸衆堆外，其餘列成行，每堆各分以錢，可零碎逐一二錢分之，庶不覺也。其餘則尚有九錢，又總而分之，則正撞無剩餘矣。

術者云：「近世乃下元甲子，正直天市垣，所以人多好利，爲市井之行。」伯幾云：「揚州上直天市垣，所以兩浙之地市易浩瀚，非他處之比。」此説頗新。

推節氣法：但隔十五日兩時辰零五刻推之即是，假如正月甲子日子時初刻立春，則數至己卯日寅時正一刻，即是雨水節【六】，後皆仿此。

推立春法：每年但相去五日三時辰推之，假如今年是甲子日子時立春，則明年合在己巳日卯時立春。若夫刻數，則如前法推之。

近世術者善記四柱。

仙佛

佛藏中有《龍王經》一卷，其實四句偈也，云：「諸行無常，一切皆苦。諸法無我，寂滅爲樂。」凡往來江湖者，或遇風濤作惡，宜多書此經投之，即平息善濟。或有溺死鬼

【五】之外多則除二十四　「之」原作「文」，據學海本、得月簃本、知不足齋本改。

【六】即是雨水節　「雨」原作「兩」，據學海本、得月簃本、知不足齋本改。

魅溪井之間，多書投之，亦得安妥。

近日諸僧有言云：「靈隱伏虎巖，演福澤雲夢。大院自住了，小院又賣弄。」

佛書：五種不男，生、慳、妒、變、半；五種不女，螺、筋、鼓、角、線。此段可於藏經中更放子細，入梵語中。

伯顏丞相嘗至于闐國，有於其國中開井，得玉佛一尊，高三尺，色如截肪，照之皆見筋骨，今已貢燕。尚有白玉一段，高六尺，闊五尺，長十七步，以其重大，不可具載而來，次第必鑿爲三四段而破矣。伯幾云【七】。

胡天放能降仙。二十年前，有三舉子降仙卜前程，云：「前程事呵呵，如今只如此。向後欲如何，又常請仙箕。」忽踴躍可畏，經時，書一詩云：「百戰間關鐵馬雄，尚餘壯氣凜秋風。有時醉倚吴山望，腸斷中原一夢中。」後大書一「鄂」字，人始知爲武穆也。

近日，越上鑒湖天長觀有道士爲僧，獻觀於總攝所，云：「照得賀知章者，本是小人，倚托史越王聲勢，將寺改爲道院，今欲仍改爲寺。」於是徑從其説。觀者無不發大噱也。

臨平明因尼寺，大刹也，往來僧官每至，必呼尼之少艾者供寢，於是寺中專作一寮，儲尼之常有淫濫者，以供不時之需，名曰「明因尼站」。謝宜翁。

夜睡咒：「《靈寶藏經》，載汝之名。汝有五鬼，名曰攝精。吾知汝的，速離吾身。太上律令，化汝爲塵。急急如太上帝君律令敕。」臨睡時，面北叩齒七遍，朝寢無失。《平舟

【七】伯幾云　此三字原缺，據學海本、得月簃本、知不足齋本補。

極山録》。

北闕接待寺寺額，乃吴傳朋書，敕賜行之。院初扁甚小，其後展而大之，頗失書體。其右廉有古觀音殿，亦傳朋書。觀音銅像高丈餘，唐物也，其高壁一堵作水波，頗有汹湧意，蓋毘陵太平寺之類。其前殿即藏殿【八】，亦舊物。外有給衆庫，石碑立於側，其文乃銛樸翁撰【九】，姜堯章書。伽藍神佑相公，不知何神也。此寺乃淳熙間道者喻彌陀開山，嘗施水飯僧於此，地有大石井見在，其深六丈，泉極清冽。喻有塔頭在法堂之左，題云「齋三十萬僧喻彌陀塔頭」，此余所未至。辛卯春，因送沈府判實至焉。

辛卯正月二十三日，胡天放降仙馬巫父，弋陽人，地仙。《玉華山詩》云：「玉樓雲淡曉光浮，中有飛仙駕鶴游。下界此時方熟睡，誰尋紫氣問青牛？」又：「九章八卦有玄機，東壁沉沉自落暉。萬古流芳光焰在，他年丁令鶴重歸。」又：「寸寸量來只麼休，到頭名利一浮漚。我今不預人間事，一片晴雲在玉樓。」問刊書之事何時可辦，云：「有一二君子主之，何患不成？」問何時可成，云：「只在今秋。」問幾月，曰：「九月成。」

二月初三日，降仙三茅吴真人詩云：「深深門巷老翁家，自洗銅瓶浸杏花【一〇】。唤起承平當日夢，令人轉憶舊京華。」《柳杏詩》云：「岸曲紛紛已弄烟，園林點點欲争然。何人折取歸深院，兩樣風光在眼前。」鄭文選《九洞》云：「拖露摶風海嶠來，

【八】其前殿即藏殿　「藏」原作「歲」，據學海本、得月簃本、知不足齋本改。

【九】其文乃銛樸翁撰　「銛」原作「鎦」，據學海本、得月簃本、知不足齋本改。

【一〇】自洗銅瓶浸杏花　「洗」原作「寫」，據學海本、知不足齋本改。

觚稜寂寂自樓臺。春光不比承平日，淚眼看花薦一杯。」張君有《看山書房吏人》云：「八千里路到杭郡，城郭人民幾變遷。惟有吳山青不改，令威何日是歸年？」《浩然齋》詩：「宇宙寥寥一殼中，前瞻無始後無終。可憐坐井觀天者，心境何人似此翁？」天放云：「胡君此號出蒙莊，凛凛霜蹄遍八荒。不受人間籠絡手，石龜要看海生桑。」蘭渚云：「光轉東風弄暖天，永和人物尚依然。誰憐紉佩凄涼客，倚策愁吟楚澤邊。」方武裘，莆人，潛夫之友也。壺山是舍姪信仲，今爲太陽洞主，求賦筆詩云：「貌出中山骨欲仙，何人拔穎縛尖圓？拙夫堪笑堆成冢，豪客曾聞埽似椽。窗下玉蜍涵夜月，几間雪繭湧春泉。當時定遠成何事？輕擲毛錐恐不然。」「朱瓢硯」云：「烹汞燒鉛洞口泉，洞前怪石是誰鐫？藥瓢猶有餘丹在，聊贈濂溪陸地仙。」

天放請仙法：先念净天地咒洞中元虛，次念北斗咒咒斗，又次順念揭地咒七遍，又口念揭諦咒七遍，畫符[符]【一二】，圈内先寫「煞」字，次寫魁、魡、魋、䰢、䰶、䰯、魒，仍念訣，次念四句咒云：「我今請大仙，願降蓬萊闕。騎鶴下雲端，談風咏明月。」不絕口念之。

辛卯十二月初六日，天放降仙江寧王大圭至，詩云：「六朝盛事總成塵，結綺樓前草自春。一曲《後庭》何處覓？空留月伴倚闌人。」又問王中企今何在，云：「在冥司幽滯未化。」有詩云：「天上人間只寸心，烟花雨意抑何深。十年尚有梢頭恨，燕子樓空斷

【一二】畫符[符]「[符]」原作「斗斗四」，據得月簃本、知不足齋本改。

素琴。」又詩云：「繡閣朱簾半未殘，中年何事早拘攣？春風詞筆時塵暗，手拂冰絃昨夢寒。」又《願如心齋》詩云：「聖門大訓已昭垂，不願於人不可施。但守寸心如此戒，自新德業有天知。」又作詩云：「午夜沉沉坐草窗，清心消盡玉爐香。一杯滿飲乾坤窄，不待封侯入醉鄉。」

《心經》所謂五蘊皆空者，色、受、想、行、識也。

唵摩尼連哩吽撥吒【一二】，寶樓閣咒，治妖祟。

西天三藏法師金總持釋迦往生三真言，凡人死而未解脱，或沉滯不超脱者，或爲誦之，或爲書，無不應。其一曰「唵牟尼牟尼摩訶牟那曳莎賀」，其二曰「唵送啼律呢娑縛訶」，其三曰「唵唱呢律呢娑縛訶」。

《夷堅志》一卷載韓椿年於父枕中得《天童護命經》一卷，題云「梁先生所授」，凡二百九十二字，校今所行多一百七字，且無言六破句，傳之者以禦魑魅，極爲靈驗。其文曰：「太上曰：『皇天生我，皇地載我，日月照我，星辰榮我，諸仙舉我，司命與我，太乙任我，玉皇詔我，三官保我，五帝衛我，北辰相我，南極佑我，北斗輔我，三台護我，金童侍我，玉女從我，六甲直我，六丁進我，天門開我，地户通我，山澤容我，江河渡我，風雨送我，雷電隨我，八卦尊我，九宮遁我，陰陽宗我，五行符我，四時成我，我命者我。太清玄籍【一三】，三官升降，上下往來，無窮不息。金飯玉漿，所求皆至，虛梵日月，與

【一二】唵摩尼連哩吽撥吒　「撥」原作「機」，據學海本、得月簃本、知不足齋本改。

【一三】太清玄籍　「太」原作「大」，據清鈔本改。

天爲誓。⿺鬼雚魒⿺鬼行⿺鬼里【一四】，⿺鬼勺⿺鬼甫魁星，所求者得，所向者亨，所願者合，所爲者成。種種變化，與道合真，何神不使，何令不行？前有朱雀，後有玄武，左有青龍，右有白虎，上有華蓋，下有魁罡。神通光嚴，威鎮十方，愛我者生，惡我者殃，謀我者死，憎我者亡。靈童神女，坡雅金剛，三千六百，常在我傍。執節捧符，與我同游，天上攝京，皆大吉昌。金籙玉書，二十四符，與星歷俱，急急如律令！』」

《楞嚴經》有云：「因諸愛染，發起妄情，情即不休，能生愛水。是故衆生，心憶珍羞，口中水出；心憶前人，或憐或恨，目中淚盈。貪求財寶，心發愛涎，舉體光潤，心著行淫，男女二根【一五】，自然流液。」又曰：「淫習交接，發於相摩。」

金方叔諱吾，上庠人，嘗創止庵於其家，客有降仙者，忽請石曼卿至。金乃求《止庵記》，仙即書云：「山名止山，水名止水，名實相副，斯爲可記。今子之心，一日千里，吾見其進，未見其止。待子他日，明艮之旨，然後爲之，未爲晚矣。」此事得之下砂翟廷發館人張叔夏梅野。

后稷封於邰，七世孫古公亶父徙居岐山之周原，後因爲氏曰周。見柳文《漢原廟記》。

【一四】⿺鬼雚魒⿺鬼行⿺鬼里　「⿺鬼里」原作「⿺鬼累」，據學海本、得月簃本、知不足齋本改。

【一五】男女二根　「二」原作「一」，據學海本、得月簃本、知不足齋本改。

書史

前輩謂《史記》中蘇、張傳佳，西漢趙廣漢、東方朔，東漢馬援傳皆其一家，爲尤工。《頤》卦初九曰「舍爾靈龜」，六四曰「虎視眈眈」，二者正不相類，何哉？愚謂天下善養息者莫如龜，善養威者莫如虎，故聖人取斯二者以爲自養之道。

風馬牛事，服虔注云：「風，放也，牝牡相誘謂之風。」今人不肖子昵昵於游蕩者，亦謂之「風子」，豈此意耶？

《春秋》：襄公二十七年盟於宋，衛石惡在焉。公羊曰：「惡人之徒在是矣。」公羊何以遂詆爲惡人？梁武目其臣云【一六】：「何遜不遜，吴均不均，吾謂朱异則爲异矣。」

史正志，字志道，丹陽人。嘗摭自古東南用兵於西北事凡五十篇，曰《恢復要覽》，上之朝，且指張魏公之失，謂當去其輕脱嘗試之説，爲萬全之舉。

孔子以匹夫而行天子賞罰，定褒貶於一字之間，以俟後世。且當是時，諸侯卿大夫之子孫皆在，故定、哀之間多微詞，以其近也。然則體聖人褒貶之意【一七】，而功罪是非可推也矣。

借到屠存博三書。一曰《密齋筆記》，謝采伯所著，上卷有經解【一八】、史考、文藝之類，下卷有藥方、雜説，頗有見聞。美脩，其字也。二曰《中台志》，唐人所著，前有表稱

【一六】梁武目其臣云　「云」字原缺，據學海本、得月簃本、知不足齋本補。

【一七】然則體聖人褒貶之意　「體」字原缺，據清鈔本補。

【一八】上卷有經解　「上」原作「三」，據清鈔本改。

「臣鑒」，專言宰輔之賢否，分皇、王、霸、亂、亡五道，略載各人本末。《皇道》上十人：殷伊陟、傅説，周呂望、召公，齊晏嬰、鄒忌，楚荆公子，漢曹參、陳平、周勃。《皇道》下五人：漢邴吉，後周于謹，唐魏徵、房玄齡、馬周。《王道》上八人：殷伊尹，周公、孔子，蕭何、田千秋、公孫弘、霍光、金日磾。《王道》中八人：顧雍，晉荀勖、孔光、鮑照、楊震、陳震，魏王朗，吴張昭。《王道》下七人：晉張華、謝安，魏古弼，宋王弘，梁范雲，隋蘇威、高熲。《霸道》上五人：齊和高，魏吴起，鄭子産，秦百里奚、公孫鞅。《霸道》下五人：蜀諸葛亮，前秦王猛，後魏崔元伯、崔郢、高允。《亂道》上四人：秦呂不韋，後漢梁冀，晉趙王倫、桓温。《亂道》下四人：梁沈約、北齊和士開、後周宇文護、隋宇文述。《亡道》五人：梁朱异，北齊高阿那肱，隋楊素、裴藴、虞世基。此書全無義理。三曰《東軒筆記》，前卷述雜説，後卷乃其自作文，略無高論。魏泰之書既名此，今其名又同，則知此人全不曾讀書。及觀其文之紕繆者，疑爲閩人繆士急於沽名者，果三山人黄履也。又鑒堂《朝野遺事》，趙子崧所編《朝野雜事》。

十七史：《史記》《前漢》《後漢》《三國》《晉書》，《宋》《齊》《梁》《陳》《後魏》《北齊》《後周》共七書，《隋書》《唐書》及《五代史》。

朱一實夫云【一九】：碧梧所集經、傳，《書》以蔡爲主，《春秋》以張圭一爲主，《易》以朱、程爲主，《詩》以呂、朱爲主，二《禮》《大記》、別傳諸説，史有諸史句記【二〇】，自五史

【一九】朱一實夫云　「夫」原作「大」，據學海本、得月簃本改。

【二〇】史有諸史句記　「諸」原作「説」，「記」字原爲空格，均據學海本改、補。

□上以□□年以一卷未了，又有史□□，其餘著述甚多。又自著《番陽遺老傳》。梧翁六子，長端復，□孫及謝虚舟章之子也。

直齋所著書有《詩書解》一册【二一】、《易解》、《繫辭録》、《史鈔》。

韋居所著《九流鈔》，乃分雜文、雜事，各分九流。《聽輿》二册及近世諸人出處小傳，如温公《綱目》然【二二】。上標題《禮記》亦有集解、節録之類。又有《格庵》一書及本朝中興後事極詳。韋居有《詩話話》【二三】《家乘》。沈明遠有《南北國語》【二四】。

乙丑八月，借到《聽輿上書録外鈔》一帙【二五】、《畢作》五、《詩話》一【二六】、《易解》三、《易繫》一。

韓維主一云：其父維則有批注《孝經》，甚詳，及有批點《詩》《書》《易》三經及有故事數項。又言越中有張景倩號雲所，乃樗寮之姪，有雜書名《率爾録》，多至二三十册，無所不備。又有《覆華編》，載甲戌以來雜事甚詳。其家朝報甚齊整，但恐不借耳。

子昂云：高恥堂有《易説》《詩書解》之類，尤好。

借到屠存博《穆參軍集》，祖無擇作序，凡三卷，京本。又《朝士談》十卷，李石撰，皆朝廷故事也，然亦無甚高論。

姚子敬處有《恥堂易膚説》，又有《增損杜佑通典》，甚佳。其家只有一本，恐難借

【二一】直齋所著書有詩書解一册　「詩」原作「言」，據清鈔本改。

【二二】如温公綱目然　「如」字原缺，「然」字原爲空格，均據學海本補。

【二三】韋居有詩話話　「詩話話」原作「詩話□」，據清鈔本補、改。

【二四】沈明遠有南北國語　「有」字原缺，據學海本、得月簃本、知不足齋本補。

【二五】借到聽輿上書録外鈔一帙　「上」原作「尚」，據學海本、知不足齋本改。

【二六】詩話一　「一」字原缺，據學海本、知不足齋本補。

出。又有唐仲友《兩漢精義》，有陳本齋《詩話鈔》，直齋《書傳》，雪林《詩窠糾繆》【二七】。

庚寅八月初三日，陳無逸云：恥堂有所著《徽宗意録》一書，甚好。《三卯録》《恥堂詩説》《易解》，本齋所鈔《本朝帝紀》，所修國史五十餘卷并志，理宗朝朝報一厨，欲借度宗一朝。恥堂家有《續通典》，甚佳。在恥堂家，《直齋書解》《秀巖全集》及《詩鈔》之類，可借。

余向聞李獻可自號雙溪，國史云【二八】：「昔者李仁父爲《長編》，作大木櫥十枚，每櫥作抽替六十枚，每替以甲子誌之，凡本年之事，應有所聞，片紙必歸本匣，却就每匣分月日先後次第，井然有條，可爲法也。」

王聖予嘗輯《對苑》一書，甚精，凡十餘册，止於三字，如獅子橘、鳳兒花、接脚夫、開口孏面、花牙蘗之類。

《尚書》竄四凶云：「流共工於幽州，放驩兜於崇山，竄三苗於三危，殛鯀於羽山。」或謂鯀有汨陳五行之罪，共工觸不周而折天柱，三苗有不率教之罪，特不知驩兜以何罪而同罰。或解云：「鯀乃驩兜所薦，以其所薦非才，故同此罪耳。」師道云：「不知出何書。」

《孟子》「馮婦搏虎」一章，聞元莊云：有一家以「晉人有馮婦者，善搏虎，卒爲善

【二七】雪林詩窠糾繆　「窠」原作「家」，據學海本、得月簃本、知不足齋本改。

【二八】國史云　「國」原爲空格，據學海本、知不足齋本補。

士則之」斷句，後之「攘臂下車，衆皆悦之【二九】，其爲士者笑之」與前相對，亦自有義。

賈師憲嘗刻《奇奇集》，萃古人用兵以少勝多如赤壁、淝水之類，蓋自誇其援鄂之功也。又開《全唐詩話》三帙，蓋即唐《本事詩》中事也。又嘗自撰《本朝十三朝國史》及《會要》，雜説中事，如《類説》例，爲百卷，名《悦生堂隨鈔》，版雖刊，未及印，其書遂不傳。其所援書多有目所未見者【三〇】。廖群玉諸書則始於景開《福華編》，備載江上之功，雖鋪張過實，然文字古雅，頗奇可喜。江子遠、李祥文諸公皆有跋。其後開《九經》，凡用十餘本對定，各委本經人點對，又圈句讀，極其精妙，皆以撫州單鈔清江紙，造油烟墨印刷，其裝飾至以泥金爲籤。然或者惜其删略經注爲可議耳。所開韓、柳文，尤精好。又節一《禮》本傳，以便童蒙習讀者，亦佳。又開《文選》於建寧，其後又欲開《戰國策》及《蘇東坡詩》，以海陵顧注爲祖，而益以他注，未暇入梓，而國事異矣。

昔人有言韓退之《送李愿歸盤谷序》，雖備言官爵、侍御、賓客之盛，皆不過一二句而止，於稱聲色之奉則云：「曲眉豐頰，清聲而便體，秀外而惠中，飄輕裾，翳長袖，粉白黛緑者，列屋而閑居【三一】，妒寵而負恃【三二】，争妍而取憐。」至累數十言，頗以此譏退之。然予以爲豈特退之爲然，如宋玉《招魂》「高堂邃宇」「翡翠珠被」【三三】、畋獵之類亦不過數語，至於：「蘭膏明燭，華容備些。二八侍宿，射遞代些。九侯淑女，多迅衆些。盛鬋不同制，實滿宮些。容態好比，順彌代些。弱顔固植，謇其有意些。姱容脩態，

【二九】衆皆悦之　「悦」原作「説」，據學海本、得月簃本、知不足齋本改。

【三〇】其所援書多有目所未見者　「目」原作「見」，據學海本、得月簃本、知不足齋本改。

【三一】列屋而閑居　「屋」原作「坐」，據學海本、知不足齋本及韓愈文改。

【三二】妒寵而負恃　「恃」原作「持」，據學海本、得月簃本、知不足齋本及韓愈文改。

【三三】翡翠珠被　「翡翠」原作「翠翹」，據學海本及宋玉文改。

緪洞房些。蛾眉曼睩，目騰光些。靡顔膩理，遺視𥈠些。離榭脩幕，侍君之閑些。」又曰：「美人既醉，朱顔酡些。娭光眇視，目曾波些。被文服纖，麗而不奇些。長髮曼鬋，艷陸離些。二八齊容，起鄭舞些。」以至：「吳歈蔡謳，奏大呂些。士女雜坐，亂而不分些。」又《大招》亦云：「朱脣皓齒，嫮以姱只。比德好閑，習以都只。豐肉微骨，調以娱只。」「嫮目宜笑，蛾眉曼只。容則秀雅，穉朱顔只。」「姱脩滂浩，麗以佳只。曾頰倚耳，曲眉規只。滂心綽態，姣麗施只。小腰秀頸，若鮮卑只。」「易中利心，以動作只。粉白黛黑，施芳澤只。長袂拂面，善留客只。」「青色直眉，美目媔只。靨輔奇牙，宜笑嫣只。豐肉微骨，體便娟只。」皆累百餘言，極其摹寫女色燕婉之盛，是知聲色之移人，古今皆然，不特退之之言也。《碩人》之詩曰「巧笑倩兮」，注曰「好口輔也」。《大招》述婦人之美亦有「靨輔奇牙」之語，可謂善於形容。後人雖極形容女色，乃不及於口輔，何耶？輔即俗所謂笑靨是也。癸巳九月觀《楚辭》戲書，爲退之解嘲。

癸巳十月，借君玉買到雜書：僧贊寧《要言》三卷，寫本【三四】，如蔡邕《獨斷》，皆事物。《雲齋廣録》十卷，北本，小記靈怪，内有《四和香》及《豪俠張義傳》。《洛陽古今記事》，王正倫《河南志》之類。《充齋視聽鈔》三卷【三五】，國子博士吳萃商卿撰【三六】，湖州人，乾淳間人，多言霅中事。《景雲天祚永歸録》，所言睿宗龍飛先兆，大曆間蕭時和撰。《貞陵十七事》，唐令狐澄纂，言宣宗聖德十七事。《甘露記》，言王涯甘露

【三四】寫本　「寫」原作「寓」，據學海本、得月簃本、知不足齋本改。

【三五】充齋視聽鈔三卷　「齋」原作「齊」，據學海本、得月簃本、知不足齋本改。

【三六】國子博士吳萃商卿撰　「撰」字原缺，據清鈔本補。

之禍。《乙卯記》，太和九年唐李潛用撰，亦説甘露之事，其言不公。《後漢書·列女傳》凡十七人，《晉書·列女傳》凡三十四人，《南史·孝義傳》十三人，《北史·列女傳》凡三十四人，《隋書·列女傳》十五人，《舊唐書·列女傳》三十人，《新唐書·列女傳》四十七人，共一百九十人，皆后妃、母妻、女子，獨有苻堅妾張氏一人而已。豈妾以賤不得書耶【三七】？抑無人耶？然即今之妾能守節義而死者，尤爲可書矣。

《易》爻詞内難解者，如「先號咷而後笑」「公用射隼於高墉之上」「見豕負塗，載鬼一車，先張之弧，後脱之弧」之類甚多。諸儒堅欲以理通，或以互體象言之，愈鑿愈遠，不通。以余鄙見觀之，此正如今時劉樞幹等卦影一般，或一人射雁，一人射鹿，一婦人哭，一男子笑，一舟遇風，一屋側仆，在一時雖卜者亦不能解，俟至異時，則其説遂驗。蓋得此卦及爻，則有此象，占者吉凶寓焉，豈區區可以理推哉？此余之繆見如此，特不知前輩曾有與余同此見否。漫書於此，當與前輩訂之。《繫辭》云：「聖人立象以盡意。」又曰【三八】：「易者，象也；象也者，像也。」用此「像」字，其意曉然。甲午夏玩《易》書此。

《晦庵語録》云：「某作《易本義》，欲將文王卦辭只大綱依文王本義略説，如此乃不失文王本意，至其所以然之故，於孔子《彖辭》中發之，但今未暇整頓耳。」向見老儒

【三七】豈妾以賤不得書耶　「豈」原作「置」，據學海本、得月簃本、知不足齋本改。

【三八】又曰　「又」字上原衍「經」字，據學海本删。

括蒼葉先生大慶云：「晦庵此語似乎不滿孔子《彖辭》之意，別欲與文王重作《彖辭》，無奈孔子已作耳，故不得已言却於孔子《彖辭》發之耳。晦庵聰明至當【三九】，古人說話無一個中他意，雖孔子彖《易》之辭，亦不然之也，可笑。」此語已聞之五十年。

《井》九二：「井谷射鮒。」《易傳》或以爲蝦，或以爲蟆，程沙隨以爲蝦蟆，朱子發以爲蛭，程明道以爲蝸牛。考之《韻》：鮒，扶句反，鯖魚。然鯖、鱭、鯽三字并同子亦切【四〇】，注云：「鮒也，蓋今之鯽魚耳。」《莊子》「涸鮒」亦以爲鯽魚。然今有魚如鱛而四須，巨口，善食水蟲，故人家井中多畜之，俗呼爲彈魚，得非《井》卦所推者乎？

衛山齋云：「鄉先生言『《關雎》，后妃之德』，注家皆以爲夫人，似非也。蓋『后』即君也，『妃』乃夫人。以夫人爲后，乃自秦始然也。」當考。

《渙》之爲卦，坎下巽上。坎，水也；巽，木也。卦辭則曰：「利涉大川。」彖釋之曰：「乘木有功。」蓋取巽木之象明矣。然而大《象》則曰：「風行水上，渙。」何也？余以管見窺之：蓋乘木之有功，非風行水上，則乘木恐不能有其功焉。今夫萬斛之舟，十幅之帆，頃刻千里，非風水使之，何以奏利涉之功哉？此義前輩未有發之者，姑書以叩知者【四一】。

《易》有聖人之道四焉。王輔嗣云：「三存一，於道闕矣。」晦庵知其爲法，所以《本義》注啓蒙，多以卜筮言之，然知其爲卜筮之道而言之則可，使雖知其爲卜筮而不知

【三九】晦庵聰明至當　「當」字原缺，據學海本、得月簃本、知不足齋本補。

【四〇】然鯖鱭鯽三字并同子亦切　「子」原作「予」，據學海本、得月簃本、知不足齋本改。

【四一】姑書以叩知者　「叩」原作「諗」，據學海本改。

其所以卜筮之道，而復以理天下言卜筮，則亦何異同浴而譏裸裎乎？

伊川不滿於宣仁，故注《易》有云：「臣居尊位，羿、莽是也，猶可言也。婦居尊位，女禍、武后是也，非常之變，不可言也。故有『黃裳元吉』之戒【四二】。」其實用此寄意耳，前輩亦嘗言之矣。然胡明仲作《諸史管見》論武后革命，則特舉此語以言之【四三】，蓋不悟其本有所謂也。及毛伯玉圭《易傳》乃大闢其非，曰：「甚矣，正叔之陋也！臣子於君父皆陰也，羿、莽是也，何必專以女媧、武后當之？必以婦人爲陰，此亦兒童之見耳。況女媧事不經見，若武后之變，固未甚於羿、莽也，而謂彼猶可言，殆有胥吏舞文之態。胡明仲宗主程氏，一至於此，得無所見偶同耶？抑私其所主耶？」樂正子輿謂公子牟曰【四四】：「子以公孫龍之鳴皆條也，設令發於餘竅，子亦將承之乎？」晦庵明知此語有爲而發，乃故宛曲爲之説曰：「伊川舉武氏、女禍之事，看來要入議論，教人向別處説。此文何曾有這義，都是硬入這意【四五】，所謂欲蓋彌彰也。」

陳本齋端明云：「一部《晉書》，其間只是以《世説》分入，又改易得言語不佳，且入許多閑文字在內，可謂冗長，止有《載記》差勝耳。」嘗手節《載記》爲一書，方欲借抄本出，而公已仙矣。

陳本齋、馬碧梧、高恥堂、陳聖觀，自世變後極意經史，著述甚富，而手抄之書日以萬字，有類日課，蓋閑中無以消憂故也。本齋抄佛書尤多，如《華嚴經》《合論》《楞伽》

【四二】故有黃裳元吉之戒　「故」原作「惟」，據學海本及程頤文改。

【四三】則特舉此語以言之　「特」原作「即」，據學海本、知不足齋本改。

【四四】樂正子輿謂公子牟曰　「牟」原作「弁」，據學海本、得月簃本、知不足齋本改。

【四五】都是硬入這意　「意」字原缺，據學海本、得月簃本、知不足齋本補。

等經，皆嘗鈔之。

圖畫碑帖 續鈔

余家有《墨妝圖》，不知所出。後見後周宣帝傳位太子，自稱「天元皇帝」，禁天下婦人不得施粉黛，自非宮人皆黄眉墨妝，方知所出。

《絳帖》第九卷《大令書》一卷，第四行内「面」字右邊轉筆正在石破處，隱然可見。今本乃無右邊轉筆【四六】，全不成字，其「面」字下一字與第五行第七字亦不同【四七】。又第七行第一字，舊本行書「正」字，今本乃草書「以」字，筆法且俗。以此推之，今之所見多非舊本。

王逸少《禊帖序》，文章妙天下，而不得入《文選》。米書筆妙天下今古【四八】，而不得列於官帖。

圖畫對面稍熟，似覺厭足，則別展挂，行步徙倚玩之，忽漫驚目，更有新意。余家所藏甚鮮少，由此常若多畫。劉斯立學易堂語。

韓退之《送高閑上人序》云：「張旭善草書，不治他伎，喜怒窘窮，憂悲愉佚，怨恨思慕，酣醉無聊，不平有動於心，必以草書發之。」

衡州有華光山，其長老衆仁能作墨梅，所謂「華光梅」是也。

【四六】今本乃無右邊轉筆　「本」原作「卷」，據學海本、得月簃本、知不足齋本改。

【四七】其面字下一字與第五行第七字亦不同　「下一字」原作「下一行」，據學海本、知不足齋本改。

【四八】米書筆妙天下今古　「米」字原缺，據學海本、知不足齋本補。

王井西收得唐時古書一册，名《文思要覽》，今在伯幾家。按察劉大使君玉家有智永《千文》真迹，首尾全，奇物也。

子昂云：作畫綳絹法，用雪糕細細搣碎，湯泡開用之，既不霉，又牢而不脱，勝於麵糊多矣。

黏經縫用生糊，乃是用生豆研極細，以水生調粘之，即不用熟者。此與金蓀壁所傳背書用小粉熟作糊爲熟糊用，既不霉，又堅牢，且不爲蝸蟲所傷【四九】，極佳。

乙丑六月廿一日，同伯幾訪喬仲山運判觀畫：吴道子《火星》。智永真草《千文》，有「永興節度使」印及「韓侂胄印」。李伯時《女孝經》，伯時自書，不全。胡環《番騎神致》，極妙。郭忠恕《飛仙故實》，界畫粗而山水佳。董元《山水》。巨然《溪山》，下有一舟，四人撑，絶好。王維《維摩象》，其像如生。李思訓《溪山》，滿山皆小樹，甚奇。張萱《彈琴宫女》。僧貫休《羅漢》。衛賢《高士》，上作楚狂接輿，下作伯鸞、孟光，絶妙。張符《牧牛》。大抵皆宣和御府之物，有宣和御題，及宣和、大觀印，及「睿思東閣」大印。其後入大金章宗朝，或翦去舊印，用明昌印：「明昌御府」「明昌中秘」「明昌珍玩」及「明昌御覽」大印。軸杆皆用檀香四合而成，蓋恐木性不直故也。贉卷皆高麗紙，内數軸後有「大金密國公樗軒收附」題字。又於案間有一石研屏，其山横山如黛，山下有樹木，儼然米南宫著色畫也，竟莫知何石。汝窑一小爐，二奩，一瓶，極佳。靈壁一山，亦佳。

【四九】且不爲蝸蟲所傷　「且」原作「而」，據學海本、得月簃本、知不足齋本改。

焦經歷達卿有三寶：其一，孫過庭《書譜》真迹，上下兩卷；其二，王逸少《十七帖》真迹五紙；其三，「不出户琴」一張，其品在御府「春雷」之上，不輕以示人也。余嘗在伯幾家見《書譜》，宣和御題，用皂綾褾首【五〇】，檀香貼杆，白瑪瑙簪頂軸，高麗紙贉卷，黄夾羅囊，檀香小牌，皆當時物也。後有御府大璽及前輩數印，甚奇。

伯幾所收右軍與桓温薦謝公真迹一幅，乃用繭紙，字輕清，不類右軍書，後有柴瓘駙馬跋，乃楊和王府物也。

《文思博要·帝王部》一卷，唐類書也。所引書内《蒯子》《慎子》《尸子》及《三略》《陰符》及《文選》内諸事皆在焉，又有《蘇子》數書，不知何人，皆古書也。天寶十二年楷書「臣胡山甫書」【五一】，字極遒麗，大率如唐人寫經手。至唐大中年間，方自館中雜書中揀出，是時亦止存一卷而已。卷後用史館新鑄印，及列掌典之人及三校姓名，甚整齊。贉卷皆紹聖間人題跋，如蔡元長、周美成、晁説之、薛紹彭諸人皆在焉，内有歷下周子默，不知何人，恐是吾族，亦未可知也【五二】。王子慶物歸之張可與。

又有吴彩鸞書《切韻》一卷，其書一先爲二十三先、二十四仙，不可曉，字畫尤古。

己丑閏十月二十一日，至王子慶家，見周昉臨六朝人《天宫寺》，甚妙。李成《寒林》一幅，奇絶。下有碑，乃《看碑圖》，缺其半，題云「李成畫樹石，王崇畫人物」，人物則不復可見矣。喬仲山透光鏡，《博古圖》有之，乃六朝時物，非漢鏡也。霍清夫云：

【五〇】用皂綾褾首　「褾首」原缺，據清鈔本補。

【五一】天寶十二年楷書臣胡山甫書　「楷」原作「揩」，據學海本、知不足齋本改。

【五二】亦未可知也　「亦」字原缺，據學海本、知不足齋本補。

「火浣布，乃北方石炭之絲撚而織之，非火鼠鬚也。」按：石炭即煤，豈能成絲？今保定縣有不灰木，其木筋，土人往往以之拭几，投火爐中，油膩即脱而木不損，以之成布，或然。

王子慶嘗得李唐所畫《晉文公復國圖》一卷，本有上下兩卷，今止有上卷。乃思陵御題，上有「乾卦」小璽，下有「希世藏」小印。其所作人物、樹木之類，絶似伯時，所作自成一家，信知名下無虚士，而予前此則未見也。今歸喬仲山。

王介石有東丹王贊華所畫《番部行程圖》，前有道君御題，後復有題云「世所謂東丹王者也」，所畫絶妙，與王子慶《西域圖》相伯仲。又鄆王題唐人臨六朝人畫《七賢》，宗子公儺畫《魚》一卷。丁晞韓字令子畫《孝經》一卷，書畫皆精妙，後有元暉跋，未見跋尾，則以爲伯時作。紙畫四片，絶佳，王子慶以爲吴元瑜。王詵臨小李將軍山水，高麗紙，上畫翎毛梅花，亦佳。

景定中，發冢盛行，有盜發向各冢者【五三】，其棺上有木替，所貯皆法書名畫，甚多。時董正翁楷爲公田分司，得其《蘭亭》一卷，真定武物也，後有陸放翁諸公跋，且精神透出紙外，與尋常者絶殊。正翁極寶之，然爲尸氣所侵，其臭不可近，雖用沉腦薰焙數十次，亦不盡去。或教之以爲檀能去尸氣，因以檀香函貯之，惜爲庸工裁過短，傷於所謂「金龜玉兔」八字云【五四】。

王介石家有唐《劉良娣告》及咸通中吴通微所書《莽贊》，「告」字體極佳，米南

【五三】有盜發向各冢者　「各」字原爲空格，據學海本、知不足齋本補。

【五四】傷於所謂金龜玉兔八字云　此句原作「殤於所爲今□□□八字云」，據學海本及南京圖書館藏乾隆己卯丁敬身舊鈔本《雲烟過眼録》改。

宮有跋。又有江南《賜周用卿詔》，用書詔之印。又有東坡書蔡君謨二小詩，及杭妓周韶能小詩。蘇子容過杭，韶求脱籍，子容令即席賦詩，有云：「開籠若放雪衣女，長念觀音般若經。」籍中皆作詩爲送，内有胡楚、龍靚二妓者，詩最佳，此不知《志林》中有無。又有米老自畫《東山朝陽巖海岳庵圖》，率意而寫，極存天趣。海岳庵西朝陽巖，背焦山，其側有早來堂。其後自書《海岳庵賦》并五詩，筆意墨色奇絶，佳物也。又有李建中一絶句，有云：「鶯已無聲花已老，誰知三月盡頭時。」亦佳句也。

七月二十五日，訪王子慶，見御題邊鸞《海棠》，一枝上有一蝶。伯時白描《于闐獻師子圖》，後有伯時自跋一段。李建中古篆書《風后廟碑》一卷【五五】，甚佳，乃王駙馬家物，上有數印，甚佳。王詵，本字晉卿，今印文乃用此「進」字，此二字必通用故也。又一印文曰「晉卿珍玩」，乃作卍字晉卿珍玩，此樣式前所未及見也【五六】。又於一卷中見有人用《保母帖》中曲水硯樣，内作古篆，此亦好奇之士也。

牛僧孺《太湖石記》《觀瀾文》：艮岳，石名也。《雲谷雜記》《涉獵章》及《石譜》等，作一則。

張漢卿作《歸去來》，批印紙。《夷堅志》淳熙三年。《雲谷雜記》《涉獵章》，劉漫堂，亦批印紙。

徐鉉有《哭南唐後主詩》，又有《李煜墓碑》，并載言其不忠於舊主則無從敬於新主

【五五】李建中古篆書風后廟碑一卷　「篆」原作「義」，據學海本、得月簃本、知不足齋本改。

【五六】此樣式前所未及見也　「所」原作「此」，據學海本、知不足齋本改。

之意。

僧元靄畫太宗小本御容，舒却幞頭，上插花五六枝，衣金龍袍、玉束帶，描金龍軟鞋，手持毬杖弄毬，神采英武重厚，真天人也。上下有題字，此必天章閣本也，藏王子慶家。

辛卯六月十三日，偕郭北山祐之細觀書畫於鑷子井提控家【五七】，畫之佳者：有吴道子《藥師佛》，絶佳。其次粉本《坐神立天王像》，有「劉大年收藏」題字，仲元收附。《真一天師像》【五八】，古甚，右手持章函，前后植二劍，筆墨工甚。又《善神立象》二軸，皆吴生筆也。畫上各有「尚書省印」及「秘書省印」，蓋宋秘閣物也。其次有李成《風雨圖》一幅，奇甚。董元著色山水一卷。陳閎畫馬。餘品頗多，然皆不能如上數種。書之佳者：右軍《得告帖》，真迹；《快雪帖》，真迹。趙摹臨《蘭亭》真本，乃李山房家藏，縫有「五世」印，後有「山房李常公擇」長印；及梁人臨《重告》等五帖。率更碧紙行書《咏陳後主詩》及臨帖二，以爲真【五九】，然亦未必也。褚河南小楷《西昇經》，奇妙。徐浩《寶林寺詩》，真迹。又率更書《仲尼夢奠》一帖，元勤有故物。《蘭亭》一，極精神，陳德翁家本，定武真本無疑。《汝南公主墓志》，真本，虞書，後有米跋。唐琴一，名「萬壑松」，極清實可愛。餘者不能悉説。

司德用家王維《捕魚圖》，單幅小直軸，徽宗題，前有雙龍圓印【六〇】，後有「大觀」「政和」二璽，上作岡阜，古木數株，枝梢全似李成者。亦有數舟攔溪打魚，人物甚佳。

【五七】偕郭北山祐之細觀書畫於鑷子井提控家　「偕」字原缺，據清鈔本補。

【五八】真一天師像　「天」原作「大」，據學海本、得月簃本、知不足齋本改。

【五九】以爲真　「真」原作「斷」，據學海本改。

【六〇】前有雙龍圓印　「圓」原作「負」，據學海本、得月簃本、知不足齋本改。

郭祐之家藏李成《寒林》一軸，有「丁卯營丘李成」題字，古木虬枝，而其下水乃作濺泉，疑非李成筆也【六一】。張藻《松泉漱石》一手卷，高宗御題，前後印并全。藻本名璪，又名通，唐人，與畢宏同時。雖舊，然無奇處。公權《權然律大尹帖》【六二】，佳。真卿《得告帖》，率更《夢奠帖》，本中齋物。小李將軍著色山水小片，佳。「萬壑松」琴一張，亦清妙。

辛卯十二月二十五日，司德用以所有畫十一軸見示：李成四單幅；吴道子《火星》一，徽宗御題；《右丞捕魚圖》，明昌七印；王端人物，宣和一印【六三】；伯時《維摩》白描；湯子昇《鑄鏡圖》，作獰鬼屠龍殺虎，甚雄偉；傅古《龍》。

除日，又以十四軸來觀【六四】：尉遲乙僧《天王小像》，郭祐之物，好。胡瓌《啖鷹圖》，元伯幾物，絶妙。張萱《乳母抱嬰圖》，佳。韓滉《歸去圖》，雙牛佳，躑躅、孔雀平。《勘畫圖》，元康二印，平。范長壽《醉道士圖》，好。邱文播《渡水僧》，弱；《擊壤圖》，古。盧楞迦《羅漢》【六五】，古。居寀《鷹》，只有一鷹，係外來。王駙馬《長江遠岫》，平，北方之物。楊庭光《大力菩薩變相》【六六】，雄偉。

壬辰正月初三日，訪張受益謙家，出畫數種見示：唐人畫《歸去來》三幅一軸，即米南宮《畫史》所載者。范寬三幅，又《雪山圖》雄偉可喜。寶覺大師《鶴》二軸，即米老《畫史》中所載者，或云薛稷畫【六七】。艾宣《萱草》，甚佳。《孔雀》雙幅二軸，

【六一】疑非李成筆也　「非」原作「即」，據學海本改。

【六二】公權權然律大尹帖　第二个「權」字原爲空格，據學海本、知不足齋本補。

【六三】宣和一印　「一印」原缺，據清鈔本補。

【六四】又以十四軸來觀　「又」原作「人」，據學海本、知不足齋本改。

【六五】盧楞迦羅漢　「盧」字原缺，據清鈔本補。按：盧楞迦，吴道子弟子。

【六六】楊庭光大力菩薩變相　「力」原作「刀」，據得月簃本改。

唐畫。《三官》，元王子慶物，唐畫。《阮孚蠟屐圖》，絶妙。張萱《戲貓士女》，妙。千里著色山水三幅【六八】，平。周昉《揮扇圖》小軸，高宗御題「絶品」。鄧隱白描《十國圖》，後有劍南樵子趙昌押字、跋，雖太古【六九】，文播所不及【七〇】，後尤延之有跋，亦秋壑之物，聞是吴奏差之物【七一】，描法甚奇，三幅。董元山水二軸，蕭散不類董畫，不知何以知爲董也。

正月收燈夜，張齊卿偕尤曾五官人、□西牙人者來，攜至畫凡廿八軸。内有仲元《四老圍棊》，高宗御題，絶妙。顧愷之《水閣對弈》，亦自古，無御題，皆歸受益。周文矩《繡女》，寧宗御題，亦佳。又《古木》一幅【七二】，自謂荆浩，然雖高古，不知何人也。胡瓌《坐馬》，平。黄筌《牡丹》，後有「奉華堂印」「瑞文」二印，劉娘子物也。《過海天王》，好。王齋翰，平，聞尚有之。

近見德用范寬卷子《雪山》，後有遠山重疊。董元卷子《千巖萬壑》，下有小屋村市，市中有小人物裝點，絳色，不類尋常所見董畫，然亦自好。又荆浩山水一軸，所畫屋檐皆仰起，而樹石皆粗率，與前尤曾五者一般無少異，以鄙意觀之，恐非荆浩也。易元吉《雙孔雀》一，槲樹尤佳，上有鵪鶉、黄鶯，木内有栗鼠，下有雙孔雀【七三】，元王井西物，據有來，恐非易筆，有院體。又宣和末畫人趙林所作《豫章逢故人》雙幅，凡四大船、一小船，遠見豫章城郭，雖甚精，然不過院畫耳。《阮孚蠟屐圖》，孚中坐，上裸，下止單犢

【六七】或云薛稷畫　「畫」字原缺，據清鈔本補。

【六八】千里著色山水三幅　「三」原作「一二」，據清鈔本改。

【六九】雖太古　「古」字原爲空格，據學海本、得月簃本、知不足齋本補。

【七〇】文播所不及　「文」原作「又」，據清鈔本改。按：文播即上條所載邱文播。

【七一】聞是吴奏差之物　「吴」字原爲空格，據學海本、得月簃本、知不足齋本補。

【七二】又古木一幅　「又」原作「一」，據清鈔本改。

鼻，手執雙屐【七四】，傍一人侍立，手持貂尾并冠，蓋乎所戴者，有書匳【七五】，匳中五書卷，杯一，盎一，一尊在側，恐是六朝人畫也。受益者是立軸。

高彦敬處周文矩《韓熙載夜宴圖》，紙本，長七八尺，前有蘇國老題字，内有題「不如歸去來，江南有人憶」十字，後又有蘇題識：「神筆絶妙，此方是文矩真迹也。」此是大藏庫物，監賣張運副者示予，向見沈和庵有此，恐即此物。後歸王子慶，今歸趙左丞矣。

受益以米帖數册來觀，詩文爲類，手簡則別册。聞是韓平原故物，中間多題魏公園池詩，各有「閲古」「珍玩」大印，後屬之史衛王家。凡如此五六十册，一一精好，亦近世難得之物。又李西臺《新竹詩》一卷，後有蘇子美跋，乃賈平章物，皆奇品也。按：《玉照新志》，米帖十二卷，此云五六十本，恐有誤。

張性之以徐熙《芙蓉》一軸，欲十定。衛賢《騾鳴圖》一片，欲二十千【七六】。趙昌《小折枝芍藥萱草》兩片，欲十千。皆謝立齋子如翁物也，不及酬價，還之。

受益以米老家書一册來觀，有與友仁者，有與寅哥者，花押兩樣畫手，殊不可曉。片紙在後，所謂「虎兒者」，即友仁。

壬辰三月望，至受益所，見黄字一卷，每字徑六寸許，奇甚，後有「覽古堂」印，亦楊氏物，後歸之賈。《櫻桃》《枇杷》二片，云是趙昌紙本。因遣人同往前松江鎮守張萬户處，出五手卷：王維《渡水僧》，高宗御題，絶妙；顧德謙《乳牛圖》，徽宗御題，凡三牛、

【七三】下有雙孔雀　「下」字原缺，據學海本、知不足齋本補。

【七四】手執雙屐　「手」原作「子」，據學海本、得月簃本、知不足齋本改。

【七五】有書匳　「匳」原作「廉」，據學海本改。下同。

【七六】欲二十千　「欲」字原缺，據清鈔本補。

二犢、一牧兒，奇絶；陶縝著色小窠菜，凡二十種，上題「金陵陶縝筆」；馮覲《層巒疊嶂》，亦佳品；獨崔白《五禽圖》未爲佳。皆悦生堂物，各有印章及台州抵當庫印【七七】，其間有一印云「賢者而後樂此」，甚可喜也。

德用閻立本畫《西旅貢師子圖》，甚佳，師子黑色，類熊而猴貌，大尾，殊與今時所畫獅子不同。彦敬云：「正與近日所貢者同，特無此大尾耳，亦有白色者。」

伯幾云：「太平州有開本《瘞鶴銘》，然不知與舊本何以爲別【七八】，當續問之也。」又云：「《孔子廟堂碑》，京北府無裂者乃佳。」

壬辰四月十日，偕修竹訪月澗，出御府所藏《蘭亭類考》十册，凡百餘種。高宗臨《十七帖》，内一帖後有跋。有一琴，色如桐葉，玉鶴一隻，并玉岳山瑟，瑟徽内有字模糊，唐琴也，名聲振天地，彼不甚愛重，外有玉軫足一副，甚佳，而琴平。

是日同訪郭祐之，出三天王畫：一吴道子紙粉本，僅盈尺，而作十一人，凡數千百筆，繁而不亂，上有題字云「曹仲元臨吴生畫本」【七九】，見者皆以爲絶妙【八〇】，徐易印，徐白篆字收附，及陸永年印；一尉遲乙僧《坐神》，神彩飛動；一立幅朱繇《立神》，奇鬼天女，奇詭之至，皆精品也。又吴生《藥師佛》小幅，有秘省、尚書省印。又《善神》二小幅，亦秘省物，有官印、省印，恐非吴筆【八一】，然亦唐畫也。張璪《松石》，高宗御題，作「張也」。許道寧雙幅山水，内一《華山圖》。《映雪帖》，羲之，後有米小字跋。《旦

【七七】各有印章及台州抵當庫印　「抵」原作「紙」，據清鈔本改。

【七八】然不知與舊本何以爲別　「與舊本」原缺，據清鈔本補。

【七九】上有題字云曹仲元臨吴生畫本　「臨」字原缺，據清鈔本補。

【八〇】見者皆以爲絶妙　「見者」原作「入吴」，據學海本改。

【八一】恐非吴筆　「筆」字原缺，據學海本補。

極寒帖》，亦只是唐臨【八二】。趙摹《蘭亭》《千文》各一卷。陶宏景《畫版帖》，見《東觀餘論》。虞世南書《汝南公主墓誌》真迹【八三】，極佳。唐臨王書二帖，字體頗嚴毅。聞王維畫《孟浩然像》亦歸之。又董元著色山水，不及吾家《山居圖》。又見張受益所收米帖内家書《與寅孫》，寅孫即友仁小字，蓋生於寅年，故山谷有「虎兒」之稱。

壬辰四月十七日，修竹攜雜書帖來。其間有臨《拜月帖》及《九月四日》一帖，佳。又《蘭亭》一本，入水者。又高麗紙畫四幅，亦可觀。他不足言也。

李公麟《山陰圖》，藏子慶家，許玄度、王逸少、謝安石、支道林游山陰【八四】，縫用「米」姓之印、「睿思東閣」印，南舒李伯時爲襄陽米芾作，公麟印甚奇。米元章與李伯時説許玄度、王逸少、支道林、謝安石當時同游，遇於山陰，南唐顧閎中遂畫爲《山陰圖》，三英老僧寶之，莫肯示人。伯時率然落筆，隨米老所説，想像作此，瀟洒有山陰放浪之思。元豐壬戌正月二十五日，與何益之、李君澤、魏季通同觀，李琮記。

壬戌正月《過山陰》，伯時作，迥若神明，頓還舊觀。

襄陽米芾《山陰圖》，長沙作。

一幅輕綃三尺闊，百歲丹青半塵脱。誰將光色借吴綾，神采森然動毫末。臨卷嘆張芝，落筆入妙思。疏眉映朗目，白玉無泥滓。堂堂偉思長，想見坦腹姿。山陰道士，鶴目龜趺多秀氣；右領將軍，蕭散精神一片雲。東山太傅，落落龍驤兼虎步；潦

【八二】亦只是唐臨　「唐」原作「周」，據學海本、得月簃本、知不足齋本改。

【八三】虞世南書汝南公主墓誌真迹　「墓誌」原缺，據清鈔本補。

【八四】支道林游山陰　「游山陰」原缺，據清鈔本補。

倒支公，窮骨零丁少道風。仲殊作。

伯時爲米芾作《山陰圖》，精神蕭爽，令人顧接不暇，今歸希文家。宣和六年十二月十八日，子楚、師正同觀。

米書自作《上清儲祥宮碑》，川紙上大書，甚佳。本向若水泳家物，後歸秋壑，今在修竹處。又《天衣禪師碑》一卷，亦米老書，正可與前卷爲對【八五】，藏蓀壁處。

李公麟畫《歸去來》，高宗御題，薛紹彭逐段書陶詞，且跋其後【八六】，藏子慶家。

雪竇和尚自書詩，後有諸公題跋，藏修竹處。雪竇詩云：「有無盡是兩頭語，法祖因而不立言。末代兒孫列户牖，一花五葉失真傳。永嘉雖問曹溪路，畢竟惟聞自己禪。根器警拔誠難遇，鑿透高原始出泉。」「道人詩句須君讀，老筆峥嶸自一家。誰會林間相見事，莫都錯看亂飛花。」紹聖四年十二月二十四日，周仲仁觀。「百中神鋒誇妙手，當時破敵祇因機。餘花墮裓無人見，半偈流傳豈易知。」元符三年，建安陳師錫。「雪竇傍邊，又生一孔。北邙山上，千冢萬冢。兔角龜毛，竟將何用。子細思量，不如珍重，珍重珍重！」浮休居士。「一幅昏昏半已空，何人寫出自爲工。從兹萬偈并千頌，擾亂春風卒未窮。」襄陽米芾。「真機昔振雲門路，祖席今多雪竇孫。傳到慧林花果盛，須知葉落總歸根。」崇寧二年，鶴林居士葛蘩。「老子休去歇去，遺墨今傳古傳。想見本來面目，不離當處湛然。」崇寧癸未，高郵徐文。

【八五】正可與前卷爲對　「卷」原作「米」，據學海本、得月簃本、知不足齋本改。

【八六】且跋其後　「且」原作「止」，據學海本、知不足齋本改。

周子充丞相每得名人帖，必裝而藏之，逢當家子孫，輒舉以予之，曰：「此君家先人手澤也。」

趙子固效湯叔雅《霜入千林圖》，作水仙一百一窠，中株最大，號「百花朝王」，其後自跋，言效湯所爲詳悉。流落北方，子昂得之。

先子向寓杭，收異書。太廟前尹氏嘗以彩畫《三輔圖》一部求售，每一宮殿各繪畫成圖，甚精妙，酬價不諧，後爲衢人柴氏所得。近者左帑變賣禁中故書，聞有出相彩畫《本草》一部，極佳，不知流落何所。

郭祐之有御書十餘卷。内太祖者，河陽武林岡使身，故乞差人充替，各有御筆處分。時河南猶未下也，御筆上有用内合同印。太宗者，乃尹京時禁打捕榜，後有御押及行移，書字甚草草，可見五代人文苟簡，用開封府印，乾德□年。内者真宗數幅，其後臣僚奏狀，既無銜位【八七】，亦只押而不書名，「臣」「臣」「臣」如此等，殊不可曉。徽宗數幅，皆處分諸事，由中書省進呈，短奏，亦多不急之事，皆御筆親書「照己畫旨」及他云云【八八】。是時庶事皆不從廟堂關決，而獨斷細碎如此，於是乎失爲君之體矣。又太宗朝獲到河北奸細供狀，御批一一亦可觀。佑之許見傳易，然無有應之者。

壬辰八月朔，至蔣生家閱畫，幾數十軸，其絶妙者有：陸探微《摩利支菩薩》，青地細描，三首四臂，徽宗御題，并四角宣和、政和印【八九】，及金書題「神品上上」。滕昌祐

【八七】既無銜位　「銜」原作「衘」，據學海本、得月簃本、知不足齋本改。

【八八】皆御筆親書照己畫旨及他云云　「旨」原作「者」，據學海本、得月簃本、知不足齋本改。

【八九】并四角宣和政和印　「角」原作「用」，據學海本、得月簃本、知不足齋本改。

《拒霜野凫》，上有一大蟬。邊鸞《葵花》，五色花心，皆凸出，數蜂皆抱花心不去。此物原楊駙馬家物也。朱繇《天王坐像》。徐熙山水人物，上有仁宗飛白「徐熙」二字，一騎，從者十餘人。關仝山水。許道寧山水。黄筌畫《秋山詩意》，上有寫唐人八句。晞逸《夜景》二。句龍爽《孩兒》。郭熙《石》二，筆墨粗率，徐目以爲徐熙【九〇】，恐不然。董羽《水石》雙幅。王端《出山佛》。千里雙大幅一，以爲范蠡、西子，恐非。

張受益亦有一幅黄居寀《海棠折枝》。馬和之《二喬倚樓觀書》。崔白《貓》一，《魚》一。厲歸真《牛》。

【九〇】徐目以爲徐熙　「徐」字原缺，據學海本、知不足齋本補。

校勘記

【一】此句殘缺不通，得月簃本作：「曩朝廷搜輯《永樂大典》，其《浩然齋雅談》已奉詔刊行。」

附録

石民瞻序

弁陽翁，濟南人，吴興章文莊公爲其外王父，故占籍吴興。又與楊和王有連，故又爲杭人。所居癸辛街，即楊氏瞰碧園也。詩有《蠟屐集》，鄧牧心爲之序。詞名《蘋洲漁笛譜》，尚有傳本。而《蠟屐集》則久佚，皆散見之作，非本集矣。南宋詞人浙東西特盛，翁浸淫乎前輩，商榷乎朋儕，故詞爲專門，而不僅詞也。其著述之富則有《絶妙好詞》《癸辛雜志》《武林舊事》《齊東野語》《浩然齋視聽鈔》《弁陽客談》《浩然齋雅談》《澄懷録》《雲烟過眼録》《乾淳起居注》《乾淳歲時記》《武林市肆記》《湖山勝概》若干種，此又其一也。□□□典集《浩然齋雅談》已【一】，頃及門葉舍人復出此本見示，書中分類疏記，略不經意，間有一二條重見於所著别録中，想隨手劄記，不嫌互見矣。翁當湖山風月之鄉，遺民畸士日，接於茅茨，荆棘銅駝，適當其會，此雖無當掌故，而南宋風流、錢唐瑣事亦略得其概焉。僕爲杭人，固樂得而資談噱也矣。至順三年，朱方石巖民瞻氏序。

（《粤雅堂叢書》本卷首）

王士正序

周草窗以樂府擅長，其雜著亦最夥。刊本流傳，士大夫率爲飣餖，獨《志雅堂雜鈔》十卷，歷今四百餘年，從未登木檇李。曹秋嶽先生爲余言家有是書，因得借觀，於斯見草窗之博雅好古，靡不究心，宜當時名。彦如、鮮于伯幾輩樂與過從，凡有論撰，翕然推服也。新城王士正書。

（《學海類編》本卷首）

知不足齋本序

弁陽老人周密，字公謹，别號草窗，宋室遺老。元時以著述自娱，著書多博雅可喜。《齊東野語》《癸辛雜志》全册，《津逮秘書》《稗海》俱已刊行，《雲烟過眼録》梓入《秘笈》。兹《志雅堂雜鈔》一册得自書賈，字畫遺誤，且圖畫碑帖首尾互見，疑有錯簡，兼與《雲烟過眼録》大同小異，非善本也。至《武林舊事》輯自泗水潛夫，即出弁陽手，外有《浩然齋意鈔》《視聽鈔》《澄懷録》《畫鑒》四種，恨尚未見全册云。七月望日，北苑鋭題於騁懷閣。

（知不足齋本卷首）

伍崇曜跋

右《志雅堂雜鈔》二卷，宋周密撰。按：是書曹溶《學海類編》刻於「集餘四・記述」册中，目以元人，然草窗實宋之遺老也。《四庫提要》著録附存目中，作一卷。此亡友黄石溪明經所藏鈔本，釐爲二卷，刻之。《提要》譏其「與所作《雲烟過眼録》《癸辛雜識》諸書互相出入，而詳略稍殊」，然卷首石民瞻序已明言：「分類疏證，間有一二條重見於所著别録中。」又稱其論「殷玉斧」一條可資考證，按：《元史・禮樂志》紀劈正斧事頗詳，故趙孟頫《宮詞》云「天步將臨玉斧來」，葛邏禄迺賢《宮詞》云「玉斧參差擁晝蘭」，徐大年《讀元史詩》亦云「斧號劈正當龍顔」，均未言宣和遺物，獨陶九成《輟耕録》稱：「劈正斧，以水蒼玉碾造，高二尺有奇，廣半之，自殷時流傳至今者。朝會時，一人執之，立於陛下酒海之前，所以正人不正之意。」疑即本是書而較詳，則草窗宋人、九成元人故耳。而朱竹垞《静志居詩話》疏徐大年詩遂并及之，序稱與楊和王有連，據《剡源文鈔》：與和王諸孫大受有連，和王苑御引外湖之水以爲流觴曲水，大受捐其西偏以居草窗，故亦爲杭人。晚思歸老弁山，故號「弁陽老人」，生於湖，故又有「四水潛夫」之號。鄭元慶《湖録》：霅溪，故名四水，舊人詩「四水交流霅霅聲」是也。王行《半軒集》有題其畫像「宋運既徂，杭有弁陽周草窗志節不屈」云云，其像藏長洲沈氏，殆并重其人耳。顧趙雲松《陔餘叢考》則稱：「所著各書，在宋人説部中最可觀，洵能文之士，而依附賈似道，即其書可見。」其曾否造膝，雖不可考，而立論多爲訟冤。今考是書，如「江上奏功」一條、「祭器銘」一條，據事直書，自可於言外見意。至「刻《奇奇集》」一條，則直謂其鋪張過實，原未嘗彌縫掩覆也。道光庚戌餞春前一日，南海伍崇曜謹跋。

（《粤雅堂叢書》本卷尾）

戴光曾跋

右《志雅堂雜抄》，余有新舊二抄本，以此本校之舛錯脱誤，實以此本爲善。鮑氏藏書，每多善本，又經渌飲親自校正，此書藍筆硃笔皆渌飲手校。余每得其書，輒寶藏之，蓋渌飲老矣，書每散失，一生心血盡在於是，不易得也。辛未八月光曾記。

（知不足齋本卷尾）

《四庫全書總目》提要

《志雅堂雜鈔》一卷兩淮鹽政採進本。宋周密撰。是編分爲九類，其文與所作《雲烟過眼録》《癸辛雜識》諸書互相出入，而詳略稍殊，疑爲初記之稿本，經後人裒綴别成此書。

其間惟論「殷玉鉞」一條，知元時劈正斧亦宣和内府之物，爲他書所未載，可資考證耳。

（《四庫全書總目》卷一二七）

李慈銘《越縵堂讀書記》提要

《志雅堂雜鈔》，宋周密撰。

夜閲周密《志雅堂雜鈔》，亦粤雅堂本。其書多言圖畫古器及類記瑣聞，中一條論道學云：「嘗聞鄉曲沈子固先生云：道學之黨名，起於元祐，盛於淳熙，其徒甚盛，蟠結其間，假此以惑世者，真可嘘枯吹生。凡治財賦者，則目爲聚斂；開閫捍邊者，則目爲粗才；讀書作文者，則以爲玩物喪志；留心吏事者，則以爲俗吏。蓋其所讀書止《四書》《近思録》《通書》《太極圖》《西銘》及語録之類。自詭爲絶學者，正心、齊家以至治國、平天下，故爲之説曰：『爲天地立心，爲生民立命，爲前聖繼絶學，爲萬世開太平。』爲州、爲縣、爲監司，必須建立書院或道統諸賢之祠，或刊注《四書》，衍緝《近思》等文，則可不錯路頭去。下而士子作時文，苟能發明聖賢義藴，亦可不負名教矣。否則立身如温公，文章氣節如東坡，皆非本色也。復有一等僞學之士競趨之，稍有不及，其黨必擠之爲小人，雖時君亦不得爲辯之，其氣焰可畏如此。然所行所言略不相顧，往往皆不近人情之事。馴至淳祐、咸熙，則此弊極矣！是時爲朝士者，必議論憒憒，頭腦冬烘，敝衣菲食，出則以破竹轎，舁之以村夫，高巾破履，人望之知爲道學君子，名達清要旦夕可致也。然其家囊金遺帛，爲市人不爲之事。賈師憲獨持相柄，惟恐有奪其權者，則專用此等之士，列之要路，名爲尊崇道學，其實幸其憒憒不才，不致掣其肘，以是馴致萬事不理，喪身亡國。嗚呼！孰倡僞學之黨甚於典午之清談乎！」公謹此言，蓋爲鄭清之一輩人而發，此如霍光秉政，而用丞相蔡義；王鳳秉政，而尊太傅張禹，用丞相匡衡；王莽秉政，而用太師孔光、大司徒馬宫；何嘗不是名儒帝師？而首施齪齪，皆爲權臣狎玩之物。故班孟堅極崇經學，而匡衡等傳贊，不因其儒宗而稍寬。公謹此書，成於元代，道學之風甚盛，而能爲是言，此是非之公也。近世一目之士，動以詆斥宋儒爲莫逭之罪，亦愚甚矣。至公謹言賈似道之禍國，辭直如是，而趙雲松猶謂其依附賈氏，多爲訟冤，又何其不樂成人之美也。

同治癸酉（一八七三）正月十八日

（李慈銘《越縵堂讀書記》子部雜家類）

胡玉縉《四庫全書總目提要補正·志雅堂雜鈔》

《志雅堂雜鈔》一卷。

是編分爲九類。其間惟論「殷玉鉞」一條，知元時劈正斧亦宣和内府之物，爲他書所未載，可資考證耳。

丁氏《藏書志》有舊鈔本八卷，云：「是書凡藏三本：一爲蕭山王氏十萬卷樓舊鈔，一爲余集寫刊，皆分兩卷，次第紛雜，宜《提要》謂經後人裒綴别成也。兹鈔本分九類，卷一書，卷二史，三、四、五圖書碑帖，卷六諸玩寶器，卷七人事、醫藥，卷八陰陽、算術、仙佛，洵爲清晰。」玉縉案：《提要》所見本亦分九類，丁説似附會，但卷數懸殊，則《提要》非足本也。粤雅堂本伍崇曜跋云：「《元史·禮樂志》紀劈正斧事頗詳，故趙孟頫《宫詞》云『天步將臨玉斧來』，葛邏禄迺賢《宫詞》云『玉斧參差擁畫闌』，徐大年《讀元史詩》亦云『斧號劈正當龍顔』，均未言宣和遺物，獨陶九成《輟耕録》稱『劈正斧以水蒼玉碾造，高二尺有奇，廣半之，自殷時流傳至今者，朝會時，一人執之，立於陛下酒海之前，所以正人不正之意』，疑即本是書而較詳，則草窗宋人、九成元人故耳。而朱竹垞《静志居詩話》疏徐大年詩，遂并及之。趙雲松《陔餘叢考》稱『所著各書，在宋人説部中最可觀，洵能文之士，而依附賈似道，即其書可見，其曾否造膝雖不可考，而立論多爲訟冤』。今考是書，如『江上奏功』一條、『祭器銘』一條，據事直書，自可於言外見意。至『刻《奇奇集》』一條，則直謂其鋪張過實，原未嘗彌縫掩覆也。」李慈銘《桃華聖解盦日記》庚集一五云：「其書多言圖畫古器及類記瑣聞，中一條論道學云：『嘗聞鄉曲沈子固先生云：『道學之黨名起於元祐』云云，公謹此言，蓋爲鄭清之一輩人而發，此如霍光秉政，而用丞相蔡義；王鳳秉政，而尊太傅張禹，用丞相匡衡；王莽秉政，而用太師孔光、大司徒馬宫；何嘗不是名儒帝師？而首施齪齪，皆爲權臣狎玩之物。故班孟堅極崇經學，而匡衡等傳贊，不因其儒宗而稍寬。公謹此書，成於元代，道學之風甚盛，而能爲是言，此是非之公也。近世一目之士，動以詆斥宋儒爲莫逭之罪，亦愚甚矣。至公謹言賈似道之禍國，辭直如是，而趙雲松猶謂其依附賈氏，多爲詋冤，又何其不樂成人之美也。」

（胡玉縉《四庫全書總目提要補正》卷三十九）

澄懷録

⊙周　密輯

點校説明

《澄懷録》，上下兩卷，周密撰。周密生平已見《齊東野語》點校説明。

周密晚年居於杭州，勝日好懷之際，時時暢遊林泉間，《澄懷録序》云：「余夙好遊，幾自貽戚，晚雖懲創，而烟霞之痼不可鍼砭。每聞一泉石奇、一景趣異，未嘗不躍然喜，欣然往。」是書即爲登臨山水、怡情適性之作。全書採録唐宋諸人所記登涉之勝與曠達之語，凡七十餘條，皆節載原文，或只言片語，或長篇大段，其下多注出處，或標書名，或標人名，「因拾古今高勝」「名之曰《澄懷》，亦高山景行之意也」（《序》）。所輯文字空靈清雋，意趣高遠曠達，既可一窺名士隱逸之精神，亦可作爲探究古人日常生活之史料。

《四庫全書總目》以爲此書爲明人清談小品之濫觴，「亦《世説新語》之流别，而稍變其體例者也。明人喜摘録清談，目爲小品，濫觴所自，蓋在此書矣」。可爲一説。

是書存世版本較早者爲鈔本，一爲明嘉靖二十六年古涿百川高氏鈔本，一爲芝秀堂明鈔本，又有丁丙八千卷樓鈔本兩種。後有刻本，爲清代《榕園叢書》本。諸本内容大體一致。本次整理以《榕園叢書》本爲底本，校以高氏鈔本（簡稱高本）和芝秀堂鈔本（簡稱芝本）。今人整理本有遼寧教育出版社鄧子勉點校本、浙江古籍出版社楊瑞點校《周密集》本，點校中也有參考。

目録

卷上

王摩詰《輞川與裴迪書》云：「北涉灞水，清月映郭，夜登華子岡，輞水淪漣，與月上下。寒山遠火，明滅林外。深巷寒犬，吠聲如豹。村墟夜春，復與疏鐘相間【一】。此時獨坐，僮僕静默，多思曩昔攜手賦詩，步仄徑，臨清流也。當待春中，草木蔓發，春山可望，輕鯈出水，白鷗矯翼，露濕青皋，麥隴朝雊，斯樂不遠，儻能從我遊乎？」

江南李建勳以司徒致仕，賜號鍾山公。嘗出玉磬，尺餘，以沉香節安柄，扣之，聲極清越。客有談及猥俗之事語者，則急起擊玉數聲，曰：「聊代清耳。」一竹軒，榜曰「四友」：以琴爲嶧陽友，磬爲泗濱友，《南華經》爲心友，湘竹榻爲夢友。

自江之南，衡、廬爲大，其他皆培塿耳。不獨江之南，校之天下，無此二山，乃天地開設【二】、古今賢聖之宅。衡周圍七八百里，廬周圍二百餘里，其間更無民田，一皆寺觀，故一方之勝【三】，甲冠天下。然衡山林木茂而水少，廬山林木不及衡而水多，而復附近中州，遊息之士所當先焉。嘗思之，每一寺爲留十日，比其匝二山，身已老矣！顧視塵世，是何土苴！浮休。

窮居荒涼，草樹茂密，出無驢馬，因與人絶，一室之内，有以自娱。昌黎。

校勘記

【一】復與疏鐘相間　「間」原作「聞」，據芝本及王維《山中與裴迪秀才書》改。

【二】乃天地開設　「設」原作「没」，據芝本改。

【三】故一方之勝　「勝」原作「力」，據芝本改。

把鋤荷鍤【四】，決溪泉爲圃以給茹，其隙則浚溝池，藝樹木，行歌坐釣，望青天白雲，以此爲適，亦足老死無戚戚者。時時讀書，不忘聖人之道。己不能用，有我信者，則以告之。柳州。

但願守陋巷，教養子孫，時與親舊叙闊，陳説平生。濁酒一杯，彈琴一曲，志願畢矣。《絶交書》。

宋文帝與蕭思話登鍾山北嶺，中道有盤石清泉，使思話於石上彈琴，因賜以銀鍾酒，曰：「相賞有松石間意。」

謝譓不妄交接，門無雜賓，有時獨醉，曰：「入吾室者，但有清風；對吾飲者，惟有皓月。」

袁粲領丹陽尹，獨步園林，詩酒自適。家居負郭，每杖策消遥，當其意得，悠然忘返。郡南一家頗有竹石，粲率爾步往，不通主人，直造竹所，嘯咏自得。

晉張天錫數宴園池，祭酒索商上疏諫之，天錫答曰：「吾非好行，行有得也。觀朝榮則敬才秀之士，玩芝蘭則愛德行之臣，觀松竹則思貞操之賢，臨清流則貴廉潔之行，覽蔓草則賤貪穢之吏，逢飆風則思凶狡之徒。若演而伸之，觸類而長之，庶無遺漏矣。」

江平入天，越峰如髻，越樹如髮，孤帆白鳥，點盡上聲凝在【五】。半夜酒餘，倚老松，坐怪石，殷殷潮聲起於月外。杜牧。

【四】把鋤荷鍤　「鋤」字原缺，據高本及柳宗元《與楊誨之第二書》補。

【五】點盡凝在　「凝」原作「疑」，據高本、芝本改。

每登高丘【六】，步邃谷，延留燕坐，見懸崖瀑流，壽木垂蘿【七】，閟邃岑寂之處，終日忘返。种放。

歲行盡矣，風雨淒然，紙窗竹屋，燈火青熒，時於此中有少佳趣。坡翁。

坡自海外歸毗陵，病暑，著小冠，披半臂於船中，夾運河千萬人隨觀之。坡顧坐客曰【八】：「莫看殺我否？」

吾始至南海，環視天水無際，淒然傷之，曰：「何時得出島耶？」已而思之，天地在積水中，九州在大瀛海中，中國在小海中，有生孰不在島者？覆盆水於地，芥浮於水，蟻附於芥，茫然不知所濟。少焉，水涸，蟻即徑去，見其類，出涕曰：「幾不復與子相見。」豈知俯仰之間有方軌八達之路乎？念此可以一笑。

坡守杭日，春時，每遇休暇，必約客湖上，早食於山水佳處。飯畢，每客一舟，令隊長各領數妓，任其所適。晡後，鳴鑼以集之，復會望湖樓或竹閣之類，極歡而罷。至一二鼓，夜市猶未散，列燭以歸。城中夜市士女雲集，夾道以觀千騎之還，實一時之盛事也。

僕居中陶，稼穡是力。夏秋之交，稍旱得雨，雨餘，徐步，清風獵獵，禾黍競秀，濯塵埃而泛新綠，乃悟淵明「平疇交遠風，良苗亦懷新」之句。

得罪以來，深自閉塞，扁舟草屨，放浪山水間，與漁樵雜處，往往爲醉人所推罵，輒自喜漸不爲人識。平生親友無一字見及，與之書，亦不答，自幸庶幾免矣。并坡。

【六】每登高丘　「丘」原作「立」，據高本、芝本改。

【七】壽木垂蘿　「木」原作「水」，據高本、芝本改。

【八】坡顧坐客曰　「坡」字下原衍「觀」字，據高本、芝本删。

臨皋亭下八十餘步，便是大江，其半是峨眉雪水，吾飲食沐浴皆取給焉，何必歸鄉哉！江山風月，本無常主，閑者便是主人。《題臨皋》【九】。

紹聖元年十二月十二日，與幼子過遊白水佛迹院，浴於湯池，熱甚，其源殆可熟物。循山而東少北，有懸水百仞山，八九折，折處輒爲潭，深者縋石五丈不得其所止，雪濺雷怒，可喜可畏。水涯有巨人迹數十，所謂佛迹也。暮歸，倒行觀山，燒火甚，俯仰度數谷至江，山月出，擊汰中流，掬弄珠璧。到家二鼓，復與過飲酒，食餘甘，煮菜，顧影頹然，不復甚寐。《遊白水》。并坡。

蘇後湖云：「余每讀蘇州詩『漠漠帆來重，冥冥鳥去遲』之語，未嘗不茫然以思，喟然而嗟嘆乎：此余晚泊一江四十年前夢耳！自余奔走南北，山行水宿，所歷佳處固多，欲求此夢，了不可得。豈蒹葭莽蒼，無三湘七澤之壯；雪蓬烟艇，無風檣陣馬之奇乎？抑吾且老矣，壯懷銷落，塵土坌没，而無少日烟霞之想也？慶長筆端丘壑固自不凡，當爲余圖蘇州之句於壁，使予隱几静對，神游八極之表耳。」

司空圖居中條山王官谷，一山皆流水，所至決決，與松石相亂。王欽臣詩云：「有錢須買王官谷，流水聲中過一生。」

李約人品高妙，好古，喜山水。嘗得蕭子雲飛白「蕭」字，載歸洛陽私第，作「蕭齋」以藏。又嘗得古鐵一片，聲甚清越。養一猿，名山公。每月夜獨泛江，登金山，擊鐵

【九】題臨皋　此三字原缺，據高本、芝本補。

鼓琴，猿必嘯和，酌酒達旦。亦能煎茶，嘗云：「茶須緩火炙，活火煎。」客至，不限甌數，竟日執茶器不倦。奉使陝州，至峽石縣東，愛其渠水清流，遂旬日忘返。

韋表微曰：「爵禄譬滋味也，人皆欲之。吾年五十，拭鏡翦白，冒游少年間，取一班半級，不見其味也。將爲松菊主人，不愧陶淵明云。」

陶通明脱朝服挂神虎門，上表辭禄，隱居茅山，自號「華陽隱居」。復遍游名山，每經磵谷，必坐卧其間，吟咏不已。謂門人曰：「吾見朱門廣厦，雖識其華樂，而無欲往之心。望大巖，瞰大澤，知難久止，自常欲就之。永明中求禄，得禄輒差舛，不爾，豈得今日之事乎？」

昔人以冷泉未極其妙，因加小亭其上。然冷然水光，滃然山翠，以故去者過半。余以謂不必加工，但去其疣贅者，斯善也。如明鏡中而繢畫，非不美好，所以爲清明者逝矣。拂拭菑翳，舊觀復還。

廬阜咫尺，讀書少休，必到山中，所與游者誰也？古人觀名山大川，以廣其志意而成其德，方謂善游。太史公之文，百氏所宗，亦其所歷山川有以增發之也。惜其所用止在文字間，若使志於遠大者，雖近逐游、夏可也。呂居仁。

逸少爲王述所困，自誓去官【一〇】，超然於事物之外。常自言：「吾當卒以樂死【一一】。」然欲一時岷嶺，勤勤如此，而至死不果。乃知山水游放之樂，自是人生難必

【一〇】自誓去官　「誓」原作「擔」，據芝本改。

【一一】吾當卒以樂死　「當」字原缺，據高本、芝本補。

之事，况於市朝眷戀之徒而出山林獨往之言，固已疏矣。

温公嘗同范景仁登嵩頂，由轘轅道至龍門，涉伊水至香山，憩石樓，臨八節灘，凡所經從多有詩，自作序，曰《游山録》。公不喜肩輿，山中亦乘馬，路嶮，策杖以行。故嵩山題字曰：「登山有道，徐行則不困；措足於平穩之地，則不跌。慎之哉！」

非有先生曰：「養壽命之士，居深山之間，積土爲室，編蓬爲户【一二】，彈琴其中，以咏先王之風，亦可樂而忘死矣。」

种放少時與其母隱終南山，結草茅爲廬，僅庇風雨。以講習爲業，後生多從之學，得其束脩以自給。嘗著《蒙書》十卷，既就，徵其母，恚曰：「常勸汝勿聚徒講學，身既隱矣，何用文爲？果爲人知，不得安處。我將棄汝，深入窮山矣。」放遂稱疾不起，其母盡取筆研焚之，與放轉居窮僻，人迹罕至。

富鄭公云：「宅居山水之人，其別有五：有貧以樵釣爲業者，有好釋老之學欲逃生死者，有以德自矜、托名高尚而沽聘命者，有遭喪亂怖禍以避世者，有賢而不能用、退伏著書者。是五者，處山水則一，其所趨則異也。」

耳目清曠，不設機關以待人，心安閑而體舒放，三商而眠，高舂而起，静院明窗之下，羅列圖、史、琴、尊以自娱，逾月不迹公門。有興則泛小舟出盤、閶，吟嘯覽古於江山之間。渚茶野釀足以消憂，蒓稻魚蟹足以適口。又多高僧隱君子，佛廟勝絶。家有園林，珍花奇

【一二】編蓬爲户　「蓬」原作「篷」，據高本、芝本改。

石，曲池高臺，魚鳥留連，不覺日暮。蘇子美。

江山清華，有可嘆愛，無良朋以共之，亦足憮然。半山。

韓持國許昌私第，涼堂深七丈，每盛夏猶以爲不可居。常潁士適自郊居來，因問：「郊居涼乎？」曰：「涼。」持國詰其故，曰：「野人自知無脩簷大厦，旦起不畏車馬塵埃之役，胸中無他念，露頭挾扇，投足木林【一三】，視木陰東搖則從東，西搖則從西耳。」語未竟，持國亟止之，曰：「汝勿言，吾心亦涼矣。」

持國爲許昌守，每入春，常設十客之具於西湖，且以郡事委僚吏，即造湖上。使吏之湖門，有士大夫過，即邀之入，滿九客而止。輒與樂飲終日，不問其人。曾存之嘗以問公曰：「無乃有不得已者乎？」公曰：「汝年少，安知此？吾老矣，未知復有幾春，欲待可飲者而後從，吾之樂無幾，而春亦不吾待也！」

晏元獻喜賓客，每有佳客，必留。但人設一空案、一杯，既命酒【一四】，果實蔬茹漸至【一五】，亦必以歌樂相佐，談笑雜出。數行之後，案上已粲然矣。稍闌即罷，遣歌樂曰：「汝曹呈徧，吾當呈藝。」乃具筆札，相與賦詩，率以爲常。前輩風流未之有也。

元獻守南都，王琪君玉時已館閣校勘，公特請於朝，以爲府簽判。嘗遇中秋陰晦，齋厨宿爲備，公適無命，君玉亟爲詩以入，曰：「只在浮雲最深處，試憑弦管一吹開。」枕上得詩大喜，即索衣起，徑召客治具，大合樂，至夜分，月果出，遂相與樂飲達旦。

【一三】投足木林　「林」原作「牀」，據高本改。

【一四】既命酒　「既」原作「即」，據高本、芝本改。

【一五】果實蔬茹漸至　「實」字原缺，據高本、芝本補。

許詢好遊山澤，而體便陟涉，以爲非徒有勝情，實有濟勝之具。

温公謂文與可襟韻瀟灑，如晴雪秋月，塵埃不到。

爛蒸同州羔，灌以杏酪【一六】，食之以匕，不以箸。南都撥心麪作槐牙温淘，糝以襄邑抹豬，炊共城香稻，薦以蒸子鵝。吴興庖人斫松江鱸鱠，以廬山康王谷水烹曾坑鬥品，少焉，解衣仰卧，使人誦東坡《赤壁》前後賦，亦足以一快也。《侯鯖録》。

宅有桑麻，田有秔稌，而渚有蒲蓮。弋于高，以追鳧雁之高下；緡于深，而逐鱣鮪之潛泳。吾所以衣食其力而無愧於心也【一七】。息有喬木之繁陰，藉有豐草之幽香。登山而凌雲，覽天地之奇變；弄泉而乘月，遺氛埃之溷濁。此吾處其怠倦而樂於自遂也。南豐《歸老橋記》。

其路在閩者，陸出則阨於兩山之間，山相屬，無間斷。累數驛乃得一平地，小爲縣，大爲州，然其四面亦山也。其途或逆坂如緣絙，或垂崖如一髮，或側徑鈎出於不測之溪上，皆石芒峭發，擇然後可投步。負戴者，雖其土人猶側足，然後能進；非其土人，罕不躓者。其溪行，則水皆自高瀉下【一八】，石錯出其間，如林立，如士騎，滿野千里，下上不見首尾。水行其隙間，或衡縮蟉糅，或逆走旁射，其狀若蚓結，若蟲鏤，其旋若輪，其激若矢。舟泝流者，投便利，失毫毛，輒破溺，雖其土長川居之人，非生而習水事，不敢以舟楫自任也。其水陸之險如此。《道山亭記》。

【一六】灌以杏酪　「杏」原作「店」，據高本、芝本改。

【一七】吾所以衣食其力而無愧於心也　「愧」原作「魏」，據高本、芝本改。

【一八】則水皆自高瀉下　「瀉」原作「溜」，據高本、芝本改。

張文潛云：「余自金陵月臺謁蔣帝廟，初出北門，始辨天色。行平野中，時暮春，人家桃李未謝。西望城壁，濠水盛流，多鵁鶄白鷺。迤邐近山，風物天秀，如行錦繡圖畫中。舊讀荆公詩，多稱蔣山景物，信不誣也。」

洪覺範云：「予久不見養直，忽得其詩，想見岸幘醉坐，如行野渡，春色盎盎於淳濃中，自有一種清絶氣味。每遇勝日，輒有好懷，袖手哦古人詩足矣。青山秀水，到眼即可舒嘯，何必居籬落下然後爲己物？」張子韶。

廉正之士，如竹間清風露氣，灑灑襲人，觀之者已覺心目頓快，況處其間，豈不意愛心賞！子韶。

太醫孫昉號「四休居士」，山谷問其説，四休笑曰：「粗羹淡飯飽即休，補破遮寒暖即休，三平二滿過即休，不貪不妒老即休。」山谷曰：「此安樂法也。」夫少欲者，不伐之家也；知足者，極樂之國也。四休家有三畝園，花木鬱鬱，客來，煮茗傳酒，談上都貴游、人間可喜事，或茗寒酒冷，賓主皆忘。

今歲中秋，初夜微陰，不見月，吾與周子集適自山中來。是時暑猶未退，相與散髮披衣坐溪上。二更後雲始解剥，三更遂洞徹澄爽，月色正午，溪面如鏡平。月在波間，不覺水流【一九】，意甚蕭然，并溪居人樓閣相上下，時聞飲酒歌呼，雜以簫鼓。計人人皆以得極所欲爲至樂，然不過有狂樂淫聲【二〇】，不失此時節耳，安知吾二人真有此月乎？

【一九】不覺水流　「覺」原作「解」，據高本、芝本改。

【二〇】然不過有狂樂淫聲　「樂」原作「藥」，據高本、芝本改。

縉雲南峰之東有崇真道院【二一】，謂之「小仙都」，一日可往返，乃乘間冒微雪過之。時臘已窮矣，迂折行山峽中，兩傍壁立，溪水貫其下，多灘瀨，遵溪而行，峻厲悍激，與雪相亂。山木攙天，每聞谷中號聲【二二】，風輒自上下，雪横至擊面，僕夫却立，幾不得前。既至，山愈險，雪愈猛，流益急。旁溪有數石拔起數百丈，不得倚附，其最大者二，略如人行，俯而相先後，俗呼名「新婦阿家石」，望之如玉筍，擁鼻仰視，神觀聳然，欲與之俱升。寒甚，不可留，乃還，至家已入夜。四山晃蕩盡白，不能辨道。索酒飲，無有，然松明半車，僅得温。今日一談，尚灑然也。

景修爲予言：往嘗以九月望夜道錢唐，與詩僧可久泛西湖，至孤山，已夜分。是歲早寒，月色正中，湖面渺然如鎔銀。旁山松檜參天，露下葉間，薿薿皆有光。微風動，湖水晃漾，與林葉相射。可久清癯苦吟，坐中凄然而寒，索衣無有，以空米囊覆其背，謂「平生得此無幾」。吾爲作詩云：「霜風獵獵將寒威【二三】，林下山僧見亦稀。怪得題詩無俗氣，十年肝膽湛清輝。」東坡【二四】。

松，磊落昂藏，似孔北海；檜，深密紆盤，似管幼安；杉，豐腴秀澤，似謝安石；柏，奇峻堅瘦，似李元膺。

景氣清潤，天無片雲覆流，叢竹交翳，月光與竹颭鑠相照射，濺流及衣裾，不覺，至夜分乃歸。

【二一】縉雲南峰之東有崇真道院　「真」字原缺，據高本、芝本補。

【二二】每聞谷中號聲　「中」原作「山」，據高本、芝本改。

【二三】霜風獵獵將寒威　「將」原作「捋」，據高本、芝本改。

【二四】東坡　此二字原缺，據高本、芝本補。

平望、震澤間，東有泊宅村，相傳爲張志和所居。湖水平闊，望之渺然，澄徹空曠，四旁無甚山，遇景物明霽，見風帆往來如飛鳥，水天上下一色。予每過之，爲徘徊不忍去。已上并葉少藴。

茂叔襟懷飄灑，雅有高趣，尤樂山水，遇得意處，或徜徉終日。廬山之麓有溪焉，發源於蓮花峰下，潔清紺寒，下合於湓江。先生濯纓而樂之，築書堂其下，用其平生所安樂者媲水而成，名曰濂溪。元晦。

游吴山，倏然獨坐，望海門二峰，隱然如天闕。潮來喧喧，如瀉天潢。大舶高檣，往來出没，如泛天槎。又嘗游仙都，偃卧小舟，仰觀天柱石，純潔光潤如琢，本末齊一，高插雲漢，可五千尺。其傍數石，或如海舟檣，或如太常旂，皆且千尺餘。其四巖穴栖者【二五】，繚深穹然如厦屋，跨水者擊之有聲，蓬然如鼉鼓。夫觀錢唐江潮，猶猛夫之肝膽决裂、義士之怒髮衝冠；觀仙都天柱，猶直臣之氣不撓不折，拓地擎天。爲是而來游、而慨慕者幾何人？至於西湖所謂水樂洞者，泉激溜如蹄涔，石累拳如飯沙，游者駢肩累迹，嘖嘖咏嘆。至有遊而復游者，何也？移小智而忘大功，樂人僞者，昧天成也。劉子宣。

草鞋道人善談理趣，吴人從游山遇之，得其數詩，云：「君來遊山，頗見好景不？兹山景趣多，豈暇遍觀？但可意着眼熟看，看得熟時，他人見不到處，盡爲君有。」

凡山居者先須識道，未識道而先居山，但見其山，不見其道。故心境未通，矚物成壅，

【二五】其四巖穴栖者　「栖」字下原衍「巖」字，據高本、芝本删。

則鬱鬱長林，峨峨聳峭，鳥獸嗚咽，松竹森梢，水石峥嶸，風枝蕭索，藤蘿縈絆【二六】，雲霧氤氲，適足資其喧擾耳。永嘉禪師。

長松怪石，去墟落不下一二十里，鳥徑緣崖，涉水於草莽間數四，左右兩三家相望，鷄犬之聲相聞，竹籬草舍，燕處其間，蘭菊藝之，臨水時種梅桃，霜月春風，自有餘思。兒童、婢、僕皆布衣短後，以給薪水，釀酒而飲之。案有雜書：《莊周》《太玄》《楚辭》《黃庭》《陰符》《楞嚴》《圓覺》，數十卷而已。杖藜躡屐，往來窮谷大川，聽流水，看激湍，鑒澄潭，步危橋，坐茂樹，探幽壑，升高峰，顧不樂而死乎？仲止。

游道場者如入王侯之家，其隆樓傑閣足以吞光景而納江湖。已而過山【二七】，則草樹葱蒨，軒窗窈窕，經行之地皆雅潔幽深【二八】，如造高人隱士之廬，至者忘歸，不知雄盛移而爲清勝也。汪彦章《何氏書堂記》。

世之有聲有色者，未有不争而得，亦未有不終於磨滅者，惟山水之娱人，無事於争，且庶幾可以長存也。同上。

張牧之隱於竹溪，不喜與世接。客來，蔽竹窺之，或韻人佳士，則呼船載酒共之，或自刺舟與語；俗子十反不一見，怒駡相踵不顧也。或目以少漫郎，余獨喜與古人意合。林敏脩。

上下山水，穿幽透深，棄日留夜，拾其勝會，向人鋪説，無異好聲美色。葉正則。

【二六】藤蘿縈絆　「縈」原作「索」，據高本、芝本改。

【二七】已而過山　「過」字下原衍「何」字，據高本、芝本删。

【二八】經行之地皆雅潔幽深　「經」原作「徑」，據芝本改。

松竹迷道，庭花合圍，公著山人衣，曳杖，挾書，行吟，賓送日月於林蒨中。凡故疇新畎，廩假進退，抱膝長嘯，婚嫁有無，皆落莫恍惚若夢中事。惟聞名勝士，欣然邀至，共食淡麪羹若薇，爲語儒佛二氏所以離合者，自言見性命真處，如水中鹽味，非無非有。其説深矣。同上。

卷下

泊舟桐廬郡津亭下，一更初，惡風暴至，山川震動，大木盡拔，急雨如傾，江水湧激，大浪高於岸旁屋。冒雨登岸，宿民家，屋摇動欲飛去，瓦聲珊珊，空中相擊墮，至天明然後已【一】。移泊津亭，望江外群山【二】，天色昏曀，濛昧有無中不可見。不一瞬間，烟開雲斂，峰岫層出，重疊秀潤，若未嘗有雲物風雨也。因喟然嘆曰：「偉哉，造物之功乃能如此！」沈明遠。

林屋洞天，太湖龍窟也。土民云：欲雨時，洞口出雲如饙餾。其前嘉木一本，童童若幢蓋，繁陰下覆，石色凝紺可愛，嵌巖如欲落。路漸暗窄，匍匐二三丈，復空闊如龕，通行無礙。大鐘垂崖側，色比玉，叩之真銅聲。其右怪石擎一鼓，敲擊如革。又結結應作詰。曲勢稍却，四邊石鋒森如戈矛，不可觸。下皆青泥，突過若龜背，不容着脚，俯伏捫索乃得進，謂之「龍檻」。跨檻迤邐曰「隔凡洞」，遥見雙石扉半開半闔，中屹大柱，如輪藏心，瑩净圓直，若巧匠斵削而成，即《真誥》及《包山誌》所載林屋玉柱也。其下神龍居之【三】，謂「玉柱」，可通天下名山洞府，雖在千萬里外，瞬息可到也。洪景盧《游林屋洞》。

趙承之政和中與姜居實同爲岱岳之遊。先至岱岳觀，觀大小水簾，遂登黄峴，自是山

校勘記

【一】至天明然後已　「然」原作「以」，據高本、芝本改。

【二】望江外群山　「望」字上原衍「亭」字，據芝本删。

【三】其下神龍居之　此句原缺，據高本、芝本補。

益奇，路益峻，深巖邃壑，應答不暇。至龍口，泉水出石縫間，其寒凝冰，其甘天成，非世俗飴蜜可比。是夕月望，登十八盤絶頂，自山俯視，見太陰如盤，亭亭於霄漢之表【四】。俄聞窸窣有人行聲，趙心動曰：「山中暮夜，安得此聲耶？」左右曰：「去此數百步【五】，有庵居道人，非怪也。」亟呼之，不應，則又曰：「此間有酒，請與道人飲之。」語未絶，左右呼笑曰：「應矣。」有頃即至，延坐，問之，則密州張景巖也。年五十餘，居太山七八年，須髮黑漆，語言純直。飲數行，探懷出茯苓、松華數種薦酒。茯苓出地未久，齧之如粉而甘；松華漬以鹽，芳辛可愛。歌道家曲數闋，飄飄有出世間意。酒盡，穿東嶺而登，道中月明，可數毛髮。既而歸卧，夜未艾，三人夙興攬衣，寒甚，挾纊披毳而出。方行數十步，道人已俟於中路矣。至日觀峰，曉色未分，有赤光發於極望之東。道人曰：「未也，是陽輝之先至者。」須臾，霞采四出，眩晃騰射，金規一縷，隱然於青冥杳靄之中。既而大明，赫然湧出，恍如車輪，萬里直上，光耀所燭，東極滄海。時山下陰翳，尚未辨色，因邀客至庵。環其内【六】，皆素儲藥，趙曰：「松根、茯苓與夫黄精、紫參，皆君所厭飫者，頗嘗得異草靈芝、不死之藥乎？」道人色變曰：「吾昨日登明月峰絶壁【七】，獲紫芝一本，雖吾弟不知也，子何自知之？」遂取以遺之，趙因命其庵爲「采芝」云。以上并洪景盧。

崔唐臣，閩人，與蘇子容、呂晉叔同學相好，二公登第，崔憮然罷舉，澹乎自持，有遺物離形立於獨之意。其後，二公入三館，乘馬偕出，循汴岸，見一士艤舟，坐窗下，蓋崔也。

【四】亭亭於霄漢之表　「霄漢」原作「漢霄」，據高本、芝本改。

【五】去此數百步　「去此」原缺，據高本、芝本補。

【六】環其内　「環」字原缺，據高本、芝本補。

【七】吾昨日登明月峰絶壁　「月」字原缺，據高本、芝本補。

亟就謁之，問其别後况味，曰：「初倒篋中，恰有錢百千，以其半買此舟，來往江湖間。其半市雜貨，時取嬴以自給，意所欲往則從之。初無定止，粗足衣食而已，不求有餘。雖云泛梗飄蓬【八】，差愈於應舉覓官時也。」二公邀與歸，不可，但扣官居坊曲所在，曰：「當往見。」臨别，惘惘而去。明日，自局中還，各覩崔留刺，於是再訪舟次，則不得而見矣。歸玩刺字，其末有細書一絶句云：「集仙仙客問生涯，買得漁舟度歲華。案有《黄庭》尊有酒，少風波處便爲家。」并洪景盧。

建炎三年八月一日，自百合口泛舟，順流歸竹山。是日，午過蒲溪中流，望微王山，嶄然出雲氣外。舟行逾十里，江勢百折，而兹山常在岸旁。行未幾，山益峻，水益狹【九】，草樹茂鬱，舟人曰：「將入峽矣。」謂載人無嘩，或有老獼猴從山頂墜飛石也。峽口兩山，皆自水中拔起數百仞，壁立如削，巖石奇詭，無圭撮土。諦觀，初若一山，類有物中斷之，令水流其間者。兩山之間相去不十丈，自始入至出，闊狹若一，如有意而爲之者。樹從山石上生，色紺緑，異於凡時，有絳葉飛墮洄潭中，恍然非塵世有也。船少轉，水嚙山足，且數丈，從石下過舟，有大龕十數楹屋。水汹汹出龕壁後，土人名曰魚陀，云：「每歲二三月，有魚數萬斤自陀中出，不知其潛通何所也。」魚陀下不數舉棹，有洞在山腹，去水面數十丈，嶄絶不可至。土人攬蔓而上，持火入洞中，行三丈餘，不敢復前，意其有神仙或蛟龍居之。惜舟過時已晚，不得一窺洞口也。俄而山漸低，水增闊，波濤復湧，汩於亂石

【八】雖云泛梗飄蓬　「蓬」原作「篷」，據高本、芝本改。

【九】水益狹　「狹」原作「愜」，據高本改。下同。

間【一〇】。須臾，已出峽矣。大抵自穰谷口而上至微水發源處【一一】，土人均謂之峽江【一二】。而自上而下者，過微王山下長灘，爲入峽；自下而上者，過穰谷上九澗洞【一三】，爲入峽。峽江大抵多湍灘瀨，客過而覆舟者十二三，而峽中獨無，有水安流若鏡，萬象墮水中，毫髮可了【一四】，仰視天正碧，如匹練掛峰頂。是時秋已中，山間高爽如平地。重陽時，微陽被巖岫，衆形鮮潔，秋蟬嗷嗷鳴樹間，使人殆有遥舉意云。

余別石湖，歸吴興，雪後夜過垂虹，嘗賦詩云：「笠澤茫茫雁影微，玉峰重疊護雲衣。長橋寂寞春寒夜，只有詩人一舸歸。」後五年冬，復與俞商卿、張平甫、銛朴翁自封禺同載詣梁溪，道經吴淞，山寒天迥，雲浪四合。中夕相呼步垂虹，星斗下垂，錯雜漁火，朔吹凛凛，卮酒不能支。朴翁以衾自纏，猶相與行吟，因賦「雙槳蒓波，一蓑松雨」之詞云。姜堯章。

丙午人日，余客長沙別駕之觀政堂，堂下曲沼，西負古垣，有盧橘幽篁，一徑深曲，穿徑而南，官梅數十株，如椒如菽，或紅破白露，枝影扶疏。着屐蒼苔細石間，野興横生，亟命駕登定王臺，亂湘流入麓山。湘雲低昂，湘波容與，興盡悲來，醉吟成調。

余客武陵，湖北憲治在焉【一五】。古城野水，喬木參天【一六】，余與二三友日蕩舟其間，薄荷花而飲，意幽閴不類人境。秋水且涸，荷花出地尋丈，因列坐其下，上不見日，清風徐來，緑雲自動，間於疏處窺見游人畫船，亦一樂也。

【一〇】汩於亂石間 「汩」原作「泊」，據高本、芝本改。

【一一】大抵自穰谷口而上至微水發源處 「口」字原缺，據高本、芝本補。

【一二】土人均謂之峽江 「均」原作「鈞」，據高本、芝本改。

【一三】過穰谷上九澗洞 「谷」原作「口」，據高本、芝本改。

【一四】毫髮可了 「毫」原作「豪」，據高本、芝本改。

【一五】湖北憲治在焉 「治」原作「沼」，據高本、芝本改。

甲寅春，余與俞商卿遊西湖，觀梅於孤山之西村，玉雪照映，吹香薄人【一七】。已而商卿歸吴興，余獨來，則山横春烟，新柳被水，游人容與飛花中，悵然有懷，作辭寄之。并堯章。

過雪竇，坐錦鏡亭上，徐徹三板，水則大至，怒濤迅雷，凌駕震疊，素蜺萬數【一八】，哮吼層出，真天下奇觀也。始惟見寒莎野卉，紛駭相應。少焉，覺兩涯石壁亦爲之低昂不已，此非親過其上、深曠而駐觀者，不足以知此也。樓大防《雪竇錦鏡亭記》。

淳熙己亥中秋，至先、至能自越來溪下石湖，縱舟所如，忘路遠近，約略在洞庭、垂虹之間，天容水光，鏡爛一色，四維上下，與天無極。風露温美【一九】，如春始和，醉夢飄然，不知夜如何?其惟有東方大星欲度篷背，自後不復記憶【二〇】。坐客或有能賦之者，張子震、馬少伊、鄭公玉、章舜元，客也。范至能。

淳熙己亥重九，與客自閶門泛舟，經横塘【二一】，宿霧一白，垂垂欲雨。至綵雲橋，氛翳豁然，晴日滿空，風景閑美，無不與人意會。四郊刈熟，露積如繚垣，田家婦子着新衣，略有節物。掛帆遡越來溪，潦收淵澄，如行玻璃地上。菱華雖瘦，尚可采。檥櫂石湖，扳柴荆坐千巖觀下菊叢中，大金錢一種已爛熳穠香，正午薰入酒杯，不待轟飲，已有醉意。其傍丹桂二畝，皆盛開，多欒枝，芳氣尤不可耐。攜壺度石梁，登姑蘇後臺，躋攀勇往，謝去巾輿筇杖，石稜草滑，皆若飛步。山頂正平，有坳堂蘚石可列坐，相傳爲吴故宫閑臺別

【一六】喬木參天　「喬」原作「高」，據高本改。

【一七】吹香薄人　「吹」原作「水」，據高本、芝本改。

【一八】素蜺萬數　「蜺」原作「蜆」，據高本、芝本改。

【一九】風露温美　「風」字原缺，據高本、芝本補。

【二〇】自後不復記憶　「記」原作「紀」，據高本、芝本改。

【二一】經横塘　「經」原作「徑」，據高本、芝本改。

館所在。其前湖光接松陵，獨見孤塔之尖【二二】，少北，墨點一螺爲崑山。其後，西山競秀，縈青叢碧，與洞庭、林屋相賓。大約目力逾百里，具登高臨遠之勝。始余使虜，是日過燕山館，嘗賦《水調》【二三】，首句云「萬里漢家使」，後每自和，桂林云「萬里漢都護」，成都云「萬里橋邊客」。明年徘徊藥市，頗嘆倦游，不復再賦，但有詩云：「年來厭把三邊酒，此去休哦萬里詞。」今者幸甚【二四】，獲歸故園，偕鄰曲二三子醻酢佳節於鄉山之上，乃復用舊韻，首句云：「萬里吴船泊，歸訪菊籬秋。」同前。

僕初入廬山，山谷奇秀，平生所未見，殆應接不暇，遂發意不欲作詩。已而見山中僧俗，皆云：「蘇子瞻來。」不覺作一絶云：「芒鞋青竹杖，自掛百錢游。可怪深山裏，人人識故侯。」既而哂前言之謬，又復作兩絶云：「青山若無素，偃蹇不相親。要識廬山面，他年是故人。」又云：「自昔懷清賞，神游杳靄間。如今不是夢，真個是廬山。」是日，有以陳舉《廬山記》見寄者，且行且讀，見其中云徐凝、李白之詩，不覺失笑。旋入開元寺，主僧求詩，因作一絶云：「帝遣銀河一派垂【二五】，古來惟有謫仙詞。飛流濺沫知多少，不爲徐凝洗惡詩。」往來山南北十餘日，其爲勝絶，不可勝談，擇其尤者，莫如漱玉亭、三峽橋，故作此二詩。最後與總老同遊西林，又作一絶云：「橫看成嶺側成峰，到處青山了不同。不識廬山真面目，只緣身在此山中。」僕廬山詩盡於此矣。坡翁。

出南康西門，諸峰橫陳，瀑布中瀉。十餘里至開先寺，上漱玉亭，觀石柱東坡題名。

【二二】獨見孤塔之尖　「尖」原作「共」，據高本、芝本改。

【二三】嘗賦水調　「嘗」字原缺，據高本、芝本補。

【二四】今者幸甚　「者」原作「年」，據高本、芝本改。

【二五】帝遣銀河一派垂　「垂」原作「乘」，據高本、芝本改。

其上即石橋，又其上瀑水落焉，瀦爲龍潭。回觀僧堂，即南唐元宗少年書堂也，古碑一空，魯直院記偶存爾。寺之東山別有小瀑，號馬尾泉。南訪歸宗寺，由簡寂觀路口，以迂僻不果入。度鸞溪橋，酌一滴泉，躡支徑，過水碓，循溪源，有大池，其上則石徑，溪間別刻魯直三大字，曛黑不能視。溪上有紫霄峰，鐵塔在焉。寺在金輪峰、上霄峰之下，上霄者，秦始皇、漢武帝所登也。謁右軍塑像、墨池，又有鵝池，恐僞。南山至此已十八九，尚有康王觀、谷簾泉在一二十里間，遂轉北入江州界矣。隔路別峰號黃龍，是爲湯泉。次日蓐食，至萬杉院，上散珠亭，即舊滴翠亭也。觀仁宗飛白及錢易、王隨、王欽若、王曙、章得象送僧太超詩。過栖賢十餘里，至三峽橋，蘇黃門所記殆非夸詞。下視橋柱，余靖、元峰皆刻姓名。自此行石衢，至玉淵亭，澗水拔石陡落【二六】，匯爲龍湫，雪濺雷吼【二七】，不減三峽。又數十步乃至寺，山林陰翳，棟宇零落。至五老亭，古碑多燼於火，祖無擇《愛堂銘》獨存。按記：寶曆初李渤捨宅爲寺，聞數里間有楞伽、折桂諸小院，楞伽乃李公擇山房，有其墨竹。出栖賢行十里，得官道，入羅漢院，惟藏殿尚如舊，内外皆石柱，刻龍繞之。周子充《游廬山》。

開先路口數里，別徑入簡寂觀，宋陸修静故居也。其旁有嶽廟煉丹井，深三尺，酌訖，至觀中。觀在白雲峰下，其間一峰獨秀，曰紫霄。其北有屏風山，其前鷄籠山。觀門有朝真閣，殿前有禮斗石，石刻道藏，銅天尊象，石磬。白雲樓西澗懸瀑落於廡前，甜苦筍間歲

【二六】澗水拔石陡落　「陡」原作「陟」，據芝本改。

【二七】雪濺雷吼　「吼」原作「訊」，據高本、芝本改。

一生。過度仙橋，許堅曬衣石在澗中。觀連理樹，次至先天觀、祥符觀，數百步即歸宗寺。道中多三將軍祠，自歸宗登山數十里則紫霄峰，上有鐵浮圖九級，藏舍利，遠望如枯木，而晉梵僧邪舍亦有墳在其側。謝景先草堂乃杏林故地，即董奉所植者。記言後峰石室中有夏禹刻字百餘。入小路，訪栗里，求醉石，仰視飛瀑披大石而下，甚爲奇觀。石有坳處，俗云陶公枕痕也。訪謝康樂經臺，次至黄龍靈泉院【二八】，湯泉自若【二九】。四字疑。又十五里至康王景德觀，觀對天柱，天柱峰倚凌雲峰，其西有四庵一院，相去不遠。夜宿山月軒，下臨大溪，簾水所注也，終夜如大風雨聲。次早同道士喬大如和渡溪入谷，五里至舊觀基，又半里至龍泉院，又十里至董氏茅屋。疏食畢，望簾而進，此陸羽《茶經》第一水也。夏倚記言：過石磴，路甚危，蓋鳥道緣崖，其下即澗壑。又草木蒙密，須盡芟去乃能徐步爾。有平石，可坐數人，正與簾對。過此則大石散亂，不可行，余跳躍其間，從者皆驚。逼簾，濺沫噀人如霧雨，毛髮凜然。水初束於石峽，勢猶未廣，既而散布傾寫【三〇】，雖冬深水縮，猶爲十餘派。聞山後乃開先路，豈非山半同源耶？谷中若用兩壯夫挾山轎，則可代步，然屢涉溪流，春夏漲溢，亦未易進也。去觀五里至荆林市【三一】，是爲山北江州境。大風，人不能立，晡時至圓通崇勝禪院，過旻古佛塔，步至磨院，風甚。或云：山中有風穴，故多風。登至樂亭，觀李後主及昭惠后畫像。訪清音亭，石渠二百五十丈，尚無恙。次早謁圓通殿，出門望馬耳峰，過甘泉市，至七里岡，飯廣福庵，庵前即石門澗也。訪

【二八】次至黄龍靈泉院　「至」字原缺，據高本、芝本補。

【二九】湯泉自若　「湯」原作「陽」，據高本、芝本改。

【三〇】既而散布傾寫　「布」原作「步」，據高本、芝本改。

【三一】去觀五里至荆林市　「林」字下原衍「寺」字，據高本、芝本删。

尊勝庵，下有大石，高數丈，長如之，中若劃裁，可過二三人，謂之石門，相傳古有僧誦「尊勝咒」而石開。庵對仙步峰，至保寧庵，三面皆山，其南石柱峰在焉。此三庵皆沿石門澗，激水磑茶資其利。次度橋，上雙龍庵，謂錦繡澗及庵傍之水也。過此直上天池，凡十五里，兩旁通謂之錦繡谷。蓋春時山花盛開，望之如錦繡云。山路峻甚，每三四里輒爲亭以憩，凡五亭。第一亭跨澗，頗雄偉，至半山，有道人草庵在錦繡峰下。其傍爲竹林隱寺，或聞鐘鼓聲。路愈峻，每數十步即回視，江淮無遁形。第四亭有大石淩虛而出，可坐十人，一目千里，平視一峰，上有巧石。至天池院，號曰龍潭。登文殊亭，觀西天僧金總持像及貝多葉梵書、辟支佛牙，謁隆禪師塔，其傍即定心石，其前爲十八賢臺。至主傅塔，洞視空闊，又非第四亭而上可比。東西二林，歷歷在眼，有九十九峰，櫛比罄折如堵，此登眺最佳處也。稍前至佛手巖，雪花滿樹，巖石空洞，不止容百人，下有泉水，巖上五峰如指，號佛手巖。自巖二三里，度小溪，至大林寺。黄昏歸天池，禮文殊，求燈，閃爍合離，或在淮溪南，或在近嶺，高者天半，低者掠地。山中薯預花類胡蝶【三二】，又有萬年松、羅漢線、菩薩石。次早下山，由石門澗出官路，稍前岳家市，自此可上化成，過香谷，入西林寺，慧永道場也。流水濺濺，循階除賞玩，不能去。牛僧孺書寺額，佛像獨被冠纓。次至東林，晉慧遠法師道場。寺前有雁門市，虎溪在雁門外【三三】。寺最爲古刹，今惟白蓮池、經藏院、白公草堂基、雙玉澗、明皇銅像、舍利塔、魯公題名、虎跑泉、五杉閣、聰明泉尚存，餘悉亡矣【三四】。

【三二】山中薯預花類胡蝶　「薯」原作「署」，據芝本改。

【三三】虎溪在雁門外　此句原作「席溪在門水」，據高本改。

【三四】餘悉亡矣　「矣」字原缺，據高本、芝本補。

樓閣華焕，宛如仙宫。訪遠公塔，照覺、佛海二塔，登五百羅漢閣。二里至廣福院，本大明公廟，姓匡，名續，字君孝，自殷、周之際隱此山，因以名山【三五】。或云匡俗，漢人，封越廬君，故曰廬山。次至太平興國宫，氣象清華，列越石高三四尺，植地中。宫倚聖治峰，正殿惟採訪使者象。其後本宫殿，後有雲無心堂，臨流水可愛。至清虚道人庵，庵側有泉曰神泉。次早至雲溪庵，趨太乙宫，爲董奉上升之地，在蓮花峰下，宣和封「升元真人」【三六】。觀中種杏，前殿一株最大，後有種杏軒。五里至禪智院，進至寶巖院【三七】，過雲慶庵、寶積庵【三八】，此去江州纔二十餘里。上吴章嶺【三九】，嶺脊分江東西路界，便見五老峰。至昭德觀，《真誥》所云爲第八咏真洞天，正倚香爐峰。次早登採訪使者閣，望五老峰、屏風疊，下臨相思澗，廬阜之甲觀也，爲題其榜曰「雲錦閣」，取太白語也。五老第二峰即獅子峰，山無草木，曉日照之，殆如赤城，奇姿巧勢，尤不可狀。龍潭在觀後，水作琉璃色，其中數丈正黑，蓋洞天之門【四〇】。過永福庵、疊石庵，庵背即五老峰，乃几案間物。次度石橋，至折桂院，因李逢吉得名。登惠濟塔，有巢雲軒。次至解空院、谷源庵、雪臺庵、净妙院，儼然如造仙境，回望如圖畫，每至一處【四一】，山勢輒不同，造物之無盡藏也！次至承天白鶴觀，唐劉混成故居，唐杉圍二丈。過三峽橋，爲卧龍之遊。初過中興庵、寶慶庵，上偃臺，即祖教院卧龍新庵【四二】。過舊庵，沿澗乃至蒼崖之下，怒瀑淙擊，高十餘丈，與九華雪潭争相長雄。望五乳峰甚近，香積院在其下。至幽邃庵，馮京

【三五】因以名山　「山」字原缺，據高本、芝本補。

【三六】宣和封升元真人　「升」原作「叔」，據高本、芝本改。

【三七】進至寶巖院　「寶」原作「庵」，據高本、芝本改。

【三八】寶積庵　「積」原作「種」，據高本、芝本改。

【三九】上吴章嶺　「章」原作「庵」，據高本、芝本改。

【四〇】蓋洞天之門　「之」原作「云」，據高本、芝本改。

嘗讀書於此。度溪至上塔【四三】，大竹成林【四四】，酌飛錫泉，登環翠閣。下山至棲賢，過五老、玉淵二亭，山水不孤，老眼而足繭矣。次曉，後澗過百藥灘，道人於此曬藥。度茅岡，至明真尼院，登凌霄巖，巖在平地，奇石如巖。過喝石，旁有石屏可愛。望宫亭湖，横出而揚瀾【四五】，左里里疑是蠡。左右相對，落星僅如葉舟。回路入楞伽院，院倚朱砂峰，李公擇藏書洞在東偏，元豐以後留題皆在，有東坡《山房碑》，崇清君墨巾在鍾閣，公擇妹，魯直母也。門外即上天池大林路，觀玉淵澗水極其雄壯。再過三峽橋，橋下爲陸子泉，沈錫大書「盧山」二字。入高遥景清寺，至萬杉院，上滴翠亭。二里入開先，登漱玉亭，澗中石含雲母。訪招隱泉，路口有披雲亭、古楊梅亭、四會亭，回望山色奇甚。紫霄峰劍立衆峰之間，鐵塔僅如一線。昔樂天記匡廬奇秀甲於天下【四六】，誠非虚語。余今自南而北，與陳令舉山記相反，故問津多誤，然記中奇特處十得六七，其當路者遊，迂曲者略。異時再以旬日窮探極覽，可使無餘藴矣。子充重游廬山。

濟南治歷城，漢故縣也。帶濼水而表歷山，親見於《春秋》《史記》《孟子》諸書，舜之遺迹，蓋至於今可考。士生其間，多通儒名卿、秀傑之士，而尤以筆墨相高，往往多清麗雄放警絶之辭，與山川稱。放翁《雪安集叙》【四七】。

謝希深、歐陽永叔官洛陽時，同游嵩山。自潁陽歸，莫抵龍門香山，雪作，登石樓，望都城，各有所懷。忽於烟靄中有車馬渡伊水來者，既至，乃錢相遣厨傳歌妓至。吏傳公言

【四一】每至一處　「至」字原缺，據高本、芝本補。

【四二】即祖教院卧龍新庵　「祖」字原缺，據高本、芝本補。

【四三】度溪至上塔　「上塔」原缺，據高本、芝本補。

【四四】大竹成林　「大」原作「尤」，「林」原作「杋」，據高本、芝本改。

【四五】横出而揚瀾　「揚瀾」原作「楊闌」，據芝本改。

【四六】昔樂天記匡廬奇秀甲於天下　「記」原作「紀」，據高本改。

曰：「山行良勞，當少留龍門賞雪【四八】，府事簡，毋遽歸也。」《邵氏聞見録》。

窮居荒涼，草樹茂密，出無驢馬，因與人絶，一室之内，有以自娱。昌黎【四九】。

朱希真居嘉禾，吾嘗與朋儕詣之。聞笛聲自烟波間起，問行者，曰：「此先生吹笛聲也。」頃之，擢小舟而至，則與俱歸。其家所謂落濟川者，室中壁間懸琴、筑、阮咸之類，皆希真平日所留意者。簷間育珍禽，皆目所未覩。室中籃缶貯果實脯醢，客至，挑取以奉客。其詩曰：「青羅包髻白行纏，不是凡人不是仙。家在洛陽城裏住，卧吹銅笛過伊川。」可想見其風致也。右放翁陸太史所云，亦可爲《澄懷》一則【五〇】。

【四七】放翁雪安集叙　原作「放雪翁安集叙」，據芝本改。

【四八】當少留龍門賞雪　「當」字上原衍「愛」字，據高本、芝本删。

【四九】窮居荒涼……昌黎　此條原缺，據高本、芝本補。

【五〇】朱希真居嘉禾……《澄懷》一則　此條原缺，據高本、芝本補。

附録

自序

「澄懷觀道，卧以遊之」，宗少文語也。東萊翁用以名書，蓋取會心以濟勝，非直事游觀也。惟胸中自有丘壑，然後知人境之勝，體用之妙，不在兹乎？余夙好遊，幾自貽戚，晚雖懲創，而烟霞之痼不可鍼砭。每聞一泉石奇、一景趣異，未嘗不躍然喜，欣然往。愛之者警以曩事，則悚然懼，慨然嘆曰：「人生能消幾兩屐？司馬子長豈直以游獲戾哉！」因拾古今高勝、翁所未録者，附於卷末，名之曰《澄懷》，亦高山景行之意也。近世陳德公輯遊志，然不過追古人之陳迹，非此之謂也，嘗別續爲一書云。三齊周密公謹父書於浩然齋。

（《榕園叢書》本卷首）

高氏鈔本序

考焦氏《經籍志》，内有《百川書志》二十卷，爲古涿高儒氏所藏，此册亦其家抄本也，至今將二百餘年矣，可貴也。是日，崑山徐氏以《傳是樓書目》屬校，因并及之。康熙甲戌秋七月十一日栖鶴樓記。

（高氏鈔本卷首）

傅增湘序

叔弢新收松江韓氏鈔本一帙，其首一種爲《澄懷録》，余適藏有嘉靖百川高氏鈔本，因以此帙相付，屬爲對勘。留几案者數月，未暇著筆。仲春二月，天氣始和陽，臺杏林正發，余以清明上冢兼爲亡弟越凡履勘塋城，遂載書入山。晨夕無事，偶得展卷，凡留清水院者六日，留萬壽山者二日，遂爾藏事，計訂正訛失一百五十餘字，補奪文一則，寥寥短卷之中，而所得至多，可云意外之獲矣。原書自韓氏外，别無印記，惟書名上標「芝秀堂鈔」四字。自屬明人所寫，字法亦尚工雅，而竟脱誤滿紙，意其沿襲惡鈔陋刻，未加考證耳。余本出古涿高儒家，儒本武弁而富藏書，有《百川書目》行世，然其寫本乃絶少流傳。余無意得之廠市，意其以罕見爲珍，豈料文字佳勝，乃過流俗萬萬耶！校畢爰識數語，願與叔弢共參之。

歲在乙亥三月之望，藏園老人傅增湘書。

（芝秀堂鈔本卷首）

李光廷跋

右《澄懷録》二卷，宋周密撰。密字公謹，號草窗，先世濟南人。其曾祖隨高宗南渡，因家吴興之弁山，自號弁陽老人，又號四水潛夫，因霅溪名四水也。後又寓杭之癸辛街，顧身雖寓浙，而心不忘齊，故嘗自署歷山，又自號華不注山人。淳祐中嘗爲義烏令，宋亡不仕，卒於家。按：草窗工詞，而著作等身，以《武林舊事》《齊東野語》二書爲冠，餘則閑情瑣事，或時及書畫玩器，各書皆有記録，而是書却少流傳。此篇卷首有「乾隆三十八年十一月，浙江巡撫三寶送到，吴玉墀家藏」字，仍是抄本，則不多見矣。篇中偶檢及前人緒論，集以成篇，而開卷之下，覺清詞雋語撲人眉目，亦熱中者之一服清凉散也。光緒戊寅春三月番禺李光廷恢垣識。

（《榕園叢書》本卷尾）

《四庫全書總目》提要

《澄懷録》二卷兩淮鹽政採進本。

宋周密撰。密有《志雅堂雜鈔》，已著録。是書採唐宋諸人所紀登涉之勝與曠達之語，彙爲一編，皆節載原文，而注書名其下，亦《世説新語》之流别，而稍變其體例者也。

明人喜摘録清談，目爲小品濫觴，所自蓋在此書矣。

（《四庫全書總目》卷一三一）